启真馆 出品

Metaphors We Live By

George Lakoff, Mark Johnson

我们赖以生存的隐喻

(修订译本)

[美]乔治·莱考夫 马克·约翰逊 著　　何文忠 译

ZHEJIANG UNIVERSITY PRESS
浙江大学出版社
·杭州·

图书在版编目（CIP）数据

我们赖以生存的隐喻：修订译本 /（美）乔治·莱考夫，（美）马克·约翰逊著；何文忠译. -- 杭州：浙江大学出版社，2025.7. -- ISBN 978-7-308-26049-7

Ⅰ. H05

中国国家版本馆CIP数据核字第2025BT9957号

Metaphors We Live By

by George Lakoff and Mark Johnson

Copyright © 1980 by The University of Chicago

Simplified Chinese translation copyright © 2025

by Zhejiang University Press Co., Ltd.

ALL RIGHTS RESERVED

浙江省版权局著作权合同登记图字：11—2014—343

我们赖以生存的隐喻：修订译本

[美] 乔治·莱考夫　马克·约翰逊　著　何文忠　译

责任编辑	伏健强
文字编辑	赵文秀
责任校对	董齐琪
装帧设计	伊　然
出版发行	浙江大学出版社
	（杭州市天目山路148号　邮政编码310007）
	（网址：http://www.zjupress.com）
排　　版	北京楠竹文化发展有限公司
印　　刷	北京天宇万达印刷有限公司
开　　本	880mm×1230mm　1/32
印　　张	10.25
字　　数	244千
版 印 次	2025年7月第1版　2025年7月第1次印刷
书　　号	ISBN 978-7-308-26049-7
定　　价	72.00元

序　言

　　人们是如何理解语言和经验的？这一问题是写作本书的缘起。1979 年 1 月初我俩首次相遇时，发现彼此都对西方哲学和语言学关于"意义"的主流理论感到不满——在这些传统观点中，"意义"与人们认为生活中什么有意义这个问题似乎没有多少关系。对隐喻（metaphor）的共同兴趣让我俩走到了一起。那时，马克·约翰逊（Mark Johnson）已经发现，在传统的哲学观点中，在我们如何理解世界和自身这一问题上，隐喻几乎没有发挥什么作用。而乔治·莱考夫（George Lakoff）则已发现，在人们的日常语言和思维中，隐喻无所不在。这些发现与任何当代英美语言学和哲学关于意义的理论都相去甚远。在语言学和哲学这两个领域，隐喻历来被视作外围问题，而我俩都有这样的直觉——隐喻应该是我们关心的中心问题，也许还是充分阐释人类理解之奥秘的关键所在。

　　这次见面后不久，我们就决定合作撰写一篇论文，提出一些语言学证据，指明最近的意义理论中存在的缺陷。当时本以为这篇文章会很简短，然而不到一个星期，我们就发现，自古希腊以来的西方传统中，当代哲学和语言学的某些假设被视为理所当然，在这样的情况下，即便只是提出我们要解决的问题也面临着许多障碍。我们要做的不是扩展或修补某个现有的意义理论，而是要修正西方哲学传统中的核心假设，这尤其意味着将抛弃任何客观真理或绝对真理的观念以及其他一系列相关假设，这也意味着我们要提出一个全新的阐释方案，即在意义中发挥核心作用的是人类的经验和理解，而非客观真理。在此过程中，我们已经摸索出初步的经验主义方法，来阐释不仅包括语言、真理和理解的问题，而且还有我们日常经验的意义性问题。

加利福尼亚伯克利

1979 年 7 月 1 日

致 谢

　　想法不会凭空出现。这本书的总体思想融合了各种知识传统，体现了我们的老师、同事、学生和朋友的影响。很多具体的想法来自与数百人的切磋讨论。我们无法向惠及我们的所有知识传统和人士深表感谢，能做的只是列举其中一些，希望大家知道他们是谁，我们对他们心存感激。以下是我们想法的来源。

　　约翰·罗伯特·罗斯（John Robert Ross）和特德·科恩（Ted Cohen）极大地塑造了我们对语言学、哲学以及人生的看法。

　　皮特·贝克尔（Pete Becker）和夏洛特·林德（Charlotte Linde）让我们知道欣赏人们在生活中创造连贯性的方式。

　　查尔斯·菲尔墨（Charles Fillmore）的框架语义学（frame semantics）、特里·威诺格拉德（Terry Winograd）的知识表征系统和罗杰·香克（Roger Schank）的脚本概念为乔治·莱考夫的语言格式塔的最初构想提供了基础，由此我们概括出"经验完形"这一概念。

　　我们关于家族相似性、范畴化的原型理论、范畴化的模糊性等观点源自路德维希·维特根斯坦（Ludwig Wittgenstein）、埃莉诺·罗希（Eleanor Rosch）、卢特菲·泽德（Lotfi Zadeh）和约瑟夫·戈根（Joseph Goguen）。

我们关于语言是如何反映操该语言者的概念系统的观点很大一部分源自爱德华·萨丕尔（Edward Sapir）、本杰明·李·沃尔夫（Benjamin Lee Whorf），以及这一传统下的其他人。

我们对隐喻和仪式之间关系的看法来自布罗尼斯拉夫·马林诺夫斯基（Bronislaw Malinowski）、克洛德·列维－施特劳斯（Claude Levi-Strauss）、维克多·特纳（Victor Turner）、克利福德·格尔兹（Clifford Geertz）以及其他人类学传统。

我们在所处自然和文化环境中始终如一的成功运作如何塑造了我们的概念系统这一观点部分来自让·皮亚杰（Jean Piaget）开创的人类发展研究传统，部分来自 J. J. 吉布森（J. J. Gibson）和詹姆斯·詹金斯（James Jenkins）开创的生态心理学传统，特别是罗伯特·肖（Robert Shaw）、迈克尔·特维（Michael Turvey）以及其他学者的工作。

我们对人类科学本质的看法受到保罗·利科（Paul Ricoeur）、罗伯特·麦考利（Robert McCauley）以及大陆哲学传统的极大影响。

桑德拉·麦克莫里斯·约翰逊（Sandra McMorris Johnson）、詹姆斯·梅切特（James Melchert）、牛顿·哈利森（Newton Harrison）、海伦·哈利森（Helen Harrison）、大卫·安汀（David Antin）和艾莉·安汀（Ellie Antin），使我们能够看到审美经验和其他方面经验的共同点。

唐·阿比特步李特（Don Arbitblit）让我们留意到我们观点的政治和经济意义。

蒋元正（Y. C. Chiang）则让我们看到身体体验如何影响我们看待自己和世界之间的关系。

还有那些提出了我们正在反驳的非常详尽的哲学思想的当代学者，我们也要特别感谢他们。我们尊重理查德·蒙塔古（Richard Montague）、索尔·克里普克（Saul Kripke）、大卫·刘易斯（David Lewis）、唐纳德·戴维森（Donald Davidson）以及其他学者的工作，他们对西方传统的意义和真理观念做出了重要贡献。正是由于他们对这些传统哲学概念进行了澄清，才使我们能够看到我们在何处偏离了传统观点，又在何处保留了传统元素。

我们的论断主要基于语言学证据。其中许多，甚至可以说是大多数例子都来自跟同事、学生和朋友的讨论。特别是约翰·罗伯特·罗斯通过电话和明信片给我们提供了源源不断的例子。第十六和十七章中的例子大部分来自克劳迪娅·布鲁格曼（Claudia Brugman），在手稿写作过程中，她也给我们提供了宝贵帮助。其他的例子来自唐·阿比特步李特、乔治·伯格曼（George Bergman）、德怀特·鲍林杰（Dwight Bolinger）、安·博尔金（Ann Borkin）、马修·布朗森（Matthew Bronson）、克利福德·希尔（Clifford Hill）、D. K.胡尔盖特三世（D. K. Houlgate III）、丹尼斯·拉夫（Dennis Love）、汤姆·曼德尔（Tom Mandel）、约翰·曼利－布塞（John Manley-Buser）、莫妮卡·麦考利（Monica Macauley）、詹姆斯·麦考利（James D. McCawley）、威廉·纳吉（William Nagy）、礼萨·尼利普尔（Reza Nilipoor）、杰夫·伦伯格（Geoff Nunberg）、玛格丽特·雷德（Margaret Rader）、迈克尔·雷迪（Michael Reddy）、罗恩·西利曼（Ron Silliman）、伊夫·斯威彻（Eve Sweetser）、玛塔·托比（Marta Tobey）、卡尔·齐默（Karl Zimmer）以及加州大学伯克利分校和旧金山艺术学院的许多学生。

本书中许多单个想法源于非正式讨论。我们特别想感谢杰·阿特拉斯（Jay Atlas）、保罗·本纳塞拉夫（Paul Bennaceraf）、贝特西·勃兰特（Betsy Brandt）、迪克·布鲁克斯（Dick Brooks）、伊芙·克拉克（Eve

Clark）、赫伯·克拉克（Herb Clark）、J. W. 科夫曼（J. W. Coffman）、阿兰·邓迪斯（Alan Dundes）、格伦·埃里克森（Glenn Erickson）、查尔斯·菲尔墨（Charles Fillmore）、詹姆斯·盖瑟尔（James Geiser）、林妮·辛顿（Leanne Hinton）、保罗·凯（Paul Kay）、莱斯·兰波特（Les Lamport）、大卫·刘易斯、乔治·麦克卢尔（George McClure）、乔治·兰特（George Rand）、约翰·塞尔（John Searle）、丹·史洛宾（Dan Slobin）、史蒂夫·腾纳（Steve Tainer）、莱恩·托米（Len Talmy）、伊丽莎白·沃伦（Elizabeth Warren）、鲍勃·威伦斯基（Bob Wilensky）。

目　录

第一章　我们赖以生存的概念

　　对大部分人来说，隐喻不是寻常的语言，而是诗意的想象和修辞的策略，非同寻常。而且，隐喻通常被视为语言和文字的特征，而非思想和行为的属性。正是由于这个原因，大多数人认为即使不存在隐喻，人们依然可以自如地生活。然而我们发现，事实恰恰相反，隐喻在日常生活中无处不在。不仅存在于语言中，而且存在于思想和行动中。我们思想和行为所依据的概念系统本身就是以隐喻为基础的。

　　这些支配着我们思想的概念不仅关乎我们的思维能力，而且也管辖着我们的日常运作，乃至一些细枝末节的平凡琐事。这些概念建构了我们的感知，建构了我们在这个世界的生存方式，也建构了我们与他人的关系。因此，我们的这个概念系统在界定日常现实中扮演着举足轻重的角色。如果我们说得没错的话，我们的概念系统大部分都是隐喻性的。这样一来，我们的思维方式、我们每天所经历和所做的一切就都充满了隐喻。

　　但是我们平时是意识不到这个概念系统的。我们每天忙碌于各种琐事，其实都只是在或多或少地以某些方式自动思考和行动，而这些方式是什么却并非显而易见。要搞清这些方式，方法之一就是研究语言。既然交流是基于我们用以思考和行动的同一个概念系统，那么语言就是探明这个概念系统是什么样子的重要证据来源。

基于语言学证据，我们不仅已经发现，究其实质，我们普通的概念系统大都是隐喻性的，并且还找到了一种方式来仔细鉴定那些建构我们如何感知、如何思考、如何行动的隐喻究竟是什么。

为了说明什么样的概念属于隐喻，这样的概念又是如何建构了我们的日常活动，让我们从**"争论"**（ARGUMENT）*以及**"争论是战争"**（ARGUMENT IS WAR）这个概念隐喻开始阐述。在日常生活中，这类表达随处可见：

ARGUMENT IS WAR 争论是战争

>Your claims are *indefensible.*
>你的观点无法捍卫†。
>
>He *attacked every weak point* in my argument.
>他攻击我观点中的每一个薄弱点。
>
>His criticisms were *right on target.*
>他的攻击很在点子上。
>
>I *demolished* his argument.
>我粉碎了他的论点。
>
>I've never *won* an argument with him.
>和他争论，我从来没赢过。
>
>You disagree? Okay, *shoot*!
>你不同意？好吧，反击啊！

---

* 英文版用大写英文表示各种具体的隐喻，中文简体版在首次出现时会使用不同字体加以区别，并附上其对应的英文表述。——编者注

† 英文版中斜体处理的单词或句子，中文简体版统一用着重号表示。——编者注

If you use that *strategy*, he'll *wipe you out*.
如果你采用那个策略，他会消灭你。

He *shot down* all of my arguments.
他击倒了我所有的论点。

　　我们不是仅仅要用战争术语来谈论"争论"，看到这一点很重要。实际上，我们会赢得或者输掉一场争论。我们把正在与之争论的人看作对手。我们攻击他的立场，捍卫自己的立场，失去和赢得阵地，计划并使用策略。如果我们发现立场无法捍卫，那么我们就会放弃这个立场，发起新的攻势。我们在争论中所做的许多事情部分是由战争概念来建构的。在争论中尽管没有肉搏，却有唇枪舌剑。争论的结构——攻击、防守、反攻等都反映了这一点。因此，从某种意义上讲，"争论是战争"成了我们在这种文化中赖以生存的一个隐喻，这个隐喻建构了我们在争论中的行为。

　　试想一下，存在这么一种文化，在这种文化中，争论不再被看作战争，没有人赢或输，攻击或防御、赢得或输掉争论也没有任何意义。想象一下有这么一种文化，争论被看作一种舞蹈，参与者就是舞蹈演员，其目的是以平衡愉悦的方式来进行表演。在这种文化中，人们将以不同的眼光去审视争论，以不同的心情去体会争论，以不同的方式去进行争论，并以不同的口吻去谈论争论。甚至我们可能干脆不把他们的行为视为争论，他们只是在做某种不同的事情而已，把他们说成在"争论"会很奇怪。如果以最中立的方式来描述我们与他们之间的文化差异，我们可以说我们的话语形式是以战斗语言来建构的，而他们的话语形式则是以舞蹈语言来建构的。

　　这就是所谓隐喻性概念的一个例子，即"争论是战争"这个隐喻

（至少部分）建构了我们在争论中的行为，以及我们如何理解我们争论时的所作所为。隐喻的本质就是通过另一种事物来理解和体验当前的事物。争论绝非战争的亚种。争论和战争是两码事，前者是口头话语，而后者是武装冲突，我们在其中所表现的行为也不一样。但是"争论"被部分运用战争术语进行建构、理解、实施和谈论。概念是以隐喻的方式建构的，活动也是以隐喻的方式建构的，故此，语言也是以隐喻的方式进行建构的。

而且，这就是我们进行争论以及谈论争论的寻常方式。我们普遍使用"攻击立场"（attack a position）来形容我们反驳对方观点的行为。这种谈论争论的惯常方法预设了一个我们几乎不曾意识到的隐喻。这个隐喻不仅存在于我们所用的言语中，也存在于我们的争论概念中。争论的语言并非诗化的语言，或新奇的语言，或修辞的手法，它就是字面的语言。我们之所以用这种方式来谈论争论，是因为我们就是这么理解的，我们依据我们理解事物的方式来行动。

迄今为止，我们最重要的观点就是：隐喻不仅仅是语言的事，也就是说，不单单是词语的事。相反，我们认为，人类的思维过程在很大程度上是隐喻性的。我们说人类的概念系统是通过隐喻来建构和界定的，就是这个意思。隐喻能以语言形式表达出来，正是由于人的概念系统中存在隐喻。因此，本书中提到的所有隐喻，比如"争论是战争"这些例子，都应被理解为隐喻性概念（metaphorical concept）。

第二章　隐喻性概念的系统性

　　争论通常遵循一定的模式，也就是说，在争论中，我们很典型地做某些事情和不做某些事情。我们会用战争来概念化争论，这一事实系统地影响了争论的形态以及谈论争论中所作所为的方式。由于隐喻性概念是系统的，因此我们用来谈论此概念的各方面的语言也是系统的。

　　在"争论是战争"这个隐喻中，我们看到许多战争词语的表达，例如，攻击立场、无法捍卫、策略、新的攻击战线、赢得或失去阵地等，它们构成了谈论争论战斗性特点的系统模式。谈论争论的时候，这些表述表达了我们想要表达的意思，这不是偶然的。战争这一概念网络的一部分构成了争论这一概念的特征，语言也遵循这一模式。既然在我们的语言中，隐喻性表达与隐喻性概念系统性地紧密相连，我们就能使用隐喻性语言表达来研究隐喻性概念的属性，从而了解我们行为活动的隐喻性本质。

　　日常语言中隐喻性表达是如何揭示建构我们日常行为的概念的隐喻属性的？要搞清楚这一问题，让我们先来了解一下当代英语中"**时间是金钱**"（TIME IS MONEY）这个隐喻性概念。

TIME IS MONEY 时间是金钱

You're *wasting* my time.
你在浪费我的时间。

This gadget will *save* you hours.
这个小玩意儿可以节省你很多时间。

I don't *have* the time to *give* you.
我没有时间给你。

How do you *spend* your time these days?
这些天你是怎么度过的？

That flat tire *cost* me an hour.
车爆胎了，耽误了我一个小时。

I've *invested* a lot of time in her.
我在她身上投入了很多时间。

I don't *have enough* time to *spare* for that.
我没有足够的时间匀出来做这个。

You're *running out of* time.
你快要把时间都耗光了。

You need to *budget* your time.
你需要预估好你的时间。

Put aside some time for ping pong.
省点时间打乒乓球。

Is that *worth your while*?
值得你花费时间吗？

Do you *have* much time *left*?
你还剩下很多时间吗？

He's living on *borrowed* time.
他现在的日子都是从阎王生死簿上借来的。（他来日无多了。）

> You don't *use* your time *profitably.*
> 你没有好好利用时间。
>
> I *lost* a lot of time when I got sick.
> 我生病的时候失去了很多时间。
>
> *Thank you for* your time.
> 谢谢你能抽出宝贵的时间来。

　　在我们的文化中，时间是宝贵的商品，是我们达成目标所需的有限资源。"工作"这个概念在现代西方文化中发展形成，提到它，人们通常会联想到工作所花的时间，时间被精确地量化。因此，人们习惯按照小时、星期或者年份来计算报酬。在我们的文化中，"时间是金钱"体现在许多方面。例如，电话信息费、计时工资、旅馆房费、年度预算、贷款利息，我们都"按时间来支付"（serving time）。在人类历史中，这些做法相对新鲜，但绝非存在于所有文化中。这些做法出现于现代工业化社会，深深影响并建构了我们日常基本生活中的行为。我们行动的时候，好像时间是一种宝贵的商品、一种有限的资源，甚至就是金钱，我们就是这么想象时间的。因此我们把时间当成一种我们可以花费、浪费、预算、精明或者糟糕地投资、节省或挥霍的东西。

　　"时间是金钱"、**"时间是有限的资源"**（TIME IS A LIMITED RESOURCE）、**"时间是宝贵的商品"**（TIME IS A VALUABLE COMMODITY）都是隐喻。因为我们用日常生活经验中的金钱、有限的资源、宝贵的商品等概念来定义时间，所以上述这些都是隐喻。当然人类未必都用这样的隐喻来概念化时间，是否这样做跟文化息息相关。在有些文化中，时间并不是我们所描述的这样。

　　"时间是金钱""时间是有限的资源""时间是宝贵的商品"这些隐喻

在次范畴化的基础上形成了单独的系统，因为在我们的社会中，金钱就是有限的资源，而有限的资源就是宝贵的商品。隐喻之间蕴含的关系的特点就是次范畴化关系。"时间是金钱"蕴含着"时间是有限的资源"，而"时间是有限的资源"蕴含着"时间是宝贵的商品"。

在"时间是金钱"这个例子中，我们采用最具体的隐喻表述来描述整个系统的特征。在其下的例子中，有一些特指金钱（花费 [spend]、投资 [invest]、预算 [budget]、有利可图的 [profitably]、耗费 [cost]），有一些指有限的资源（用 [use]、用光 [use up]、有足够多 [have enough of]、耗尽 [run out of]），还有一些指宝贵的商品（拥有 [have]、给予 [give]、失去 [lose]、感谢 [thank you for]）。隐喻性蕴涵（metaphorical entailment）能表现隐喻概念的连贯系统以及对应这些概念的隐喻表达的连贯系统，这个例子就很好地体现了这一点。

第三章　隐喻系统性：突显和隐藏

隐喻的系统性使我们能通过另一概念来理解此概念的一个方面（比如以战争来理解争论），但隐喻的系统性也必然会隐藏此概念的其他方面。当我们聚焦于一个概念的某一方面（比如，争论的战斗性）时，该隐喻概念会阻止我们注意概念中与该隐喻不一致的其他方面。比如，在激烈的争论中，我们全神贯注于攻击对手的立场、捍卫自己的立场时，可能忽略了争论中的合作方面。我们也可以这样看，与你争论的人是在把他的时间给你，意图达成相互理解，而时间是一种宝贵的商品。但是当我们全神贯注于争论的战斗性一面时，我们经常看不见其中合作性的一面。

一个更为微妙地反映隐喻概念会如何隐藏我们经验的某个方面的案例，可以从迈克尔·雷迪（Michael Reddy）所称的"管道隐喻"（conduit metaphor）中看到。雷迪发现，我们大致是通过以下这几个复杂的隐喻来建构语言的：

思想是物体或者**意义是物体** IDEAS (or MEANINGS) ARE OBJECTS
语言表达是容器 LINGUISTIC EXPRESSIONS ARE CONTAINERS
交流是传送 COMMUNICATION IS SENDING

　　说话者把思想（物体）放进语言（容器），并（顺着管道）传送给听者，而听者会从语言（容器）中提取思想（物体）。雷迪通过英语中的 100 多个表达证实了这一点，在我们用来谈论语言的语言中，这些表达占了至少 70%。例如下面这些例子：

The CONDUIT Metaphor "管道" 隐喻

It's hard to *get* that idea *across to* him.
把这个想法传达给他非常困难。

I *gave* you that idea.
我给你出了那个主意。

Your reasons *came through* to us.
你的理由传达到我们这里了。

It's difficult to *put* my ideas *into* words.
我的想法很难通过语言表达出来。

When you *have* a good idea, try to *capture* it immediately *in* words.
一有好想法，就要立即用文字记下来。

Try to *pack* more thought *into* fewer words.
尽量在最少的文字里塞进更多的思想。

You can't simply *stuff* ideas *into* a sentence any old way.
你不能只是简单地用老办法把这些想法塞进一个句子。

The meaning is right there *in* the words.
意思就在话中。

Don't *force* your meanings *into* the wrong words.
不要把你的意思强加于错误的词语中。

His words *carry* little meaning.
他的话没有多少意义。

The introduction *has* a great deal of thought *content*.
这个介绍里有丰富的思想内容。

Your words seem *hollow.*

你的话显得很空洞。

The sentence is *without* meaning.

这句话没有意义。

The idea is *buried in* terribly dense paragraphs.

这一想法为长篇大论所掩盖。

　　在这些例子中，更不容易看到隐喻隐藏了什么，甚至根本看不到它们是隐喻。人们思考语言的方式就是如此常规，乃至有时人们很难想象这与现实不符。但是如果我们看到管道隐喻所蕴含的意义，我们就能看到隐喻是如何隐藏交际过程的方方面面的。

　　首先，管道隐喻中**"语言表达是意义的容器"**（LINGUISTIC EXPRESSIONS ARE CONTAINERS FOR MEANINGS）的说法意味着词、句本身有意义，独立于任何情境或说话者。该隐喻的"意义是物体"这部分则意味着意义独立于人们和情境而存在。"语言表达是意义的容器"这部分也意味着词（和句子）有意义，同样独立于任何情境和说话者。在语境差异并无大碍以及对话参与者都以同样的方式理解句子的情况下，这些隐喻在很多情境下都是恰当的。这两种蕴涵通过以下这样的句子体现出来：

The meaning is *right there in* the words.

意义就在话中。

　　根据管道隐喻，对于任何句子，都可以说其"意义就在话中"，这没什么不对。但是在很多情况下语境却至关重要。以下是帕米拉·唐宁（Pamela Downing）在真实对话中记录下来的一句话：

Please sit in the apple juice seat.
请坐在苹果汁座位上。

孤立来看，这句话没有任何意义，因为"苹果汁座位"并不是指代任何
一种物体的常规表达方式。但是在此话语情境中，这句话确实说得通。
情境就是一个过夜的客人下楼吃早饭，桌子旁有四个座位，三个座位上
放着橘子汁，一个座位上放着苹果汁。这样"苹果汁座位"所指何意就
一目了然了。甚至第二天早上，在没有苹果汁的情况下，哪个是苹果汁
座位也十分清楚。

　　除了这样一些没有情境就没有任何意义的例子以外，还有些情况，
同一句话对不同的人来说意思就不同。看看这个句子：

We need new alternative sources of energy.
我们需要新的替代能源。

美孚石油（Mobil Oil）的总裁和地球之友（Friends of the Earth）的主席
对这句话的理解完全不一样。这句话的意义无法在句子中体现出来——
说这句话的人是谁或听到这句话的人是谁，他的社会政治态度又如何，
这些都关乎句子的意思。当需要语境才能确定句子是否有意义，如果有，
是什么意义的时候，管道隐喻就不适用了。

　　这些例子表明，我们所观察的这些隐喻概念让我们部分理解了什么
是交际、争论以及时间，同时这些隐喻概念也隐藏了这些概念其他方面
的属性。我们必须看到，这些隐喻只是部分建构了这些概念，而非全面
建构。如果是全面建构，那么一个概念实际上就是另一概念，而不仅仅
是通过那个概念才能理解。比如，时间并不是真正的金钱。即使你花时
间尽力做一件事情却毫无结果，你也要不回你所花费的时间。这个世界

上不存在时间银行。我可以给你很多时间，但是你无法归还我原来的时间，虽然你能回报我等量的时间，依此类推。因此，一个隐喻概念的某些部分与此概念并不吻合也不可能吻合。

另一方面，隐喻概念能超越思维和语言的一般文字表述范围，延伸到被称为比喻性、诗意、多彩、新奇的思想和语言的范畴。因此，如果思想是物体，那么我们可以给它们穿上华丽的服饰，将其耍来耍去，或者摆放整齐，等等。所以当我们说到一个概念是由一个隐喻建构的，我们指的是部分建构，这个概念能以某些方式但不能以另一些方式得到扩展。

第四章　方位隐喻

至此，我们已经探讨了结构隐喻（structural metaphor），即一个概念是如何以另一个概念来进行隐喻建构的。但是还有一种隐喻概念，不是通过另一种概念来建构，而是组织一个互相关联的概念的完整系统。我们将这种隐喻称为方位隐喻（orientational metaphor），因为大多数这类隐喻都跟空间方位有关，例如上—下（up—down）、里—外（in—out）、前—后（front—back）、上去—下来（on—off）、深—浅（deep—shallow）、核心—边缘（central—peripheral）。这些空间方位来自我们的身体及其在物理环境中所发挥的作用。方位隐喻提供空间方位的概念，例如**"快乐为上"**（HAPPY IS UP）。正是"HAPPY"被概念化为方位"UP"以后，才有了这样的英语表达："I'm feeling *up* today."（我今天感到很快乐。）

这样的隐喻方向并不是任意的，而是以我们的自然及文化经验为基础的。尽管表示两极对立的方位上—下、里—外等隐喻本身是物理上的，但是方位隐喻也因文化不同而不同。比如，在有些文化中，未来在我们前方，而在另外的文化中则在我们后方。我们将以这个上—下空间化隐喻（up-down spatialization metaphor）为例来进行阐释，威廉·纳吉（William Nagy）已对此进行了广泛而深入的研究。在每一个案例中，对于隐喻概念如何从物理和文化经验中产生，我们都会给出简短的提示。这些提示是启发性的、有道理的，但不是限定性的。

HAPPY IS UP; SAD IS DOWN 快乐为上；悲伤为下

I'm feeling *up*.
我感到高兴。

That *boosted* my spirits.
那个事情让我心情大振。

My spirits *rose*.
我情绪上来了。

You're in *high* spirits.
你情绪很高啊。

Thinking about her always gives me a *lift*.
想到她总是让我为之一振。

I'm feeling *down*.
我很低落。

I'm *depressed*.
我很消沉。

He's really *low* these days.
这几天他情绪很低落。

I *fell* into a depression.
我陷入消沉。

My spirits *sank*.
我的情绪低落。

身体基础：低垂的姿势通常与悲伤、郁闷联系在一起，挺直的姿势则表示积极的情绪状态。

CONSCIOUS IS UP; UNCONSCIOUS IS DOWN **有意识为上；无意识为下**

> Get *up*.
> 起来。
>
> Wake *up*.
> 醒来。
>
> I'm *up* already.
> 我已经起来了。
>
> He *rises* early in the morning.
> 他早上起得很早。
>
> He *fell* asleep.
> 他坠入梦乡了。
>
> He *dropped* off to sleep.
> 他渐渐沉睡下去。
>
> He's *under* hypnosis.
> 他陷入催眠状态。
>
> He *sank* into a coma.
> 他陷入昏迷。

身体基础：人类和大多数哺乳动物睡觉时是躺着的，清醒时则是站立的。

HEALTH AND LIFE ARE UP; SICKNESS AND DEATH ARE DOWN **健康和生命为上；疾病和死亡为下**

> He's at the *peak* of health.
> 他的健康状况处于巅峰。

Lazarus *rose* from the dead.

拉撒路起死回生。

He's in *top* shape.

他的身体处于巅峰。

As to his health, he's way *up* there.

他的身体正慢慢好起来。

He *fell* ill.

他病倒了。

He's *sinking* fast.

他日渐颓丧。

He came *down* with the flu.

他被流感击倒了。

His health is *declining*.

他的健康正在衰退。

He *dropped* dead.

他突然死掉了。

身体基础：严重的疾病迫使我们的身体躺下。死了，身体就完全躺倒了。

HAVING CONTROL or FORCE IS UP; BEING SUBJECT TO CONTROL or FORCE IS DOWN 控制为上或者强迫为上；被控制为下或者被强迫为下

I have control *over* her.

她在我的掌控之下。

I am *on top of* the situation.

形势在我掌控之下。

He's in a *superior* position.

他处于支配地位。

He's at the *height* of his power.
他处于其权力巅峰。

He's in the *high* command.
他位高权重。

He's in the *upper* echelon.
他处于权力阶梯的上方。

His power *rose*.
他的权力上升了。

He ranks *above* me in strength.
他力量高于我。

He is *under* my control.
他在我的掌控之下。

He *fell* from power.
他下台了。

His power is on the *decline*.
他的权力在下滑。

He is my social *inferior*.
他是我的下属。

He is *low man* on the totem pole.
他是图腾柱最低端的人。

身体基础：体型通常和身体力量有关，斗争中的获胜者往往处于上方。

MORE IS UP; LESS IS DOWN 更多为上；更少为下

The number of books printed each year keeps going *up*.
每年出版印刷的书籍数量不断增加。

His draft number is *high*.
他的选秀顺位很高。

My income *rose* last year.
我去年收入上去了。

The amount of artistic activity in this state has gone *down* in the past year.
在过去一年里，这个州的艺术活动次数下滑了。

The number of errors he made is incredibly *low*.
他犯错的次数难以置信地低。

His income *fell* last year.
他的收入去年就降低了。

He is *underage*.
他还未成年。

If you're too hot, turn the heat *down*.
如果你太热，把暖气调低点。

身体基础：如果你把某一种物质或者物体放入一个容器或者一堆东西中，那么这个水平就上升了。

FORESEEABLE FUTURE EVENTS ARE UP (and AHEAD) 可预见的未来事件为上（或者在前）

All *up* coming events are listed in the paper.
之后要举行的所有活动都登在报纸上。

What's coming *up* this week?
这周之后还会有什么事情？

I'm afraid of what's *up ahead* of us.
我担心之后还会不会发生什么事情。

What's *up*?
发生什么事情了？

身体基础：通常我们的眼睛看向前行的方向。当一个物体离一个人越来越近，或者一个人越靠近某一物体时，这个物体看起来就会越大。既然地面是固定不变的，那么物体的顶端就是朝上移动进入人的视野。

HIGH STATUS IS UP; LOW STATUS IS DOWN 地位高为上；地位低为下

> He has a *lofty* position.
> 他位高权重。
>
> She'll *rise* to the *top*.
> 她将要出人头地。
>
> He's at the *peak* of his career.
> 他处于事业顶峰。
>
> He's *climbing* the ladder.
> 他努力往上爬。
>
> He has little *upward* mobility.
> 他没什么上进心。
>
> He's at the *bottom* of the social hierarchy.
> 他处于社会底层。
>
> She *fell* in status.
> 她的地位降低了。

社会身体基础：地位与（社会）权力相关，（身体）力量是向上的。

GOOD IS UP; BAD IS DOWN 好为上；坏为下

> Things are looking *up*.
> 事情正在好转。

We hit a *peak* last year, but it's been *downhill* ever since.

去年我们达到了顶峰，但后来一直下滑。

Things are at an all-time *low*.

一切都处于最低谷。

He does *high*-quality work.

他工作质量很高。

个人福祉的身体基础：幸福、健康、生命和控制力，这些是人美好生活的重要特征，它们都是向上的。

VIRTUE IS UP; DEPRAVITY IS DOWN 美德为上；堕落为下

He is *high*-minded.

他德行高尚。

She has *high* standards.

她品行高洁。

She is *upright*.

她诚实正直。

She is an *upstanding* citizen.

她是个正直的公民。

That was a *low* trick.

那是个卑鄙的伎俩。

Don't be *underhanded*.

不要做下三烂的事。

I wouldn't *stoop* to that.

我不会卑躬屈膝的。

That would be *beneath* me.

这对我来说有失身份。

He *fell* into the *abyss* of depravity.

他坠入了堕落的深渊。

That was a *low-down* thing to do.

那样做很下流。

身体和社会基础：对于个人来说，"好为上"是基于身体基础，即将讨论的隐喻**"社会就是个人"**（SOCIETY IS A PERSON）是基于社会基础（在你没有产生社会认同的情况下），道德高尚就是行为遵守社会或个人的标准来维持康乐安宁。之所以说"德高为上"，是因为从社会或个人角度看，有道德的行为与社会安宁相关。既然以社会为基础的隐喻是文化的一部分，那么社会或者个人的观点就很重要。

RATIONAL IS UP; EMOTIONAL IS DOWN 理性化为上；情绪化为下

The discussion *fell to the emotional* level, but I *raised* it back *up to the rational* plane.

这个讨论降级到了情绪层面，但是我又把它拉升到了理性层面。

We put our *feelings* aside and had a *high-level intellectual* discussion of the matter.

我们把情绪放到一边，针对这件事情开展了一场高水平的智力讨论。

He couldn't *rise above* his *emotions*.

他无法超越情绪影响。

身体与文化基础：在我们所处的文化中，人们自认为控制了动物、植物以及周围环境，正是这种奇特的推理能力才使人类凌驾于其他动物之上，对它们进行掌控。"控制为上"因此提供了**"人是向上的"**（MAN IS UP）的基础，进而有了"理性化为上"这一说法。

结论

基于以上这些例子，我们对隐喻概念的经验前景化、连贯性以及系统性做出如下结论：

1. 大多数基本概念是根据一个或多个空间化隐喻组织而成的。

2. 每个空间化隐喻内部具有系统性。比如"快乐为上"这个例子界定的是一个连贯的体系，它并不是孤立和随意的例子。（在一个不连贯的体系中会有这样的情况，比如"I'm feeling *up*"［我感到快乐］表示"I'm feeling happy"［我感觉很快乐］，但是"My spirits *rose*"［我情绪上来了］却变成了"I became sadder"［我变得更伤心］的意思。）

3. 各种空间化隐喻中存在着一个全局外部系统性，决定了隐喻中的连贯性。因此，"好为上"这个隐喻赋予"上"这一方向以安康富裕的指向，而这种指向与"快乐为上"，**"健康为上"**（HEALTH IS UP），**"活着为上"**（ALIVE IS UP），"控制为上"这些专门的例子是连贯的。**"地位为上"**（STATUS IS UP）与"控制为上"也一致。

4. 空间化隐喻扎根于物理和文化经验中，并不是随意安排的。隐喻只能通过概念的经验基础来帮助理解概念。（有些隐喻的经验基础非常复杂，我们在上一章也讨论过。）

5. 隐喻存在很多可能的身体和社会基础。整个系统内的连贯性似乎是选择一个而非另一个基础来构成隐喻的部分原因。比如，幸福也跟微笑和通常的豁达感觉相关。原则上这种联系形成了**"快乐是宽广的，伤心是狭隘的"**（HAPPY IS WIDE; SAD IS NARROW）的隐喻基础。事实上，确实存在一些次要的隐喻表达，比如，"I'm feeling *expansive*"（我感觉非常开朗）。这种表达突出幸福的不同一面，这跟"I'm feeling *up*"（我感到快乐）这样的隐喻有所不同。

但是我们文化中的主要隐喻是"快乐为上"，这就是我们用高度而不是宽度来描述狂喜的原因。"快乐为上"最大可能地与"好为上""健康为上"等表达相连贯。

6. 在有些例子中，空间化是一个概念中极为核心的部分，以至于我们很难想象出任何其他可以替代的隐喻来建构这个概念。在我们的社会中，"地位高"就是这么一个概念。在其他例子中，比如幸福，就没那么清晰了。究竟幸福的概念是独立于"快乐为上"这个隐喻的，还是幸福的上下空间化也是这个概念的一部分呢？我们认为幸福的上下空间化在给定的概念系统中也是幸福这个概念的一部分。这个"快乐为上"隐喻把幸福放进了连贯的隐喻系统内，其部分含义来源于这个隐喻在整个系统中所起到的作用。

7. 这些所谓纯粹的知识性概念，比如科学理论中的概念，经常是甚至可能总是基于具有身体和 / 或文化基础的隐喻。"高能量分子"（high-energy particle）中的"高"就是基于"更多为上"隐喻。生理心理学中的"高水平机能"（high-level function）中的"高"是基于"理性化为上"隐喻。"低层次的音韵学"（low-level phonology，指研究语言的语音学方面的科学）中的"低"是基于**"枯燥的现实为下"**（MUNDANE REALITY IS DOWN）这个隐喻（又如"脚踏实地"［down to earth］）。科学理论最直接的吸引力在于，其隐喻在多大程度上与人的经验相吻合。

8. 我们身体和文化上的经验为空间化隐喻提供了很多可能的基础。不同文化中，应该选择哪些隐喻，哪些又是主要的隐喻都有所不同。

9. 一个隐喻的身体与文化基础难以区分，因为要从许多可能的选项中选择一种身体基础，这肯定与文化相连贯。

隐喻的经验基础

我们并不是很了解隐喻的经验基础。因为我们对此一无所知，所以我们对隐喻进行了分别描述，再对它们可能的经验基础加以推测。我们采取这种方法不是基于什么原则，而是因为对它知之甚少。实际上，我们觉得，没有一种隐喻可以在完全脱离经验基础的情况下得到理解，甚至得到充分呈现。比如，"更多为上"、"快乐为上"或者"理性化为上"这些隐喻的经验基础完全不一样。尽管"向上"这个概念在所有这些隐喻中是一样的，但是这些**"向上"**（UP）隐喻所基于的经验却完全不一样。并没有很多种"向上"，而是凭借"垂直状态"以不同方式进入我们的经验，从而产生不同的隐喻。

把经验基础放进表征中，是强调隐喻与其经验基础不可分离的一种办法。因此，我们不会写"更多为上"和"理性化为上"，我们会展现如下图所示的更复杂的关系。这样的表征强调了每个隐喻中的两部分只能通过一个经验基础联系起来，而且也只有通过这些经验基础，隐喻才能起到理解的作用。

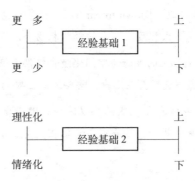

我们不会使用这些表征，只是因为我们对隐喻的经验基础了解甚少。

我们将继续使用单词"is"来表述像"更多为上"这类隐喻。但"IS"应被视为一个速记符号，代表隐喻基于的以及用以理解的某套经验。

　　在理解那些并不吻合的隐喻时，经验基础发挥着重要作用，因为这些隐喻基于不同种类的经验。比如，**"未知为上"**（UNKNOW IS UP）和**"已知为下"**（KNOW IS DOWN）两个隐喻有着不同的经验基础，还有"那件事还悬而未决"（That's *up in the air*）和"这件事已经搞定了"（The matter is *settled*）这样的例子。这个隐喻拥有一个类似于**"理解就是掌握"**（UNDERSTANDING IS GRASPING）概念的经验基础，就如"我没法掌握他的解释"（I couldn't *grasp* his explanation）这一表达一样。如果你手里有个物体，如果你能牢牢抓住，你可以仔细观摩，对该物体就有一个合理的了解。相比于一个飘浮在空中的物体（如一片树叶或者一张纸），固定在地上某个位置的物体更容易把握住并仔细观察。因此，"未知为上"、"已知为下"与"理解就是掌握"是一致的。

　　但是"未知为上"与隐喻"好为上"、**"完成为上"**（FINISHED IS UP，比如句子"我要做完了"［I'm finishing *up*］）不连贯。人们认为**"完成"**（FINISHED）与**"已知"**（KNOWN）匹配，**"未完成"**（UNFINISHED）与**"未知"**（UNKNOWN）匹配。但就垂直隐喻而言，情况并非如此。原因就在于"未知为上"与"完成为上"的经验基础极不一样。

第五章　隐喻与文化连贯

　　某一文化中最根本的价值观与该文化中最基本概念的隐喻结构一致。让我们举例来看看一些文化价值观，它们与我们的"上—下"空间隐喻是一致的，相反的价值观则缺少连贯。

　　"越多越好"与隐喻"更多为上""好为上"一致，"越少越好"则与之不符。

　　"越大越好"与隐喻"更多为上""好为上"相符，"越小越好"则与之不符。

　　"未来将会更美好"（The future will be better）与隐喻 **"未来为上"**（FUTURE IS UP）"好为上"一致，"未来将更糟糕"（The future will be worse）则不符。

　　"未来将会有更多"（There will be more in the future）与隐喻"更多为上""未来为上"相吻合。

　　"未来你的地位将会更高"（Your status should be higher in the future）与隐喻"地位高为上""未来为上"一致。

　　在我们的文化中，这些观念根深蒂固。"未来将会更美好"是进步的宣言。在某些特定情况下，"未来将会有更多"特指产品的汇聚和薪水的提升。"未来你的地位将会更高"则是追名逐利者的代名词。这些观念与我们现在的空间隐喻相符，相反的观念则不符。如此看来，我们的价值观并不是独立存在的，而必须与我们赖以生存的隐喻概念形成一个一致的系统。我们并不认为所有与隐喻系统相符的文化价值观都实际存在，但那些确实存在并牢固确立的价值观的确与隐喻系统相连贯。

前面我们讲到，扎根于我们文化中的价值观总的来说体现了万物平等的理念，但也常有不平等之事发生。这些价值观中存在矛盾冲突，与它们相联系的隐喻中也存在着矛盾冲突。为了解释价值观（以及它们的隐喻）中的这些矛盾冲突，我们必须发现使用这些价值观和隐喻的亚文化所赋予它们的不同优先权是怎样的。比如，"更多为上"拥有最高优先权，因为其身体基础最清晰。"更多为上"比"好为上"更有优先权，这就体现在"通货膨胀正在上升"（Inflation is rising）和"犯罪率正在不断上升"（The crime rate is going up）两个例子中。尽管通货膨胀和犯罪率都是不好的事情，但这些句子表述的意思仍是合理的，因为"更多为上"总是具有最高优先权。

总体来说，哪种价值观被赋予更高优先权，一部分取决于我们所处的这个亚文化，另外一部分则取决于个人价值观。主流文化中各种亚文化共享基本价值观，但是赋予这些基本价值观以不同的优先权。比如，当涉及"现在分期付款，透支购买昂贵的大型车还是购买便宜的小型车"这样的问题时，"越大越好"有可能与"未来将会有更多"相冲突。美国有这样的亚文化，你购买大型车，却不需要担心未来；也有另外的亚文化，先考虑未来，于是买小型车。历史上有一时期（在通货膨胀和能源危机前），在特定亚文化中，拥有小型车就是更高地位的象征。在这种文化下，"美德为上"和**"节省资源是美德"**（SAVING RESOURCES IS

VIRTUOUS）优先于"越大越好"的观念了。在当今社会，在**"省钱更好"**（SAVING MONEY IS BETTER）优先于"越大越好"的庞大亚文化背景下，小型车的购买数量更是急剧增长。

除了亚文化，还有些群体，他们虽然共有某些与主流文化价值观相冲突的重要价值观，但是仍以一种不太明显的方式保留了主流文化的其他价值观。我们来看看特拉普教*的教规。在该教中，他们确实信奉物质财富**"越少越好"**（LESS IS BETTER）和**"越小越好"**（SMALLER IS BETTER），因为在他们看来，物质财富妨碍了侍奉上帝这一最重要的事情。特拉普教赞同主流观念"美德为上"，不过他们赋予其最优先等级和不同界定。**"越多越好"**（THE MORE IS BETTER）尽管仍适用于道德，崇高地位依然为上，不过不是在这个世界，而是在最高的世界，即上帝的王国。此外，就精神成长（向上）并最终达到救赎（真正的向上）的方面来说，"未来将会更美好"也是对的。这是典型的主流文化之外的群体。道德、善良和地位可能被彻底重新定义，但是它们依然"为上"。重要的东西还是"越多越好"，重要的事情"未来将会更美好"，诸如此类。相对于僧侣群体的重要事情，这一群体的价值系统内部与主流文化的主要方位隐喻是一致的。

个人，一如群体，在其赋予什么以优先权，在其界定何谓善、何谓德行高尚等方面都会存在差异。在此意义上，个人也是单独的个体群体。关于什么对他们很重要，他们的个人价值体系和主流文化的主要方位隐喻是一致的。

---

* 特拉普教（Trappist）：天主教的一个教派，1664 年特拉普修道院创建，主张苦修、沉默寡言、与世隔绝。——编者注

　　并不是所有文化都会像我们一样给予"上—下"方向优先权。在有的文化中，平衡或集中发挥着比在我们的文化中更重要的作用。或者我们来看一下"主动—被动"这个非空间方向。对于我们来说，大多数情况下，**"主动为上"**（ACTIVE IS UP），**"被动为下"**（PASSIVE IS DOWN）。但是也有这样的文化，更为看重被动而非主动。一般说来，主要的方向性上—下、里—外、核心—边缘、主动—被动等似乎跨越所有的文化，但是哪些概念倾向于哪些方向，哪个方向又是最为重要的，却因文化的不同而不同。

第六章　本体隐喻

实体和物质隐喻

空间指向，如上—下、前—后、上去—下来（on—off）、核心—边缘、远—近等，为以方位术语来理解概念提供了一个非常丰富的基础。但是通过指向，人们也只能做到这些。我们对物体和物质的经验，为我们提供了另一个理解概念的基础，而它不仅仅是方向。以物体和物质来理解我们的经验，使得我们可以挑选出部分经验，并把它们当成一个统一种类中的离散实体或者物质。一旦我们能够把我们的经验看成实体或物质，我们就能指称它们，将其归类、分组以及量化，并且通过此途径来推理它们。

事物还不是完全离散，或者还没有清晰界限时，我们依然能够对它们进行归类，比如山脉、街角、树篱等。这种看待物理现象的方式满足了我们某些特定的目的：比如确定山脉的位置，在街角碰面，修剪树篱。为了达成一些目的，我们通常会设置一个人为的界限，以使物理现象一如我们自己一样成为离散的个体，即由一个表面所界定的实体。

正如人类对空间方位的基本经验产生了方位隐喻，我们对自然物体（特别是我们的身体）的经验为非常多样的本体隐喻提供了基础，也就是提供了把事件、活动、情感、想法等看成实体和物质的方式。

本体隐喻（ontological metaphor）服务于各种目的，多样化的隐喻反映出其多样化的目的。以价格上涨的经验为例，从隐喻的角度来说，上涨的价格也可以经由名词"通货膨胀"（inflation）看成一个实体。这给我们提供了一个指称这种经验的办法：

INFLATION IS AN ENTITY 通货膨胀是实体

Inflation is lowering our standard of living.
通货膨胀在降低我们的生活水平。

If there's much *more inflation*, we'll never survive.
如果有更多通货膨胀，我们就活不下去了。

We need to *combat inflation*.
我们需要与通货膨胀做斗争。

Inflation is backing us into a corner.
通货膨胀把我们逼入死角。

Inflation is taking its toll at the checkout counter and the gas pump.
通货膨胀给购物和加油造成了恶果。

Buying land is the best way of *dealing with inflation*.
置地是应对通货膨胀的最佳办法。

Inflation makes me sick.
通货膨胀让我很懊丧。

在这些例子中，把通货膨胀看成一种实体，让我们可以指称它，量化它，识别它的特殊方面，把它看成一个原因，对它采取相应行动，甚至可能认为我们理解它。在我们试图理智处理我们的经验时，像这样的本体隐喻很有必要。

为了达到这些目的，我们所使用的本体隐喻的范围非常广。以下例子能让我们了解各种目的，以及用来达到目的的那些本体隐喻的范例。

Referring 指称

My *fear of insects* is driving my wife crazy.
我对虫子的恐惧快把我太太逼疯了。

That was *a beautiful catch.*
那次接球很漂亮。

We are working toward *peace.*
我们正朝和平努力。

The *middle class* is a *powerful silent force* in *American politics.*
在美国政界，中产阶级是一支强大的沉默力量。

The *honor of our country* is at stake in this war.
我们国家的荣誉在这场战争中岌岌可危。

Quantifying 量化

It will take *a lot of patience* to finish this book.
完成这部书得要很大的耐心。

There is *so much hatred* in the world.
这世上有太多的仇恨。

DuPont has *a lot of political power* in Delaware.
杜邦公司在特拉华州很有政治影响力。

You've got *too much hostility* in you.
你心中有太多敌意。

Pete Rose has a lot of *hustle and baseball know-how.*
皮特·罗斯很有拼劲，积累了很多棒球知识。

Identifying Aspects 识别方面

The *ugly side of his personality* comes out under pressure.
他性格中丑陋的一面在压力之下显露了出来。

The *brutality of war* dehumanizes us all.
战争的残酷让我们丧失了人性。

I can't keep up with the *pace of modern life*.
我跟不上现代生活的步伐。

His *emotional health* has deteriorated recently.
最近他的情感健康恶化了。

We never got to feel the *thrill of victory* in Vietnam.
在越南我们从未感受到过胜利的狂喜。

Identifying Causes 识别原因

The *pressure of his responsibilities* caused his breakdown.
责任的重压使他崩溃了。

He did it out of *anger*.
他出于愤怒才那么做的。

Our influence in the world has declined because of our *lack of moral fiber*.
由于我们缺乏道德，我们在世界上的影响力削弱了。

Internal dissension cost them the pennant.
内部纷争使他们失去了锦标。

Setting Goals and Motivating Actions 树立目标，激发行动

He went to New York to *seek fame and fortune*.
他去纽约追名逐利。

Here's what you have to do to *insure financial security*.
这就是你该做的，来保障财政安全。

I'm changing my way of life so that I can *find true happiness*.
我正在改变我的生活方式，以便找到真正的幸福。

The FBI will act quickly in the face of a *threat to national security*.
一旦出现对国家安全的威胁，美国联邦调查局立马行动。

She saw getting married as the *solution to her problems*.
她认为结婚是解决其问题的办法。

人们不会注意到，在方位隐喻的例子中，大部分这样的表达是隐喻性的。其中一个原因就是，本体隐喻，如同方位隐喻，只服务于非常有限的目的，比如定义、量化等。仅仅把一个非自然事物看成实体或者物质并不能让我们理解得更多。但是本体隐喻能够进行更多的解释。这里有两个例子来说明**"大脑是实体"**（THE MIND IS AN ENTITY）这一本体隐喻在我们的文化中是如何被阐释的。

THE MIND IS A MACHINE 大脑是机器

We're still trying to *grind out* the solution to this equation.
我们想尽办法要把这个方程式琢磨出来。

My mind just isn't *operating* today.
我今天大脑不好使。

Boy, the *wheels are turning* now!
哇，现在事情已经开始运行了！

I'm a *little rusty* today.
我今天脑子有点生锈。

We've been working on this problem all day and now we're *running out of steam*.
我们一整天都在解决这个问题，现在我们都快失去动力了。

THE MIND IS A BRITTLE OBJECT 大脑是脆弱的物体

Her ego is very *fragile*.
她自尊心非常脆弱。

You have to *handle him with care* since his wife's death.
自从他妻子过世后，你就得小心伺候他。

He *broke* under cross-examination.
他在交叉盘问中崩溃了。

She is easily *crushed*.
她很容易被打倒。

The experience *shattered* him.
这次经历击垮了他。

I'm *going to pieces*.
我快崩溃了。

His mind *snapped*.
他脑子失控了。

这些隐喻指明了不同物体，提供了关于大脑是什么的不同隐喻模型，因此让我们能专注于精神体验的不同方面。"机器"这个隐喻让我们把大脑设想为有开关，有效率水平，有生产能力，有内部机制，有能量来源以及有运行条件的这么一个东西。"脆弱的物体"这个隐喻则没那么丰富的含义。这个隐喻只能让我们谈论心理力量。然而，许多精神体验能够用这两种隐喻中的任何一个来表达。比如这两个例子：

He broke down. (THE MIND IS A MACHINE)
他出毛病了。（大脑是机器）

He cracked up. (THE MIND IS A BRITTLE OBJECT)
他崩溃了。（大脑是脆弱的物体）

但是以上两个隐喻不是聚焦在精神体验的完全相同的方面。机器出毛病了，只是停止不动而已。但是当一个脆弱不堪的物体崩溃时，碎片会四处飞溅，可能导致危险的后果。因此，比如当某人疯掉，变得野蛮或暴力时，比较适合说"他崩溃了"（He cracked up）。此外，如果某人由于心理原因无精打采，无法正常行动的时候，我们常常会说"他出毛病了"（He broke down）。

在我们的脑海里，像这样的本体隐喻是如此自然、如此普遍，因而通常被认为是心理现象不言自明的直接描述，大多数人从来不会意识到它们其实是隐喻。我们把"他不堪重压崩溃了"（He cracked under pressure）这样的句子直接当成真或者假。实际上，在解释为什么丹·怀特（Dan White）持枪来到旧金山市政厅，枪杀了乔治·莫斯康（George Moscone）市长时，各类记者都曾使用这种表述。这类解释对于我们来说非常自然。原因就是"大脑是脆弱的物体"这样的隐喻是我们文化中大脑模型的一个必要部分，我们大部分人就是以此模型来进行思考和操作的。

容器隐喻

陆地区域

我们是一种物理存在，由皮肤包裹起来，并与这世界的其他部分区隔开来，我们把人体之外的世界视为外部世界。我们每一个人都是一个容器（container），有一层包裹的表皮，有里—外的方向。我们将我们自身这种里—外方向投射到其他由表皮包裹的物体之上，也将其视为有里面和外面的容器。房间和屋子都是明显的容器。从一个房间到另一个房间就是从一个容器到另一个容器，也就是说，走出一个房间就是走进另外一个房间。我们甚至把实心的物体也看成有这样的方向，比如当我们敲开一块石头看看里面有什么时。同时，我们还把这种方向强加给自然环境。森林中的一块空地被认为有一个表面，而我们可以把自己看成在空地中或在空地外，在森林中或在森林外。森林中的空地有我们认为的自然界限——这是一块树木差不多停止生长，空地差不多显现的模糊区域。但是哪怕没有可以界定为容器的天然界限，我们也会强加给某个区域某种界限的标记，让这个区域有里面和包裹的表面——无论是一堵墙、一道篱笆，还是一条抽象的线或一个平面。没有什么人类本能比领地观念更为根本。在某一区域周围加上界限这种界定领地的方式就是量化行为。有界限的物体，无论是人类，还是岩石，或是陆地，都有大小。我们就可以根据它们所容纳物体的数量对这些物体进行量化。比如，堪萨斯州（Kansas）是一个有界限的区域，是一个容器，因此我们可以说："堪萨斯州境内有很多土地。"（There are a lot of land *in* Kansas.）

物质本身可以被看成容器。比如，一缸水。当你走进浴缸时，你就走进了水中。浴缸和水都被看作容器，但种类不同。这时，浴缸是"容器"，而水是"容器"内的物质。

视野

我们把视野概念化成一种容器，并把我们所看到的东西概念化成这一容器内的物体。"视野"（visual field）这个术语也证明了这一点。这个隐喻很自然地来源于我们观察事物的方式：当你看一片区域（土地、地面等）时，你的视野限定了区域的界限，也就是说，界定了你所看到的部分。考虑到一个有界限的物理空间是一个容器，我们的视野与这个有界限的物理空间相互联系，那么这个隐喻的概念**"视野是容器"**（VISUAL FIELDS ARE CONTAINERS）就自然而然产生了。因此，我们可以说：

> The ship is *coming into* view.
> 这艘船正进入视野。
>
> I *have* him *in* sight.
> 他在我的视野中了。
>
> I can't see him——the tree is *in* the way.
> 我看不见他——树挡在中间了。
>
> He's *out of* sight now.
> 现在他脱离我的视野了。
>
> That's *in* the *center of* my field of vision.
> 那是我视野的中心。
>
> There's *nothing in* sight.
> 我的视野内没有任何东西。
>
> I can't get *all* of the ships *in* sight at once.
> 我无法一下子把所有轮船都纳入视野。

事件、行为、活动和状态

　　我们借助本体隐喻理解事件、行为、活动以及状态。事件和行为被概念化为物体，活动被概念化为物质，状态被概念化为容器。比如，一场赛跑可以被看作一个具体的实体。赛跑存在于空间和时间中，而且具有明确清晰的界限，因此，我们把它看作一个**"容器物体"**（CONTAINER OBJECT）。里面有参与者（也是物体），有起点和终点（都为隐喻性物体）这样的事件，还有跑步这样的活动（这是隐喻物质）。因此我们可以这样描述比赛：

> Are you *in* the race on Sunday?（race as CONTAINER OBJECT）
> 周日你要参加比赛吗？（比赛作为"容器物体"）

Are you *going to* the race?（race as OBJECT）

你要去比赛吗？（比赛作为"物体"）

Did you *see* the race?（race as OBJECT）

你看了那场比赛吗？（比赛作为"物体"）

The *finish* of the race was really exciting.（finish as EVENT ONJECT within CONTAINER OBJECT）

比赛的结束部分真是令人激动不已。（结束是"容器"内的"事件物体"）

There was *a lot of good running in* the race.（running as a SUBSTANCE in a CONTAINER）

在比赛中很多跑步表现非常不错。（跑是"容器"内的"内容"）

I couldn't do *much sprinting* until the end.（sprinting as SUBSTANCE）

到达终点前我不能做太多冲刺。（冲刺作为"内容"）

Halfway into the race, I ran out of energy.（race as CONTAINER OBJECT）

比赛进入到一半，我已耗尽体力。（比赛作为"容器物体"）

He's *out of* the race now.（race as CONTAINER OBJECT）

他现在已经退出比赛了。（比赛作为"容器物体"）

总体来说，活动可以被看作"内容"，也可以被看作"容器"：

In washing the window, I splashed water all over the floor.
在擦窗户的过程中，我把水溅到了地板上。

How did Jerry *get out of* washing the windows?
杰瑞是怎么摆脱擦窗户这个活的？

Outside of washing the windows, what else did you do?
擦窗户之外，你还干了什么？

How much window-washing did you do?
你干了多少擦窗户的活？

How did you *get into* window-washing as a profession?
你怎么进入擦窗户这个行业了？

He's *immersed in* washing the windows right now.
他正沉浸于擦窗户之中。

　　因此，活动可以被看成容纳行为和构成该活动的其他活动的容器。它们也被看作行为及活动所需能量、材料的容器以及副产品的容器，这些副产品可能被认为存在于或者来源于这些容器：

I *put a lot of energy into* washing the windows.
我在擦窗户中投入了很多精力。

I *get a lot of satisfaction out of* washing windows.
我从擦窗户中得到很多满足。

There is a lot of satisfaction in washing windows.
擦窗户过程中有很多满足感。

　　不同状态可能也被概念化成不同的容器。因此，我们有以下的例子：

He's *in* love.
他坠入了爱河。

We're *out of* trouble now.
我们现在脱困了。

He's coming *out of* the coma.
他正在走出昏迷。

I'm *slowly getting into* shape.
我渐渐进入状态。

He *entered* a state of euphoria.

他进入极度愉悦的状态。

He *fell into* depression.

他陷入抑郁了。

He finally *emerged from* the catatonic state he had been *in* since the end of finals week.

决赛周结束后，他一直处于紧张状态，但他最终走出了这种状态。

第七章 拟人

　　也许最明显的本体隐喻是那些自然物体被拟人化的隐喻。这类隐喻通过人类动机、特点以及活动等，让我们理解各种非人类实体的经验。以下是一些例子：

His *theory explained* to me the behavior of chickens raised in factories.
他的理论向我解释了工厂里养鸡的行为。

This *fact argues* against the standard theories.
这个事实违背了标准理论。

Life has cheated me.
生活欺骗了我。

Inflation is eating up our profits.
通货膨胀吞蚀我们的利润。

His *religion tells* him that he cannot drink fine French wines.
他的宗教信仰告诉他不能喝上等的法国红酒。

The *Michelson-Morley experiment gave birth to* a new physical theory.
迈克尔逊－莫雷实验产生了新的物理学理论。

Cancer finally *caught up with* him.
癌症最终影响了他的健康。

　　在以上每个例子中，我们把一些非人类的东西看作人类。但是拟人化并不是单独统一的概括性过程。每个拟人因所挑选出来的人的各个方面的不同而不同。请看以下例子：

> Inflation *has attacked* the foundation of our economy.
> 通货膨胀已经攻击了我们国家经济的根本。

> Inflation *has pinned* us *to the wall*.
> 通货膨胀把我们逼得无路可走了。

> Our biggest *enemy* right now *is* inflation.
> 现在我们面临的最大敌人是通货膨胀。

> The dollar *has been destroyed* by inflation.
> 美元的价值已经被通货膨胀摧毁了。

> Inflation *has robbed* me of my savings.
> 通货膨胀把我的积蓄都抢光了。

> Inflation *has outwitted* the best economic minds in the country.
> 通货膨胀已经胜过了国内顶尖经济学家的智力。

> Inflation *has given birth* to a money-minded generation.
> 通货膨胀孕育了追逐金钱的一代人。

这里的通货膨胀已经被拟人化，但是隐喻不仅仅是"**通货膨胀是一个人**"（INFLATION IS A PERSON），更加具体地说是"**通货膨胀是一个对手**"（INFLATION IS AN ADVERSARY）。这个隐喻不仅提供了一个思考通货膨胀的具体方式，也提供了针对性的行为方式。我们把通货膨胀看成攻击我们、让我们受伤、掠夺甚至毁坏我们的对手。

"通货膨胀是一个对手"这个隐喻因此导致政府方面采取一系列政治经济行动：向通货膨胀宣战，设定目标，号召做出牺牲，实施一系列的新命令等。同时该隐喻也捍卫了这些行动的正当性。

关键就在于拟人是一个笼统的范畴，覆盖的隐喻种类繁多，每种隐喻都选取了人的不同方面或者观察人的不同方式。其共同点就是它们是本体隐喻的衍生，让我们根据人来理解世界万象，并能够基于我们自身的动机、目标、行动以及特点来加以了解。把通货膨胀如此抽象的东西看成跟人一样，很具解释力，是唯一一个能让大多数人明白的解释方法。由于无人真正明了的复杂政治经济因素使我们遭受巨大经济损失的时候，"通货膨胀是一个对手"这个隐喻至少给了我们一个为何遭受这些损失的连贯解释。

第八章　转喻

在拟人化中，我们将一些人的特质赋予在非人类的一些事物上面，例如理论、疾病、通货膨胀等。在这些情况下，我们并不是指任何实际的人。当我们说"通货膨胀把我的积蓄都抢光了"时，并不是在用"通货膨胀"指代某个人。这样的例子必须与下面的例子区分开来，如：

> The *ham sandwich* is waiting for his check.
> 火腿三明治正等着结账。

这里，"火腿三明治"确实是指某个人，意指那个点了火腿三明治的顾客。我们无法理解将"火腿三明治"人格化后的意义，因此上面的例子不能被称为拟人化。相反我们是在用一个实体指代另一个与之相关的实体，我们称之为"转喻"（metonymy）。请看下面更多的例子：

> He likes to read the *Marquis de Sade*.（= the writings of the marquis）
> 他喜欢读萨德侯爵。（= 侯爵的作品）
>
> He's in *dance*.（= the dancing profession）
> 他是跳舞的。（= 舞蹈专业）
>
> *Acrylic* has taken over the art world.（= the use of acrylic paint）
> 丙烯酸已经占领了艺术世界。（= 丙烯酸涂料的使用）

The *Times* hasn't arrived at the press conference yet. (= the reporter from the *Times*)

《泰晤士报》还未到达新闻发布会现场。(= 《泰晤士报》的记者)

Mrs. Grundy frowns on *blue jeans*. (= the wearing of blue jeans)

格朗蒂夫人对蓝色牛仔裤皱起了眉头。(= 穿蓝色牛仔裤的行为)

New windshield wipers will satisfy him. (= the state of having new wipers)

新的雨刮器让他心满意足。(= 拥有新的雨刮器)

我们所指的转喻，还包括传统修辞学者称为"提喻"（synecdoche）的手法，即用部分指代整体，如下所示：

THE PART FOR THE WHOLE 部分代整体

The *automobile* is clogging our highways. (= the collection of automobiles)

汽车阻塞了高速公路。(= 汽车的聚集)

We need a couple of *strong bodies* for our team. (= strong people)

我们队需要几个大个子。(= 大个子的人)

There are a lot of *good heads* in the university. (= intelligent people)

这所大学有不少好脑瓜。(= 聪明的人)

I've got a new *set of wheels*. (= car, motorcycle, etc.)

我弄到了一套新轮子。(= 汽车、摩托等交通工具)

We need some *new blood* in the organization. (= new people)

我们组织需要新鲜血液。(= 新人)

以上例子跟其他转喻例子一样，是在用一个事物指代另一个事物。隐喻和转喻是不同类型的比喻。隐喻主要是将一个事物比拟成另一个事物，其主要功能是帮助理解，而转喻的主要功能则在于指代，即用一个事物来代表另一个事物。当然转喻不仅仅是一种指代手法，它也能起到帮助理解的作用。例如在"部分代整体"的例子中，有很多"部分"代替了"整体"。我们挑选哪个部分决定了我们关注整体的哪个方面。当我们说这个项目需要灵光的脑袋时，我们就用"好脑瓜"指代了"聪明的人"。关键不在于用部分（脑瓜）来代替整体（人），而是为了突显这个人的某个特点——聪明才智，而这又恰恰与脑袋有关。其他类型的转喻同样如此。当我们说"《泰晤士报》还未到达新闻发布会现场"时，我们不仅仅是用"《泰晤士报》"来指代该报的记者，同时也道出了该记者所在的新闻机构《泰晤士报》的重要性。所以"《泰晤士报》还未到达新闻发布会现场"和"斯蒂夫·罗伯茨还未到达新闻发布会现场"这两句话的意义是不同的，即使斯蒂夫·罗伯茨就是这句话所指的《泰晤士报》的记者。

因此转喻和隐喻都服务于同样一些目的，在某种程度上说还应用了同样的方法，但转喻让我们更关注所指事物的某些特定方面。跟隐喻一样，转喻不仅仅是一种诗学手段或修辞手法，也不仅仅是语言的事。转喻概念（如"部分代整体"）是我们每天思考、行动、说话的平常方式的一部分。

例如，在我们的概念系统中，"部分代整体"的转喻有一个特别例子，即**"面孔即人"**（THE FACE FOR THE PERSON）。例如：

> She's just a *pretty face*.
> 她徒有一张好脸蛋。
>
> There are an *awful lot of faces* out there in the audience.
> 观众席上有太多面孔了。

We need some *new faces* around here.
我们这里需要几张新面孔。

在我们文化中，这种转喻非常活跃。人物绘画和摄影的传统即基于此。如果要看我儿子的照片，我给你一张只有我儿子面孔的照片就足矣。你会觉得已经看到了他整个人。但是如果我给你看一张我儿子身体的照片而没有他的面孔，你就会觉得很奇怪，不会满足。你甚至会问："他到底长什么样啊？"由此，这个转喻"面孔即人"就不只是一个语言策略了。在我们的文化习惯中，我们并不是通过一个人的姿态、动作，而是通过长相来获取这个人的基本信息。当我们以面孔来感知一个人，并基于此感知来采取行动时，我们是在依据转喻进行运作。

和隐喻一样，转喻并不是随机和任意的，不应被视为孤立的实例。转喻概念也是系统化的，这可以从我们日常生活的以下例子中得到体现。

THE PART FOR THE WHOLE 部分代整体

Get *your butt* over here!
把你的屁股挪过来！

We don't hire *longhairs*.
我们不聘用长头发。

The Giants need a *stronger arm* in right field.
巨人队需要一个右外野位置的更强投手。

I've got a new *four-on-the-floor V-8*.
我有一辆新的手动四速 V8。

PRODUCER FOR PRODUCT 生产者代产品

I'll have a *Löwenbräu*.
我要瓶卢云堡（狮牌啤酒）。

He bought a *Ford*.
他买了辆福特。

He's got a *Picasso* in his den.
他在书斋里挂了幅毕加索。

I hate to read *Heidegger*.
我不爱读海德格尔。

OBJECT USED FOR USER 客体代主体

The *sax* has the flu today.
萨克斯今天感冒了。

The *BLT* is a lousy tipper.
这个（培根、莴苣、番茄）三明治给小费很小气。

The *gun* he hired wanted fifty grand.
他雇佣的手枪要价五万美元。

We need a better *glove* at third base.
第三垒需要个更好的手套。

The *buses* are on strike.
巴士都罢工了。

CONTROLLER FOR CONTROLLED 操控者代操控物

Nixon bombed Hanoi.
尼克松轰炸了河内。

Ozawa gave a terrible concert last night.
小泽征尔昨晚开了场糟糕的音乐会。

Napoleon lost at Waterloo.
拿破仑惨败滑铁卢。

Casey Stengel won a lot of pennants.
卡塞伊·史丹格获得了很多奖旗。

A Mercedes rear-ended *me*.

我被一辆梅赛德斯追尾了。

INSTITUTION FOR PEOPLE RESPONSIBLE 机构代负责人

Exxon has raised its prices again.

埃克森石油公司再一次提高了油价。

You'll never get the *university* to agree to that.

你永远不会得到大学的允许。

The *Army* wants to reinstitute the draft.

部队意欲重新征兵。

The *Senate* thinks abortion is immoral.

参议院认为堕胎不道德。

I don't approve of the *government's* actions.

我不赞成政府的行为。

THE PLACE FOR THE INSTITUTION 地方代机构

The *White House* isn't saying anything.

白宫什么也没说。

Washington is insensitive to the needs of the people.

华盛顿对人们的需求懵然不知。

The *Kremlin* threatened to boycott the next round of SALT talks.

克里姆林宫威胁将抵制下一轮的限制战略武器会谈。

Paris is introducing longer skirts this season.

巴黎这季主推长裙。

Hollywood isn't what it used to be.

好莱坞好景不再。

Wall Street is in a panic.

华尔街一片恐慌。

THE PLACE FOR THE EVENT 地点代事件

Let's not let Thailand become another *Vietnam*.
不要让泰国变成另一个越南。

Remember *the Alamo*.
谨记阿拉摩。

Pearl Harbor still has an effect on our foreign policy.
珍珠港依旧对美国的外交政策具有一定的影响。

Watergate changed our politics.
水门改变了美国的政治。

It's been *Grand Central Station* here all day.
这儿一整天都像中央火车站。

如上所示，跟隐喻概念一样，转喻概念也具有系统性。以上例子并不是随意的，而是我们用以组织我们的思维和行动的某些普遍转喻概念的实例。转喻让我们能依据一个事物与别的事物之关系来概念化该事物。当我们想到一幅毕加索的时候，并不只是想到一幅艺术作品，我们会从其与画家的关系来思考，亦即他的艺术观念，他的绘画技巧，以及他在艺术史上的地位等。因为联想到作品的创作者，我们对毕加索怀有敬畏之情，即便是他十多岁时画的一幅素描。这就是"生产者代产品"的转喻概念对我们思维和行动的影响。同样，当一个女服务生说"火腿三明治结账"时，她只把他当作一名普通顾客，而非一个人，所以用了一个去人格化的手法。尼克松本人并没有去轰炸河内，但是通过"操控者代操控物"的转喻概念，我们不仅说"尼克松轰炸了河内"，还认为就是他执行了轰炸的行为，并要为此负责。由于转喻"操控者代操控物"中转喻关系的本质，我们上述的认识是完全可能的，在这一层转喻概念中，责任是我们所关注的。

因而，跟隐喻一样，转喻概念不仅建构了我们的语言，也建构了我们的思维、态度和行为。同时，跟隐喻一样，转喻概念根植于我们的日常经验。事实上，转喻概念的经验基础要比隐喻更明显。它总是具有直接的物理联系或者因果关系。例如"部分代整体"的转喻概念，就是从我们部分联系整体的经验中产生的；"生产者代产品"基于生产者和产品的因果关系（以及典型的物理联系）；"地方代事件"基于我们关于事件发生的物理地点的日常经验；诸如此类。

文化及宗教象征是转喻的特殊形式。例如在基督教里有一种转喻**"鸽子代表圣灵"**（DOVE FOR HOLY SPIRIT）。这是典型的转喻，但其象征性并不是任意的，而是基于鸽子在西方文化中的概念，以及圣灵在基督教理论中的概念而产生的。为什么是鸽子象征圣灵，而不是鸡、秃鹰或者鸵鸟？这是有原因的。鸽子被认为是美丽、友好、温和的，同时最重要的是代表和平。作为鸟，它的自然栖息地是天空，天空转喻为天堂，而天堂是圣灵居住的地方。鸽子飞行优雅，滑行轻巧，被认为是来自天上、又飞入寻常百姓家的典范。

文化与宗教概念系统本质上是隐喻性的。连贯的隐喻体系赋予宗教及文化以特色，而象征转喻正是联系日常经验和隐喻体系的关键一环。基于我们的物理经验的象征转喻，为我们理解宗教和文化概念提供了至关重要的途径。

第九章　隐喻连贯性的挑战

我们已经证明隐喻和转喻不是任意的，而是构成连贯的体系，我们据此概念化我们的经验。然而，在日常生活的隐喻表达中，表面上的不连贯现象并不难发现。对此我们还没有做过全面的研究，不过就我们所仔细考察的几个实例来看，尽管乍一看毫无干系，但它们其实并非不连贯。让我们来看看以下两个例子。

表面上的隐喻矛盾

查尔斯·菲尔墨（Charles Fillmore）（在对话中）发现，英语有两个看似相互矛盾的时间组织模式。第一种是，未来在前面，过去在后面：

> In the weeks ahead of us... (future)
> 在将来的几个星期里我们……（未来在前面）
> That's all behind us now. (past)
> 这些都已经落在我们身后了。（过去在后面）

第二种是，未来在后面，过去在前面：

> In the following weeks... (future)
> 在以后的几周里……（未来在后面）

In the preceding weeks... (past)
在之前的几周里……（过去在前面）

这似乎是隐喻时间组织中的一个矛盾。此外，这些看来明显矛盾的隐喻可以混用，却不会产生不良后果，比如：

We're looking *ahead* to the *following* weeks.
我们正前瞻今后的几个星期。

在这句话里，好像时间组织上"ahead"把未来放在前面，而"following"则把未来放在后面。

这其实是连贯一致的，要理解这一点，我们必须先来看一下"前—后"的组织。一些事物，比如人和汽车，有内在的前后，但是另一些事物，比如树木，则没有内在的前后。一块岩石在特定环境下可以有前后之分。假设你在观察一块中等大小的石头。在你和石头之间有一个球——假设球距离石头约30厘米远。这样的情景下，你可以说"球在石头前面"（The ball is in front of the rock）。这块石头因而有了前后之分，好像它的前面朝着你。但这不是普遍的。在有些语言中，比如豪萨语（Hausa），石头的方向正好是反过来的。所以当球处于你和石头之间的时候，你要说球在石头的后面。

运动物体有前后之分。一般认为移动的方向为前方（或者是约定俗成的权威的运动方向，所以一辆倒退的汽车依然有固定的前面）。例如一个球体卫星，静止不动时没有前后之分，然而一旦入轨运行，就依其运动方向而有了前后。

现在，英语中的时间是依**"时间是移动物体"**（TIME IS A MOVING OBJECT）的隐喻建构的，未来在不断地朝我们移动：

The time will come when...
……的时刻终将到来。

The time has long since gone when...
……时间已过去很久了。

The time for action has arrived.
行动的日子终于来到。

谚语"时光飞逝"（Time flies）正是"时间是移动物体"这个隐喻的一个实例。既然我们面向着未来，那么就有：

Coming up in the weeks ahead...
即将到来的几个星期……

I look forward to the arrival of Christmas.
我期待着圣诞节的到来。

Before us is a great opportunity, and we don't want it to pass us by.
一个极大的机会摆在我们面前，我们绝不能错过它。

依据"时间是移动物体"的隐喻观念，时间就有了前后之分。就跟所有移动物体一样，它行进的方向就是前方，那么未来就是面朝我们运动，于是就有了以下的表达：

I can't face the future.
我无法面对未来。

The face of things to come...
面对即将发生的事情……

Let's meet the future head-on.
让我们直面未来。

所以，当我们以人来给时间定方向时，时间朝向的表达式是在我们前面、我期望、在我们面前；但当我们以时间来定方向时，时间表达就成了先前的、接下来的。因此我们有：

Next week and the week following it.
下个星期以及它后面的一个星期。

却不会说：

The week following me...
我后面的一个星期……

既然面对我们的是未来，未来之后是更远的未来，而所有的未来都在现在之后。所以接下来的几周和我们面前的几周是一样的。

这个例子不仅说明这里的时间概念不存在矛盾，同时也揭示了所有牵涉其中的微妙细节："时间是移动物体"的隐喻，时间被视为运动物体而获得前后方向，当基于此隐喻的用以描述时间的词如接下来的、先前的以及面对等被适用于时间之上，其运用是一致的。所有这些一致的详尽隐喻结构，是我们平时形容时间的日常语言的一部分，只是太过于熟悉，我们一般不会注意。

连贯性与一致性

我们已经呈现了"时间是移动物体"这一隐喻的内在一致性。但我们对于逝去的时间还有另一种概念化方式：

TIME IS STATIONARY AND WE MOVE THROUGH IT **时间是不动的，而我们穿行其中**

As we go through the years, ...
我们历经多年……

As we go further into the 1980s, ...
我们走向更远的 20 世纪 80 年代……

We're approaching the end of the year.
我们正迈向岁末。

从这里可以看到，有两种形容"时间逝去"的情况：一种情况是我们在移动，而时间是静止不动的；另一种情况是时间在移动，而我们是静止不动的。共通点在于，在这种相对运动中，未来都在我们前面，而过去都在我们后面。即同样的隐喻有两种不一样的子情况，如下图所示：

从我们人的视角，时间
经过我们，从前往后

时间是运动物体，朝我们
移动。

时间静止不动，我们穿过
时间，朝未来前进。

这是用另一种方式来说明它们有着共同的蕴涵。两种隐喻都蕴含从人类的角度来看，时间从我们的前面移动到我们后面。

尽管这两个隐喻不一致（即它们不能形成统一的形象），但从属于同一范畴时，它们仍能作为子类别而相互契合，拥有一个共同蕴涵。隐喻的连贯性（即相互契合）和一致性是有区别的。我们发现隐喻间的联系更倾向于相互连贯而非相互一致。

我们通过另一个隐喻例子来证实这个问题：

LOVE IS A JOURNEY 爱是一次旅行

Look *how far we've come*.
回头看看我们走过了多远的路。

We're *at a crossroads*.
我们处在十字路口。

We'll just have to *go our separate ways*.
我们不得不各走各的路。

We can't *turn back now*.
我们现在不能回头。

I don't think this relationship is *going anywhere*.
我们看不到这段关系能走到哪儿。

Where are we?
我们走到哪一步了？

We're *stuck*.
我们困住了。

It's been a *long, bumpy road*.
真是一条漫长崎岖的道路。

This relationship is a *dead-end street*.
这段感情是一条死胡同。

We're just *spinning our wheels*.
我们只是在原地打转。

Our marriage is *on the rocks*.
我们的婚姻触礁了。

We've gotten *off the track*.
我们已经偏离了轨道。

This relationship is *foundering*.
这段关系正在崩溃。

这里最基本的隐喻是旅行，旅行方式多种多样，有汽车之旅、火车之旅以及航海之旅。

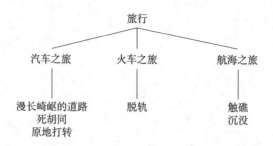

我们再次看到，没有一个所有"旅行"隐喻都契合的单一的一致形象。唯一能使其连贯的是它们均是"旅行"隐喻，尽管它们分别指不同方式的旅行。隐喻"时间是移动物体"也同样如此，因为物体会以各种方式移动。于是我们有了"时光飞逝"（time flies）、"时间悄悄溜走"（time creeps along）、"时间加速前进"（time speeds by）。一般而言，隐喻概念并不是以具体意象来定义的（飞逝，悄悄溜走，往路的尽头走去，等等），而是以一个更广的范畴来界定的，比如"流逝"。

第十章　更多例子

我们一直声称，隐喻部分建构了我们日常生活中的概念，这种建构反映在我们平时的字面语言中。在得出以上论断的哲学意义的大致图景前，我们还需要一些例证。下面的每一组例子，我们都会给出一种隐喻，并列出在此种隐喻概念下的一系列特殊表达。下面的英语表达有两种：简单的字面表达以及符合该隐喻概念的成语。这些成语都是我们日常生活中的常用语。

THEORIES (and ARGUMENTS) ARE BUILDINGS 理论是建筑物和论点是建筑物

Is that the *foundation* for your theory?
这就是你理论的基础吗？

The theory needs more *support*.
这个理论需要更多的支撑。

The argument is *shaky*.
这个论据站不住脚。

We need some more facts or the argument will *fall apart*.
我们需要更多的事实论证，否则这个论点就会坍塌。

We need to *construct* a *strong* argument for that.
为此我们需要建构一个更有力的论据。

I haven't figured out yet what the *form* of the argument will be.

我还没弄清楚论证的形式是什么。

Here are some more facts to *shore up* the theory.

这里有更多事实来支撑这个理论。

We need to *buttress* the theory with *solid* arguments.

我们需要确凿的论据来加固这个理论。

The theory will *stand* or *fall* on the *strength* of that argument.

理论是成立还是坍塌取决于论据是否有力。

The argument *collapsed.*

论点坍塌了。

They *exploded* his latest theory.

他们轰倒了他的最新理论。

We will show that theory to be without *foundation.*

我们将证明那个理论毫无根基。

So far we have put together only the *framework* of the theory.

目前为止我们只是将理论框架拼凑在一起。

IDEAS ARE FOOD 想法是食物

What he said *left a bad taste in my mouth.*

他的话让我满口恶心。

All this paper has in it are *raw facts, half-baked ideas, and warmed-over theories.*

整篇论文充斥着未经考证的事实、不成熟的想法和陈腐的理论。

There are too many facts here for me to *digest* them all.

有太多的事实需要我去消化。

I just can't *swallow* that claim.

我只是无法囫囵咽下这一结论。

That argument *smells fishy*.

那个论点不是味儿（有点可疑）。

Let me *stew* over that for a while.

让我先斟酌一会儿。

Now there's a theory you can really *sink your teeth into*.

终于有个可以让你全身心投入的理论了。

We need to let that idea *percolate* for a while.

那个想法我们还得让它过滤一下。

That's *food for thought*.

那是精神食粮。

He's a *voracious* reader.

他读书如饥似渴。

We don't need to *spoon-feed* our students.

我们无须把知识一勺一勺地喂给学生。

He *devoured* the book.

他如饥似渴地读这本书。

Let's let that idea *simmer on the back burner* for a while.

让我们先把那个想法放一放，让它再酝酿一下。

This is the *meaty* part of the paper.

这是这篇论文最有味道的地方。

Let that idea *jell* for a while.

让那个想法再凝固一会儿。

That idea has been *fermenting* for years.

这个主意已经酝酿多年。

从生死角度而言，"**想法是有机体**"（IDEAS ARE ORGANISMS），或是"**人**"（PEOPLE），或是"**植物**"（PLANTS）。

IDEAS ARE PEOPLE 想法即人

The theory of relativity *gave birth to* an enormous number of ideas in physics.

相对论促成了物理界不少想法的诞生。

He is the *father* of modern biology.

他是现代生物学之父。

Whose *brainchild* was that?

这是谁的思想结晶?

Look at what his ideas have *spawned*.

看看他的想法产出了些啥。

Those ideas *died off* in the Middle Ages.

那些想法在中世纪时就死绝了。

His ideas will *live on* forever.

他的思想将永生。

Cognitive psychology is still in its *infancy*.

认知心理学仍处于婴儿期。

That's an idea that ought to be *resurrected*.

这个观点应该再次被复活。

Where'd you *dig up* that idea?

你从哪儿萌生的那个想法?

He *breathed new life into* that idea.

他往那个想法里注入新生命。

IDEAS ARE PLANTS 想法是植物

His ideas have finally come to *fruition*.

他的想法终于结成果实。

That idea *died on the vine*.

那个想法枯死藤上了。

That's a *budding* theory.
那个理论还在萌芽期。

It will take years for that idea to *come to full flower*.
那个想法还要些时间才能成熟。

He views chemistry as a mere *offshoot* of physics.
他仅视化学为物理学的分支。

Mathematics has many *branches*.
数学有很多分支。

The *seeds* of his great ideas were *planted* in his youth.
他伟大的想法播种于年少之时。

She has a *fertile* imagination.
她有丰富的想象力。

Here's an idea that I'd like to *plant* in your mind.
我要把这个观点根植于你的脑海里。

He has a *barren* mind.
他的脑子一片荒芜。

IDEAS ARE PRODUCTS 想法是产品

We're really *turning (churning, cranking, grinding) out* new ideas.
我们还真是会琢磨出新主意啊。

We've *generated* a lot of ideas this week.
这一周我们产生了不少新想法。

He *produces* new ideas at an astounding rate.
他生产新主意的速度真是让人震惊。

His *intellectual productivity* has decreased in recent years.
他的智力生产力近年衰退了。

We need to *take the rough edges off* that idea, *hone it down, smooth it out.*

那个想法需要被琢磨打滑，去粗存精。

It's a rough idea; it needs to be *refined.*

想法还很粗糙，需要提炼。

IDEAS ARE COMMODITIES 想法是商品

It's important how you *package* your ideas.

包装你的想法非常重要。

He won't *buy* that.

他不买账。

That idea just won't *sell.*

那个想法很难推销。

There is always a *market* for good ideas.

好想法总能找到市场。

That's a *worthless* idea.

那个想法毫无价值。

He's been a source of *valuable* ideas.

他有价值的主意源源不断。

I wouldn't *give a plugged nickel for* that idea.

那想法一文不值。

Your ideas don't have a chance in the *intellectual marketplace.*

你的想法一点市场都没有。

IDEAS ARE RESOURCES 想法是资源

He *ran out of* ideas.

他思维枯竭了。

Don't *waste* your thoughts on small projects.
别在小课题上浪费思想。

Let's *pool* our ideas.
让我们集思广益。

He's a *resourceful* man.
他的主意源源不断。

We've *used up* all our ideas.
我们的主意都用完了。

That's a *useless* idea.
那主意没用。

That idea will *go a long way*.
那个想法将会产生重大影响。

IDEAS ARE MONEY 想法是金钱

Let me put in my *two cents' worth*.
让我说一下我廉价的想法。

He's *rich* in ideas.
他富于点子。

That book is a *treasure trove* of ideas.
那本书是一个思想宝库。

He has a *wealth* of ideas.
他极富想法。

IDEAS ARE CUTTING INSTRUMENTS 想法是切削工具

That's an *incisive* idea.
那想法够睿智。

That *cuts right to the heart of* the matter.
那（话）深中肯綮。

That was a *cutting* remark.

那（话）太尖刻了。

He's *sharp*.

他（说话）很尖锐。

He has a *razor* wit.

他锋利机智。

He has a *keen* mind.

他头脑敏锐。

She *cut* his argument *to ribbons*.

她把他的论点批得体无完肤。

IDEAS ARE FASHIONS 想法是时尚

That idea went *out of style* years ago.

那想法早几年前就落伍了。

I hear sociobiology *is in* these days.

我听说最近社会生物学很流行啊。

Marxism is currently *fashionable* in western Europe.

最近西欧很时兴马克思主义。

That idea is *old hat*!

那主意太老套了！

That's an *outdated* idea.

那想法太过时了。

What are the *new trends* in English criticism?

英语批评界的新潮流是什么？

Old-fashioned notions have no place in today's society.

老观念在现今社会已没有市场啦。

He keeps *up-to-date* by reading the *New York Review of Books*.

他常读《纽约书评》以跟上时代步伐。

Berkeley is a center of *avant-garde* thought.
伯克利堪称前卫思潮中心。

Semiotics has become quite *chic*.
符号学变得很时髦。

The idea of revolution is no longer *in vogue* in the United States.
革命思潮在美国已经不时兴啦。

The transformational grammar *craze* hit the United States in the mid-sixties and has just made it to Europe.
20 世纪 60 年代中叶，转换语法风靡美国，也刚传到欧洲。

UNDERSTANDING IS SEEING; IDEAS ARE LIGHT-SOURCES; DISCOURSE IS A LIGHT-MEDIUM 理解是看见；想法是光源；话语是光媒介

I *see* what you're saying.
我明白你在说什么了。

It *looks* different from my *point of view*.
在我看来它是不一样的。

What is your *outlook* on that?
你对那个有什么展望？

I *view* it differently.
我的见解不一样。

Now I've got the *whole picture*.
现在我了解全貌了。

Let me *point something out* to you.
让我给你指出一些问题。

That's an *insightful* idea.
那见解够深刻。

That was a *brilliant* remark.
那真是真知灼见。

The argument is *clear*.
论点很明晰。

It was a *murky* discussion.
这个论述隐晦难懂。

Could you *elucidate* your remarks?
能说清楚一下你的观点吗？

It's a *transparent* argument.
这个论点很透彻。

The discussion was *opaque*.
这个论述不透彻。

LOVE IS A PHYSICAL FORCE (ELECTROMAGNETIC, GRAVITATIONAL, etc.) 爱是一种物理力量（电磁力、引力等）

I could feel the *electricity* between us.
我觉得我们俩之间来电了。

There were *sparks*.
冒出火花了。

I was *magnetically drawn* to her.
我被她吸引了。

They are uncontrollably *attracted* to each other.
他们无法控制地相互吸引着。

They *gravitated* to each other immediately.
他们立即互相吸引。

His whole life *revolves* around her.
他所有生活都是围着她转。

The *atmosphere* around them is always *charged*.
他们周围的气氛总是充满紧张。

There is incredible *energy* in their relationship.

他们之间的关系充满了难以置信的能量。

They lost their *momentum*.

他们丧失了动力。

LOVE IS A PATIENT 爱是一个病人

This is a *sick* relationship.

这是一种病态关系。

They have a *strong, healthy* marriage.

他们的婚姻关系牢固健康。

The marriage is *dead*—it can't be *revived*.

他们婚姻已死——无法复生。

Their marriage is *on the mend*.

他们正在修补他们的婚姻关系。

We're getting *back on our feet*.

我们的关系正在恢复。

Their relationship is *in really good shape*.

他们关系相当好。

They've got a *listless* marriage.

他们的婚姻毫无激情。

Their marriage is *on its last legs*.

他们的婚姻已跛脚了。

It's a *tired* affair.

这段感情太累了。

LOVE IS MADNESS 爱是疯狂

I'm *crazy* about her.

我为她疯狂。

She *drives me out of my mind*.
她使我疯狂。

He constantly *raves* about her.
他不断为她倾倒。

He's gone *mad* over her.
他已经为她而痴狂。

I'm just *wild* about Harry.
我为哈利而疯。

I'm *insane* about her.
我为她癫狂。

LOVE IS MAGIC 爱是魔法

She *cast her spell* over me.
我着了她的魔。

The *magic* is gone.
爱的魔力已消失。

I was *spellbound*.
我着魔了。

She had me *hypnotized*.
我被她迷住了。

He has me *in a trance*.
他令我恍惚。

I was *entranced* by him.
我为他着迷。

I'm *charmed* by her.
我为她着迷。

She is *bewitching*.
她令人着迷。

LOVE IS WAR 爱是战争

He is known for his many rapid *conquests*.
他因"速战速决"而闻名。

She *fought for* him, but his mistress *won out*.
她为他而战，却败给了他的情妇。

He *fled from* her *advances*.
他逃避了她的主动追求。

She *pursued* him *relentlessly*.
她不屈不挠地追求他。

He is slowly *gaining ground* with her.
他慢慢在她心中占据一席之地。

He *won* her hand in marriage.
他赢得她的芳心，与她牵手婚姻殿堂。

He *overpowered* her.
他让她无法抗拒。

She is *besieged* by suitors.
她被众多求婚者包围。

He has to *fend* them *off*.
他必须抵挡他们。

He *enlisted the aid* of her friends.
他请求她的朋友的支援。

He *made an ally* of her mother.
他和她妈妈结成同盟。

Theirs is a *misalliance* if I've ever seen one.
我以为他俩的联姻是一个最大的错误。

WEALTH IS A HIDDEN OBJECT 财富是被隐藏的物品

He's *seeking* his fortune.
他在寻找自己的财富。

He's flaunting his *new-found* wealth.
他在炫耀他新得的财富。

He's a *fortune-hunter*.
他是财富猎手。

She's a *gold-digger*.
她是个淘金者。

He *lost* his fortune.
他失去了所有财富。

He's *searching for* wealth.
他追寻财富。

SIGNIFICANT IS BIG 重要的就是大的

He's a *big* man in the garment industry.
他是个服装业大佬。

He's a *giant* among writers.
他是一个文学巨匠。

That's the *biggest* idea to hit advertising in years.
那将是影响广告业数年的最重大观点。

He's *head and shoulders above* everyone in the industry.
他在这个行业远超其他人。

It was only a *small* crime.
这只是个小罪。

That was only a *little* white lie.
那只是个小小的善意谎言。

I was astounded at the *enormity* of the crime.

这一滔天大罪令我惊愕。

That was one of the *greatest* moments in World Series history.

那是世界职业棒球大赛历史上最重大的时刻。

His accomplishments *tower over* those of *lesser* men.

他的成就远远大过那些不如他的人。

SEEING IS TOUCHING; EYES ARE LIMBS 看见就是摸到；眼睛是四肢

I can't *take* my eyes *off* her.

我无法将视线从她身上移开。

He sits with his eyes *glued to* the TV.

他端坐在那儿，视线紧紧盯着电视机。

Her eyes *picked out* every detail of the pattern.

她（的眼睛）辨认出了图案中的所有细节。

Their eyes *met*.

他们四目相接。

She never *moves* her eyes *from* his face.

她从未将目光从他脸上移开。

She *ran* her eyes *over* everything in the room.

她扫视屋里的每一件东西。

He wants everything *within reach of* his eyes.

他要所有的东西都在他目之所及的地方。

THE EYES ARE CONTAINERS FOR THE EMOTIONS 眼睛是情感的容器

I could see the fear *in* his eyes.

我在他的眼里看到恐惧。

His eyes were *filled* with anger.

他眼里满是怒火。

There was passion *in* her eyes.
她眼里充满激情。

His eyes *displayed* his compassion.
他眼里流露出怜悯之情。

She couldn't *get* the fear *out of* her eyes.
她眼里流露出掩饰不住的恐惧。

Love *showed in* his eyes.
他的眼里充满爱。

Her eyes *welled* with emotion.
他眼里满是感情。

EMOTIONAL EFFECT IS PHYSICAL CONTACT 情感效应是身体接触

His mother's death *hit* him *hard*.
他母亲的去世给了他沉重的打击。

That idea *bowled me over*.
我被这个主意打动了。

She's a *knockout*.
她倾国倾城。

I was *struck* by his sincerity.
我被他的真诚所打动。

That really *made an impression* on me.
那给我留下深刻的印象。

He *made his mark on* the world.
他在世上留下浓墨重彩的一笔。

I was *touched* by his remark.
我被他的话打动了。

That *blew me away*.
那给我留下了深刻印象。

PHYSICAL AND EMOTIONAL STATES ARE ENTITIES WITHIN A PERSON 身体和情感状态是人体内的实体

He has a pain *in* his shoulder.
他肩膀里一阵疼痛。

Don't *give* me the flu.
别把感冒传给我。

My cold has *gone from my head to my chest*.
我从头冷到了胸。

His pains *went away*.
他身上的疼痛消失了。

His depression *returned*.
沮丧又缠上了他。

Hot tea and honey will *get rid of* your cough.
热茶和蜂蜜能止咳。

He could barely *contain* his joy.
他掩饰不住地高兴。

The smile *left* his face.
笑容从他脸上消失了。

Wipe that sneer *off* your face, private!
把你脸上嘲笑的表情擦掉，列兵！

His fears *keep coming back*.
他内心的恐惧不断来袭。

I've got to *shake off* this depression——it keeps *hanging on*.
我必须摆脱这种沮丧情绪——它一直纠缠着我。

If you've got a cold, drinking lots of tea will *flush it out* of your system.

感冒了就多喝水，能把病毒冲出体外。

There isn't a *trace* of cowardice *in* him.

他身上没有一丝怯弱。

He hasn't got *an honest bone in his body.*

他就没有诚实的那根筋。

VITALITY IS A SUBSTANCE 活力是一种物质

She's *brimming* with vim and vigor.

她充满生机与活力。

She's *overflowing* with vitality.

她活力四射。

He's *devoid* of energy.

他毫无活力。

I don't *have* any energy *left* at the end of the day.

一天结束时我已筋疲力尽。

I'm *drained.*

我的精力消耗殆尽。

That *took a lot out of* me.

这事消耗了我太多精力。

LIFE IS A CONTAINER 生活是一个容器

I've had a *full* life.

我的生活很充实。

Life is *empty* for him.

他生活空虚。

There's *not much left* for him in life.

他不能从生活中得到更多东西了。

Her life is *crammed* with activities.

她的生活填满了各种活动。

Get the most out of life.

充分体验生活。

His life *contained* a great deal of sorrow.

他的生活满是凄楚。

Live your life *to the fullest*.

充实地生活。

LIFE IS A GAMBLING GAME 生活是一场赌博游戏

I'll *take my chances*.

我要赌一把。

The *odds are against me*.

胜算总是跟我作对。

I've got an *ace up my sleeve*.

我手里有张王牌。

He's *holding all the aces*.

他一手好牌。

It's a *toss-up*.

这难以定夺。

If you *play your cards right*, you can do it.

只要出对牌，就能把事办好。

He *won big*.

他赢了把大的。

He's a real *loser*.

他输得很彻底。

Where is he when *the chips are down*?

形势危急时（筹码用完时）他在哪？

That's my *ace in the hole*.
这是我的王牌。

He's *bluffing*.
他在虚张声势。

The president is *playing it close to his vest*.
总统谨慎行事（牌靠近胸口）。

Let's *up the ante*.
提高赌注吧。

Maybe we need to *sweeten the pot*.
或许我们该增加赌注。

I think we should *stand pat*.
我觉得我们应该坚持不换牌。

That's *the luck of the draw*.
只是运气而已。

Those are *high stakes*.
这些都是高风险的。

　　最后这一组例子中，有大量被称为"程式化话语""固定表达""词汇短语"的例子。它们就像单个的词一样多方发挥作用。语言中有成千上万类似的例子。在上述例子中，这一套词汇短语是由单一隐喻概念连贯建构的。尽管每一项都是"生活是一场赌博游戏"这个隐喻的实例，但是所描述的都是生活，而非赌博本身。这些例子都是我们谈论生活时的常规表达方式，就像我们在谈理论的时候通常会用到"建构"（construct）这个词一样。有鉴于此，我们将其纳入我们所称的由隐喻概念建构的字面表达。当你说"胜算总是跟我们对着干"（The odds are against us）或"我们不得不赌一把"（We'll have to take our chances）的时候，人们不会认为你是在用隐喻手法，而只是在说一些适合该语境的平常话语。不过，你谈论、思考甚至体验这些生活情境的方式却都是由隐喻建构的。

第十一章 隐喻建构的部分性质

到目前为止，我们已经描述了隐喻所界定的概念的系统性特征。我们通过若干不同的隐喻例子来了解这些概念（例如，"时间是金钱""时间是移动物体"等）。隐喻概念的建构必定是部分的，反映在语言的词汇中，包括有固定表达方式的词汇短语，例如"毫无根基的"（to be without foundation）。隐喻概念的建构具有系统性，例如在隐喻"理论是建筑物"中，我们可用一个域（"建筑"）中的表达（建构、根基）来谈论另一个以隐喻界定的域（"理论"）中的相应概念。在"理论"这个隐喻界定的域中，"根基"究竟是何意思，取决于隐喻概念"理论是建筑物"是如何用来建构"理论"这个概念的。

在"建筑"这一概念中，被用来建构"理论"这一概念的部分是其根基和外壳，而其屋顶、内部房间、楼梯和玄关、过道等并没有用来建构"理论"这一概念的任何部分。因此在"理论是建筑物"这一隐喻中有"被使用"的部分（根基、外壳），也有"未被使用"的部分（房间、楼梯等）。像"根基""建构"一类的表达式是这样的隐喻概念中被使用部分的例子，它们已成为我们平时描述理论的常用语言的一部分。

但有没有什么样的语言表达反映出了"理论是建筑物"这一隐喻中"未被使用"的部分呢？请看下面四个例子：

His theory has thousands of little rooms and long, winding corridors.
他的理论中有成千上万的小房间和蜿蜒曲折的长长走廊。

His theories are Bauhaus in their pseudo-functional simplicity.
他的理论就像伪功能简化的包豪斯建筑。

He prefers massive Gothic theories covered with gargoyles.
他偏好布满滴水兽的大型哥特式理论。

Complex theories usually have problems with the plumbing.
复杂理论通常会存在管道问题。

这些句子不在常用字面语言范围之内，通常被称为"比喻式"或"富有想象力"的语言。因此普通字面表达如"他建构了一个理论"（He has constructed a theory）和富有想象力的表达"他的理论布满滴水兽"（His theory is covered with gargoyles），都是同一个总隐喻（理论是建筑物）的实例。

这里我们能够区分富有想象力的（或非字面）隐喻的三种次类：

隐喻被使用部分的扩展，例如，"这些事实是我建构理论的砖石和灰浆"（These facts are the bricks and mortar of my theory）。这里提到了建筑外壳，但在"理论是建筑物"的隐喻中，对于材料的应用不再提及。

字面隐喻中未使用部分的实例，例如，"他的理论中有成千上万的小房间和蜿蜒曲折的长长走廊"（His theory has thousands of little rooms and long, winding corridors）。

新奇隐喻的实例，即一个隐喻不是用来建构我们平常概念系统的部分，而是思考某事物的新方式，例如，"经典理论犹如生育了很多孩子的家长，而这些孩子之间总是打闹不断"（Classical theories are patriarchs who father many children, most of whom fight incessantly）。在建构我们日常概念系统的隐喻概念里，这三种次类都不在这些隐喻的已使用部分之内。

我们注意到，我们所给出的用以刻画一般隐喻概念特征的所有语言表达均是比喻性的。诸如这样的例子："时间是金钱""时间是移动物体""控制为上""想法是食物"以及"理论是建筑物"等。它们都非字面意义，因为它们都只有部分被用来建构我们的常规概念。既然必然包含了未用于常规概念的部分，那么它们就超越了字面意思的范围。

到目前为止，我们所探讨的隐喻表达（例如，时机会到的；我们建构一个理论；攻击一个观点）都是在隐喻概念的完整体系里的应用。这些概念我们在日常生活和思考中经常应用。这些词句，跟语言中所有其他词汇和词组一样，也是约定俗成的。除了这种成为隐喻体系组成部分的情况外，还有些特异的隐喻表达，它们是孤立的，在我们的日常语言和思考中并未系统使用。这些表达为人熟知，像山脚、一头卷心菜、桌腿等。这些表达式是隐喻概念的孤立实例，被使用的部分只局限于一个实例（或者两个、三个）。因此"山脚"是**"一座山就是一个人"**（A MOUNTAIN IS A PERSON）这个隐喻中唯一被使用的部分。在常规话语中，我们一般不说一座山的头、肩或躯干，尽管在特定情境下，人们可能会用这些未被使用的部分来建构新奇的隐喻表达。事实上，在"一座山就是一个人"这一隐喻中还存在另一种情况，即登山者会说山肩（指接近山顶的山脊），也会说征服、搏斗甚至被一座山杀死。在动画片里，山往往是会动的，它们的山顶自然就成了头部。关键在于，"一座山就是一个人"这样的隐喻在我们的文化与语言中过于边缘。它们被使用的部分可能仅仅构成了语言中一个约定俗成的固定表达方式，由于这种隐喻概念使用太少，它们通常不会与其他隐喻概念产生系统的交互联系。就我们的目的来说，这样的隐喻就显得相对不怎么有趣了，但也并非完全如此，因为它们能扩展到其未被使用的部分，来创建新奇的隐喻表达、制造笑话等。正是我们这种能将不常用部分也利用起来的扩展能力，说明了这些隐喻不管多么边缘，也依然存在。

像"山脚"这样的例子就是特异的、非系统的、孤立的。它们不与其他隐喻相互作用，在我们的概念系统中也不发挥有趣的作用，因此它们不是我们赖以生存的隐喻。它们存在的唯一迹象在于，它们能延伸到亚文化中，以及它们的未使用部分（相对不怎么有趣的）是新奇隐喻的基础。如果有什么隐喻被称为"死隐喻"，那么就是这些隐喻了。特定的边缘性隐喻，例如"一座山就是一个人"，还能被理解，这样它们才稍稍显出一点生命迹象。

将这些孤立的、非系统的情况和我们讨论的系统隐喻表达区别开来十分重要。例如，"浪费时间""攻击立场""分道扬镳"等表达都反映了系统的隐喻概念。这些成体系的隐喻概念建构了我们的行为和思想。从最根本上来讲，它们是"活隐喻"，是我们赖以生存的隐喻。这些隐喻在英语词汇中已约定俗成，固定下来，但这并不影响它们的生机活力。

第十二章 我们的概念系统根据何在？

我们说隐喻建构了我们大部分的日常概念系统，也就是说，大部分的概念必须在其他概念的基础上才能被部分理解。这就产生了一个非常重要的问题，即我们的概念系统根据何在？有没有什么概念是可以不通过隐喻而被直接理解的呢？如果没有的话，我们又是怎样来理解事物的呢？

简单的空间概念，如"上"，是典型的能被直接理解的概念。我们空间概念里的"上"源于我们的空间经验。我们有躯干并且直立向上。我们每一次的移动几乎都包含在一个运动程序中，这个程序或改变，或保持，或预设这种上下方向，或者以某种方式将其考虑在内。我们在世界上不断活动，即使我们睡觉的时候也是有上下方向的。这与我们的身体活动不仅相关，而且直接相关。在我们的运动程式及日常活动中，上下方向处于中心地位，人们甚至觉得只有上下这个方向概念。然而客观来讲，空间方向构架有很多可能，包括笛卡儿坐标系，在这种框架中就没有上下方向。但是人类的空间概念包括"上—下""前—后""里—外""远—近"等。这些就是与我们日常持续不断的身体活动相关的空间概念，对于我们而言，相较于其他可能的空间构架，它们具有优先权。换言之，我们空间概念的形成来源于我们持续不断的空间体验，即我们与自然环境之间的相互作用。由此产生的概念就是我们赖以生存的最根本的概念。

因此"上"不能单纯从其本身去理解，而是源自我们不断进行的运动机能。且这些运动机能又与我们的直立姿态有关，直立姿态则与我们生存的这个引力场相关。想象一个球状生物生活在非引力环境中，没有任何的知识和经验，那么"上"对于这样的生物而言会是什么概念呢？答案不仅取决于这个球状生物的生理机能，还跟它的文化有关。

换言之，我们所说的"直接身体经验"并不单单是拥有某种类型的身体这么简单，相反，每一项经验都是在一定广泛深厚的文化前提下获得的。因此，这样做会误导人们，即把直接身体经验看作好像是切近经验的某种核心——我们依据我们的概念系统来对其做出"阐释"。文化假设、价值和态度并不是一个我们可以选择加诸或不加诸经验之上的概念外衣。所有经验说到底都是文化，或许应该这样说才对。文化已经隐含在每一种经验本身之中，我们正是用这样的方式去体验我们生活的"世界"。

然而，即使我们认同经验中包含了文化前提，我们还是能将更"身体"的经验如"起立"和更"文化"的经验如"参加婚礼"做重要区分。下文我们将要说的"身体经验"和"文化经验"就是这个意思。

我们身体功能所赖以发挥作用的一些关键概念词语如"上—下""里—外""前—后""深—浅""浓—淡""冷—暖""男—女"等要比其他概念界定得更明确。情感经验与我们的空间和知觉经验一样基本，然而情感经验就不像身体经验那样界定明晰。我们的知觉—运动机能使我们产生了一个明确界定的空间概念结构，然而单单由情感机能产生的情感却没有一个明晰的概念结构。由于我们的情感（例如"幸福"）和知觉运动经验（例如"直立姿态"）有着系统性关联，它们形成了方位隐喻概念的基础（例如"快乐为上"）。这样的隐喻让我们用更明晰的词汇将情感经验概念化，又将它们与跟人的普遍福祉有关的概念相关联（例如，"健康""生活""克制""控制"等）。从这个意义上讲，我们可以谈论新兴隐喻（emergent metaphor）和新兴概念（emergent concept）。

例如像"物体"、"物质"和"容器"这样的概念是直接显现的。我们将自己视为与世界其他事物分开来的实体，是拥有里、外的容器。我们亦将我们外部的事物作为实体来体验——通常也是作为拥有里、外的容器。我们觉得自己是由血肉、骨头之类物质组成的，而外在事物则由各种各样的物质组成，例如，木头、石头、金属等。通过视觉和触觉，我们感受到许多事物都有清晰的边界。而当事物没有明晰的边界时，我们就将边界投射到它们身上，即把它们作为实体概念化，通常是作为容器（例如，森林、空地、云朵等）进行概念化处理。

在方位隐喻中，基本本体隐喻就是以我们经验中的系统性关联为基础的。例如，如我们所见，**"视野是一个容器"**（THE VISUAL FIELD IS A CONTAINER）这一隐喻就是以我们的视觉与一个有边界的物理空间之间的关联为基础。隐喻"时间是移动物体"就是以一个向我们移动的物体跟它移向我们需要花费的时间之关联为基础的。同样，物体在一定空间范围内移动和它移动所需的时间二者之间的关联也是**"时间是容器"**（TIME IS A CONTAINER）这一隐喻的基础（例如，"他在十分钟内做完了"[He did it *in* ten minutes]）。事件和动作在一定时间范围内相关联，就使它们成了"容器物体"。

物理实体的经验为转喻提供了基础。转喻概念源于我们经验中的两个物理实体，例如，"部分代整体""客体代主体"；或者一个是物理实体，另一个是被隐喻概念化为物理实体的某事物，例如，"地点代事件""机构代负责人"。

关于概念系统的基础，或许需要强调的最重要一点是，要把经验与我们将经验概念化的方式二者区别开来。我们并不是说身体经验要比其他形式（情感的、心理的、文化的，等等）的经验更基础。所有这些经验就跟身体经验一样基础。需要进一步说明的是，我们通常用身体经验来概念化非身体经验，即我们用界定明晰的事物来概念化界定模糊的事物。请看下面例子：

> Harry is in the kitchen.
> 哈利在厨房里。
>
> Harry is in the Elks.
> 哈利在慈善互助会里。
>
> Harry is in love.
> 哈利在恋爱。

这三句话涉及的是三种不同的经验领域：空间领域、社会领域和情感领域。三者中并没有哪一个在经验感受上具有优先权，是相互平等的三种基本经验。

但就概念建构来讲，三者确实存在不同。第一句话中的概念"IN"直接源自空间经验，界定清晰，不是一个隐喻概念的例子，但其余两个则是隐喻概念的例子。第二句是隐喻**"社会群体是容器"**（SOCIAL GROUPS ARE CONTAINERS）的一个例子，其中社会群体的概念就是这样建构成的。这个隐喻使我们通过将其空间化来理解社会群体这个概念。"in"这个词和"IN"这个概念在三个例子中是一样的，并没有三个不同的概念"IN"或是三个同音词"in"。我们只有一个自然发生的概念，只有一个词来表示它，但有两个隐喻概念，它们部分定义了社会群体和情感状态。这些例子说明我们可能拥有同样基本的经验类型，即便经验概念化方式并非同样基本。

第十三章　结构隐喻的基础

上—下、里—外、物体、物质等简单的物理概念跟我们概念系统中的任何其他概念一样基础，如果没有这些概念，我们在这个世界上就无法发挥作用。但基于这些简单物理概念的隐喻本身并不丰富，说某个东西被视为一个有里—外之分的**"容器"**（CONTAINER OBJECT），并没有表达出太多的意思。但我们已经看到在"大脑是机器"这个隐喻及多种拟人化隐喻中，我们能以更明确的方式将空间隐喻阐述得更详尽。这使得我们不仅能够详尽地阐明一个概念（如"头脑"），还能找到恰当的方式来突显概念的某些方面，并隐藏其他一些方面。结构隐喻（例如，**"理性的争论是一场战争"** [RATIONAL ARGUMENT IS WAR]）为我们扩展其意义提供了最丰富的资源。在简单的方位、本体隐喻中，我们只是简单地使概念具有方向性，指称并量化它们。结构隐喻则远不止如此，它还能让我们以一个高度结构化的明确界定的概念来建构另一个概念。

结构隐喻跟方位隐喻、本体隐喻一样，也基于我们经验中的系统性关联。为了详细说明这究竟是什么意思，让我们通过"理性的争论是一场战争"这一隐喻来解读结构隐喻的基础。这个隐喻让我们通过一个我们更容易理解的概念，即物理冲突，来了解"理性争论"这个概念。动物界到处都是争斗行为，人类也是一样。动物间会互相争斗来夺取食物、伴侣、领地、权力等，所以它们常通过争斗来获得它们想要的东西，因为别的动物也想获得这些东西或者想阻止其他动物获得这些东西。人类同样如此，不同的是我们用更复杂的技术手段进行争夺。作为"理性动物"，人类用各种方式把争斗制度化，其中之一就是战争。尽管长久以来，我们已将身体冲突制度化，并雇用了许多聪明人来开发更有效的实施手段，但争斗的基本结构并未发生改变。科学家观察到两个野兽相互争斗时，它们发出挑战以进行恐吓、建立和捍卫领地、攻击、防守、反击、撤退和投降。人类的争斗也是一样。

而作为"理性动物"的人类，会在不让自己陷入任何实际身体冲突危险的情况下，获取自己想要的东西。因此，人类就进化出了口头争论这样的社会制度。我们总是不断争论以获取自己想要的东西，有时这样的争论还会"退化"成身体暴力。这样的言语之战，是以身体之战来理解的。以家庭争论为例。夫妻俩都想得到自己想要的东西，例如想让对方接受对某一事物的看法，或者至少按照某个观点来行事。每个人都视自己在赢得或失去某一东西，建立和捍卫自己的领土。在毫无限制的争论中，你使用任何可用的言语方法来进行攻击、捍卫、反击等，如恐吓、威胁、援引权威、侮辱、贬低、挑战权威、回避问题、讨价还价、奉承，甚至是给出"合理的理由"。但所有这些策略手段都会以，也经常以理由的形式提出来，例如：

> ...because I'm bigger than you. (*intimidation*)
> ……因为我比你壮。（恐吓）
> ...because if you don't, I'll...(*threat*)
> ……因为要是你不这么做，我就……（威胁）
> ...because I'm the boss. (*authority*)

……因为我是老板。（权威）

...because you're stupid. (*insult*)
……因为你太愚蠢了。（侮辱）

...because you usually do it wrong. (*belittling*)
……因为你总是做错。（贬低）

...because I have as much right as you do. (*challenging authority*)
……因为我跟你有同样的权利。（挑战权威）

...because I love you. (*evading the issue*)
……因为我爱你。（回避问题）

...because if you will..., I'll... (*bargaining*)
……如果你……我就……（交涉）

...because you're so much better at it. (*flattery*)
……因为你更擅长这个。（奉承）

在我们的文化中，用这些策略进行争论再平常不过了。它们在我们的日常生活中太过常见了，以至于我们根本没有意识到这一点。然而，在我们文化中还有一些重要而强大的部分，至少在原则上我们并不赞同使用这些策略，因为它们是"不理性""不公平"的。学术界、法律界、外交界、宗教界和新闻界都极力推崇一种理想化的或者说更高形式的"理性争论"。在这种形式中，所有以上不理性、不公平的"策略"都被禁用。在"理性争论"中，唯一允许的战术就是陈述前提，援引有效证据，然后得出逻辑性结论。然而，即使是在符合上述所有条件的最理想的争论形式中，"理性争论"依然会依据战争来得以理解和执行。仍然有一个立场需要建立和捍卫，你可以获胜或者失败，你有一个对手，你要攻击并试图摧毁其立场，你试图驳倒对手的论据。要是你能够全胜，你就可以将对手消灭。

　　这里的关键在于，不仅是我们对于争论的构想，就连我们付诸实施的方法都是基于我们对身体战斗的知识和经验。即使你从来不曾搏斗过——更别说参加战役，但你从学会说话起就开始争论，能够通过"争论是一场战争"的隐喻理解争论，并进行争论。因为这个隐喻已经深入我们生存的文化，成为概念系统的组成部分。不仅所有本应该符合"理性争论"形式的"理性"争论以"战争"来构思孕育，而且几乎所有这些所谓的理性争论都潜藏着它们试图超越的"不理性""不公平"的战术。这里有一些典型的例子：

It is plausible to assume that... (*intimidation*)
可以合理地假定……（恐吓）

Clearly, ...
很明显，……

Obviously, ...
显然，……

It would be unscientific to fail to... (*threat*)
要是不……就不科学了。（威胁）

To say that would be to commit the Fallacy of...
这样说就是犯了……的谬误。

As Descartes showed, ... (*authority*)
正如笛卡儿所说，……（权威）

Hume observed that...
休谟观察发现……

Footnote 374: cf. Verschlugenheimer, 1954.
脚注 374：参看维尔席路根海姆（1954 年）。

The work lacks the necessary rigor for... (*insult*)
这部作品缺少了……的必要严密性。（侮辱）

Let us call such a theory "Narrow" Rationalism.
我们称这种理论为"狭义"理性主义。

In a display of "scholarly objectivity", ...
在"学术客观"中，……

The work will not lead to a formalized theory. (*belittling*)
这部著作无法形成正式的理论。（贬低）

His results cannot be quantified.
他的结论无法量化。

Few people today seriously hold that view.
现在很少有人会持有这种观点。

Lest we succumb to the error of positivist approaches, ... (*challenging authority*)
以免我们屈服于实证方法的错误……（挑战权威）

Behaviorism has led to...
行为主义已经导致……

He does not present any alternative theory. (*evading the issue*)
他没有提供任何备选理论。（回避问题）

But that is a matter of...
但那是一个关于……的问题。

The author does present some challenging facts, although...
尽管……，作者还是陈述了一些极具挑战的事实。

Your position is right as far as it goes, ... (*bargaining*)
……就目前来看，你的立场是对的。（交涉）

If one takes a realist point of view, one can accept the claim that...
从现实主义观点出发，可以接受……的论断。

In his stimulating paper, ... (*flattery*)
在他引人深思的论文中……（奉承）

His paper raises some interesting issues...
他在论文中提出了一些有意思的话题……

这些例子使我们从理性争论回溯到"非理性"争论（＝日常争论），并一直追溯到其身体战斗起源。尽管在"理性争论"中也许允许了更优雅的词汇来进行表述，恐吓、威胁、援引权威等战术在理性争论中同样存在。无论是在科学、学术或者法律的环境下去追求理想的"理性争论"，或是在家里与人争论不休，又或是在家中尝试用自己的方法来讨价还价，我们都是以"争论是一场战争"这个隐喻为基础来理解、实践和描述我们的争论。

现在让我们来探讨一下对我们日常生活十分重要的其他隐喻：**"劳动是资源"**（LABOR IS A RESOURCE）和**"时间是资源"**（TIME IS A RESOURCE）。从文化层面讲，这两个隐喻都基于我们对物质资源的体验感受。物质资源尤指原材料或燃料。两者均被视为服务于某些目的。燃料可用于取暖、运输，或用于制作成品的能源。原材料通常直接转化为成品。在两种情况下，物质资源都可以被量化，并赋予一定价值；对达成目的而言，重要的不是某块特定的材料或者其数量，而是材料的种类。例如，只要某种煤能够取暖，至于是用哪块煤取暖就无关紧要了。在两种情况下，物质材料都随着目标的不断达成而逐渐消耗。总结为：

A material resource is a *kind* of substance 物质资源是一种物质

    can be *quantified* fairly precisely

    可以被较精确地量化

    can be assigned a *value* per unit quantity

    每单位数量可以被赋予一定价值

    serves a *purposeful* end

    都为达成一个目标

is *used up* progressively as it serves its purpose
随着目标的达成而逐渐耗尽

我们以用原材料生产产品为例来说明。它需要一定量的劳动。总的来说，就是你投入的劳动越多，生产的产品就越多。假设付出劳动和产品产量成正比，我们就能以生产每单位产品所花费的时间来衡量某项劳动的价值。生产流水线就是这种假设最理想的模型。在流水线上，原材料从一端进去，中间是劳动加工过程，而持续时间是由流水线的速度决定的，产品就从另一端出来。这就为隐喻"劳动是资源"提供了基础，如下所述：

LABOR is a *kind of* activity (recall: AN ACTIVITY IS A SUBSTANCE)
"劳动"是一种活动（回顾：**"活动是物质"**）

can be *quantified* fairly precisely (in terms of time)
可以（用时间）较精确地量化

can be assigned a *value* per unit
每单位可以被赋予一定价值

serves a *purposeful* end
都为达成一个目标

is *used up* progressively as it serves its purpose
随着目标的达成而逐渐耗尽

在工业社会中，劳动能够以时间来量化，也确实通常是以时间来量化的，于是我们就有了"时间是资源"这一隐喻的基础：

TIME is a *kind* of (abstract) SUBSTANCE
"时间"是一种（抽象）**"物质"**

can be *quantified* fairly precisely
可以被较精确地量化

can be assigned a *value* per unit
每单位可以被赋予一定价值

serves a *purposeful* end
都为达成一个目标

is *used up* progressively as it serves its purpose
随着目标的达成而逐渐耗尽

　　在我们的文化习惯里，"劳动是资源""时间是资源"是我们赖以生存的隐喻，所以我们倾向于根本不将其视为隐喻。但是上述经验基础的论述表明，两者都是西方工业化社会的基本结构隐喻。

　　这两个复杂的结构隐喻都采用一些简单的本体隐喻。"劳动是资源"采用了"活动是物质"这一隐喻。"时间是资源"采用了**"时间是物质"**（TIME IS A SUBSTANCE）这一隐喻。这两个"物质"隐喻使劳动和时间得以量化，即可以被测量，可以理解为逐渐"耗尽"，并被赋予了一定价值。它们也使我们将时间和劳动视为可以被"用"来达成各种目的的工具。

　　"劳动是资源"和"时间是资源"绝不是普遍真理。我们看待工作的方式，我们对量化的激情和对目的的痴迷，才使得这两个概念自然而然地在我们文化中产生。这些隐喻强调了我们文化中极为重要的时间和劳动的某些方面的性质。同时，它们也淡化或掩盖了时间和劳动的其他方面的性质。通过察看它们所强调的方面，我们就能看到它们所掩盖的方面。

　　把劳动看成一种活动，就是在假定可以把劳动与其他不是劳动的东西识别和区分开来。它假定我们可以区分工作和玩乐，以及生产性活动和非生产性活动。在大部分情况下，这种假设显然都与现实不符，除非是流水生产线，以及用铁链锁在一起做苦工的囚犯等。把劳动仅仅视为一种活动，独立于劳动者、劳动者的感受以及劳动对其生活意义的影响，就掩盖了该工作是否对劳动者个人有意义，是否令他满意或者是否人道等问题。

用时间量化劳动，连同将时间视为服务于某一目的，就产生了**"休闲时间"**（LEISURE TIME）这一概念，正好与**"劳动时间"**（LABOR TIME）相对应。在我们这样的社会，闲不被视为一个目的。致力于休闲活动的一个行业出现了。因此，"休闲时间"也成了一种资源——可以被有效利用，可以被明智使用，可以被储存、节省、规划、浪费或失去等。劳动和时间是"资源"这样的隐喻所掩盖的，正是"劳动"和"时间"的概念如何影响我们的"休闲"概念，并将休闲变成跟"劳动"非常类似的东西。

> 劳动和时间是"资源"的隐喻掩盖了其他文化以及我们社会中亚文化对于劳动和时间的其他所有可能概念，例如，工作可以是玩耍，不劳动也可以有产出，许多我们通常认为的"劳动"可能并无明确的目标，或并无有价值的目标。

我们在这部分探讨的三个结构隐喻——"理性的争论是一场战争""劳动是资源""时间是资源"——都具有深厚的文化基础。这些隐喻所强调的方面与我们的集体经验密切对应，而它们掩盖的方面对应的则很少。正因为如此，它们才会在我们这样的文化中自然而然地产生。它们不仅根植于我们的身体和文化经验之中，同样也影响着我们的经验和行为。

第十四章 因果关系：部分自发和部分隐喻

从隐喻基础的探讨中，我们可以看到直接自发产生的概念（例如，"上—下""里—外""物体""物质"等），以及基于我们的经验而新兴的隐喻概念（例如，"视野是容器""**活动是容器**"［AN ACTIVITY IS A CONTAINER］等）。从我们所探讨的有限例子中依稀可见，每个概念若非直接自发产生的，就是隐喻产生的，它们之间的区别十分明显。然而事实却并非如此。即使是最基本的概念，如"因果关系"，既不是纯粹自发概念，也不是纯粹隐喻概念。它似乎有着自发生成的核心概念，然后通过隐喻扩展和复杂化了。

直接操控：因果关系的原型

标准的意义理论假设我们所有复杂概念都能分解成一个个再也不能分解的最基本单位。这样的基本单位被看作是建构"意义大厦"的基本材料。而因果关系的概念又常常被看作这种建构的基本材料。

我们认为把基本概念看作是不可分解的基本单位，根本就是错误的。我们承认因果关系是人类的一个基本概念。人们在组织建构物理、文化现实时，最常用的就是这个概念。但这并不意味着因果关系的概念就是一个不可分解的基本单位。我们认为把因果关系理解为经验完形更好。

要恰当理解因果关系，就要将其视为其他组件的一个群集。这个群集形成一个完形，即一个整体——在人类看来，整体比其组成部分更基本。

从婴儿身上可以更清楚地看到这一点。皮亚杰（Piaget）猜测，婴儿最初获得因果关系的概念，是从他们能够直接操控周围物体而感知到的，如扯掉毯子，扔掉瓶子，丢掉玩具。事实上，有这么一个阶段，婴儿似乎是在练习这样的操控，例如他们一遍又一遍地扔掉勺子。即使在婴儿那里，这样直接的操控也包含了直接因果关系的一些共同特点，这种因果关系是我们按电灯开关、扣纽扣、开门等日常活动中不可或缺的部分。尽管动作不同，但它们有一些共同特点，我们称之为"原型"（prototypical）或"范式"（paradigmatic）直接因果关系。这些共同特点包括：

> 施事（agent）将改变受事（patient）状态作为目标。
>
> 状态的改变是物理的。
>
> 施事有实现这一目标的"计划"。
>
> 计划要求施事启用一项运动程序。
>
> 施事控制这一运动程序。
>
> 施事对这项计划的实施负主要责任。
>
> 施事是能量来源（施事将能量传递到受事），受事是能量（传递）的目标（即受事状态的改变取决于外部能量来源）。
>
> 施事用身体或工具触碰受事（即在施事的行为和受事状态改变之间有一段时空重叠）。
>
> 施事成功实施了计划。
>
> 能清楚看到受事的变化。
>
> 施事通过感官知觉来监控受事的变化。
>
> 只有唯一特定的施事和唯一特定的受事。

　　这些就是"原型"直接操控的属性特点，是最佳因果关系的例子。我们在这里使用的"原型"一词是罗希（Rosch，1977年）提出的人类范畴化理论中的意义。罗希的实验表明，人们在将物体归类时，不是根据某一套确定的理论术语，而是根据原型（prototype）和家族相似性（family resemblance）来分类的。例如，会唱会飞的小型鸟，如麻雀、知更鸟等，就是原型鸟类（prototypical birds）。鸡、鸵鸟、企鹅是鸟类，但它们不是这个类别的核心成员，它们并非原型鸟类，但它们依然是鸟类，因为它们与原型有着充分的家族相似性。也就是说它们还是共有原型鸟类足够多的相关特性，因而会被人们归入鸟类。

　　从以下意义来说，上述十二个属性是因果关系原型的特点。日常生活中，它们总是一遍又一遍地不断在各种行为中出现。我们将它们作为完形来体验，也就是说，对我们的体验而言，这些属性整体出现比它们单独出现更为基本。通过在我们日常活动中不断出现，因果范畴就出现了，它是以属性复合体为特点的原型因果关系。其他种类的因果关系，虽然不似原型，却也是充分具有与原型家族相似性的行为或事件。这包括远距离行为、非人类施事、中间施事、两个或更多的施事、非自主的或无法控制的运动程序等。（在物理因果关系中，施事和受事就是事件，物理定律取代了计划、目标和运动活动，所有人类特有的方面都被解析出来。）不具备充分的原型家族相似性时，我们就不会将发生的事件视为因果关系。比如，如果有很多个施事，如果这些施事所为在时间和空间上远离受事的状态改变，如果它们既无欲望，也无计划，又无控制，那么我们或许会说这不是一个因果关系的例子，至少我们会对其因果关系提出怀疑。

　　尽管因果关系范畴的边界模糊，但在大量的例子中仍可做出明确界定。我们将因果关系的概念，通过意向、计划、推论等应用到新的活动领域，这使得我们能够在世界上顺利开展活动。由于我们以这一概念来行事能够继续取得成功，因此这个概念保持着其稳定性。只要有一个因果概念从我们经验中产生，我们就能将这一概念运用到隐喻概念。例如，在"哈利讲笑话提振我们的士气"（Harry raised our morale by telling jokes）这句话中，哈利的作为使士气"提振"，就像在隐喻"快乐为上"里一样，是一个因果关系的例子。

尽管我们所概括的因果关系对于人类活动来说是基本的，但是从通常的建筑材料的意义来说，它并不是基本单位，即并非不可分析和不可分解的。既然因果关系概念是通过原型来定义的，这个原型是一个复现的特征复合体，这个定义就意味着因果关系不仅是一个整体概念，也是可被分析成那些特征，并拥有广泛形式的变体。因果关系原型（如控制、运动程序、自主性等）能够被分析，而且可以被进一步分析，可能是由原型的特点决定的。这就是说我们的概念是可以同时具备基本的、整体的、可以无限分析的特点。

因果关系原型的隐喻延伸

制作物品的简单例子（如做一架纸飞机，捏一个雪球，堆一座沙堡）都是直接因果关系的特殊例子。其中都有原型的直接操控，包含了上述所列全部属性。但它们均有一个附加的特点，将它们区分为不同的制作实例：因操控的结果，我们视不同物体为不同种类的东西。原来的一张纸变成了现在的一架纸飞机。我们将它归于不同类别，因为它拥有了不一样的形态和功能。正是这点将制作实例与其他类型的直接操控区别开来。即使是简单的形态变化，例如水变成冰，也可以视为制作实例，因为冰和水有不同的形态和功能。于是我们有了以下例子：

> You can make ice out of water by freezing it.
> 你可以通过冷冻水来制出冰。

与此相似的例子还有：

> I made a paper airplane out of a sheet of newspaper.
> 我用一张报纸做出了一架纸飞机。

> I made a statue out of clay.
> 我用泥土做出了一尊雕塑。

我们依据**"物体来自物质"**（THE OBJECT COMES OUT OF THE SUBSTANCE）这一隐喻来概念化这种从一种状态转变为另一种状态并拥有新形式和新功能的变化。这就是为什么"out of"这个短语在上述例子中都有应用：冰被视为从水而来，纸飞机被视为从纸张而来，雕塑被视为从泥土而来。在句子"我用泥土做出了一尊雕塑"中，泥土这一物质被视为"容器"（通过"物质是容器"这个隐喻），而物体（即雕塑）就是从中产生的。所以**"制作"**（MAKING）这个概念，只有部分而非完全是隐喻概念。也就是说，"制作"是一个直接自发的概念，即**"直接操控"**（DIRECT MANIPULATION），它通过"物体来自物质"的隐喻得到扩展阐发。

将制作概念化的另一方式是对直接操控进行扩展阐发，即用另一个隐喻**"物质归于物体"**（THE SUBSTANCE GOES INTO THE OBJECT）。所以有以下例子：

> I made a sheet of newspaper *into* an airplane.
> 我把一张报纸做成了纸飞机。

I made the clay you gave me *into* a statue.
我把你给我的泥土做成了一尊雕塑。

这里物体被视为材料的容器。

除"制作"之外，"物质归于物体"的隐喻还有更为广泛的应用。我们依据这一隐喻来概念化范围广泛的各种变化，不管是自然变化还是人为变化。例如：

The water turned *into* ice.
水变成了冰。

The caterpillar turned *into* a butterfly.
毛毛虫变成了蝴蝶。

She is slowly changing *into* a beautiful woman.
她慢慢变身为美丽的女人。

隐喻"物体来自物质"除了用于"制作"概念外，也应用于别处，但是范围要局限得多，且大部分跟进化有关：

Mammals developed *out of* reptiles.
哺乳动物从爬行动物进化而来。

Our present legal system evolved *out of* English common law.
我们现有的法律系统从英国习惯法演变而来。

我们用来把直接操控扩展到"制作"概念的这两个隐喻，都被独立用来概念化各种**"变化"**（CHANGE）。

这两个"变化"的隐喻被部分用作"制作"这一概念，它们和出生一样，是从根本的人类经验中自然产生的。出生就是一个物体（婴儿）从一个容器（妈妈）里面出来。同时，这个妈妈的物质（她的血和肉）

也在宝宝（容器物体）里面。我们关于出生（还有农作物生长）的经验为"创造"（CREATION）概念提供了基础。"创造"有着"制作一个物体"（MAKING a physical object）这一概念的核心，但也延伸到了抽象实体。我们可从出生隐喻中看到创造概念的基础：

Our nation was *born out of* a desire for freedom.
我们国家诞生于对自由的渴望。

His writings are products of his *fertile* imagination.
他的作品是他丰富想象力的结晶。

His experiment *spawned* a host of new theories.
他的实验产生了大量的理论。

Your actions will only *breed* violence.
你的行为只会滋生暴力。

He *hatched* a clever scheme.
他孵化出了一个巧妙的方案。

He *conceived* a brilliant theory of molecular motion.
他孕育出了一个极妙的分子运动理论。

Universities are *incubators* for new ideas.
大学是新思想的孵化器。

The theory of relativity *first saw the light of day* in 1905.
相对论诞生于 1905 年。

The University of Chicago was the *birthplace* of the nuclear age.
芝加哥大学是原子能时代的发源地。

Edward Teller is the *father* of the hydrogen bomb.
爱德华·特勒是氢弹之父。

这些都是**"创造是出生"**（CREATION IS BIRTH）的隐喻实例。这是一种特殊的因果关系被隐喻概念化的例子。

最后，还有一种特殊的**"因果关系"**（CAUSATION），我们将之理解为**"涌现"**（EMERGENCE）隐喻。在这种情况下，精神或情感状态被视为某一行为或事件的起因：

> He shot the mayor *out of* desperation.
> 他因为绝望而射杀了市长。
> He gave up his career *out of* love for his family.
> 他因为家庭而放弃了事业。
> His mother nearly went crazy *from* loneliness.
> 他妈妈差点因为孤独而发疯。
> He dropped *from* exhaustion.
> 他因为筋疲力尽而倒下了。
> He became a mathematician *out of* a passion for order.
> 他因为对秩序充满激情而成了数学家。

在这里，**"状态"**（STATE）（如绝望、孤独等）被视为容器，而动作或事件是从容器中产生出现的物体。这种"因果关系"就是从"状态"中"涌现"的"事件"。

小结

如前所述，"因果关系"的概念基于"直接操控"的原型，直接产生于我们的经验。"因果关系"原型的核心因隐喻而得以延伸出更为广泛的概念含义，有着许多特殊情景。使用的隐喻有"物体来自物质""物质归于物体""创造是出生""因果关系（状态事件）是涌现（由状态/容器而来的事件/物体）"。

"因果关系"，即"直接操控"的原型核心，并不是不可分解的意义基本单元，而是一个在由我们实施直接操控的日常经验中，一起自然发生的多种属性组成的一个完形。在我们的经验中，"直接操控"的原型概念是基本和原始的，但在组块理论（"building-block"theory）中却不是这样。在该理论中，每个概念都是一个基本构造单元，或者可以用唯一一种方法分解成基本构造单元。然而，在下一章节我们将提及的理论中，经验具有多重自然维度，而概念能够在这样的多维度下进行多样分析。而且，在每一个维度上我们都可以依据经验不断分析概念，所以概念不会有最基本的构造单元。

因此从这三种情况来看，"因果关系"不是不可分析的基本单元：

1. 它是依据"直接操控"原型的家族相似性来刻画的。

2. "直接操控"原型是可无限分析的自然共现属性的完形。

3. "因果关系"的原型核心被用多种方式进行隐喻扩展。

第十五章 经验的连贯建构

经验完形和经验维度

我们一直在探讨隐喻概念这种以一种经验来部分建构另一种经验的方式。要了解隐喻建构中所包含的细节内容，我们就必须清楚地知道一种经验或一组经验由于具有结构性而变得连贯究竟是什么意思。例如，我们已经表明，争论是由"战争"概念部分建构的对话（因此我们有了"争论是战争"的隐喻）。假设你正在进行一段对话，你突然意识到，它已经变成了一个争论。是什么让对话变成争论？它和战争有什么关系？要知道一场对话和一场争论之间的区别，我们首先要知道参与对话的用意是什么。

最基本的对话是两个人相互交谈。典型的情况是其中一个人发起对话，然后两人轮流谈论某个共同话题或系列话题。要保持正常的话轮（turn at talking）转换和继续眼前这个话题，或在许可的条件下转移话题，需要某些合作。对于对话参与者来说，不管对话的目的是什么，对话通常服务于彬彬有礼的社会互动的目的。

即使在两方彬彬有礼的这样简单的对话中，也存在如下的结构维度：

对话参与者（Participants）：参与者是某些自然人。他们在这里扮演说话者的角色。对话根据参与者所做的事情来定义，相同的参与者在整个对话中发挥作用。

对话部分（Parts）：对话部分由某种自然的活动构成，即讲话。每个话轮都是对话整体的一部分，为了产生一个连贯的对话，这些部分必须以某种方式被组合。

对话阶段（Stages）：典型的对话有一组初始条件，然后经过不同的阶段，至少包括一个开始、一个中心部分、一个结尾。因此某些内容被认为是用来发起对话的（如"你好！""你好吗？"等），其他的内容则向中心部分靠拢，还有一些内容用来结束对话。

对话的线性序列（Linear sequence）：参与者的话轮按线性序列的次序排列，其总的约束是，说话者轮流讲话。允许某些话语重叠，并且也会产生话语失误——某个说话者没有执行其话轮，另一个说话者继续这个话轮。如果对话部分的线性序列没有这样的约束，你会得到一个独白或一大堆单词，而不是对话。

对话因果关系（Causation）：一个话轮的结束会使下一个话轮得以产生。

对话目的（Purpose）：对话可以满足任何数量的目的，但是所有的典型对话都会有一个以合理的合作方式维持礼貌的社会互动的目的。

还可以列举许多更准确描述对话特征的细节，但是以上六个结构维度概括了典型对话的共性。

如果你正进行一个对话（它至少有六个结构维度），并且你感觉到它正在变成一个争论，那么你感觉到了对话之外的什么东西？基本差异是一种被围攻的感觉。你注意到另一个人不接受你认为重要的观点。至少，对话的参与者之一想让另一个人放弃他的观点，这造成了一个有赢有输的局面。当你发现自己的观点受到攻击时，或当你感觉到需要攻击另一个人的观点时，你会感觉到你处在一个争论中。当你们两个人投入大部分精力进行对话，并试图去丑化对方的观点而维护自己的观点时，对话就会变成一个全面的争论。尽管在争论变得激烈的情况下，维持对话结构的礼貌合作要素可能会变得不太友善，但是争论仍然还是一个对话。

被围攻的感觉来自自己好像处在一种战争的情境中，尽管不是一场真实的战争——因为你正维持对话的礼仪举止。你将另一个对话参与者视为一个敌对者，攻击他的观点，试图维护自己的观点，尽你所能让他屈服。一旦对话结构呈现了战争结构的特点，你就会采取相应行动。在某种程度上，你的感受和行为与交战双方中某一方的感受和行为相一致。在下列争论的特点中，我们可以看到这方面更详细的内容：

你有一个你认为重要的观点。（有一个立场）

另一个参与者不同意你的观点。（有一个不同的立场）

另一方放弃他的立场（屈服）并接受你的立场（胜利），这对你们中的一个或两个都十分重要。（他是你的对手）

观点的不同将变成一次观点的冲突。（冲突）

你考虑你如何能很好地让他相信你的观点（计划策略），能列举什么样的证据。（集结队伍）

考虑到你感受到了其立场观点中的薄弱环节，于是你提出问题，提出异议，来强迫他最终放弃他的观点，并接受你的观点。（反击）

你设法改变对话的前提，以便处在一个更有利的对话立场。（用计）

在回应他的问题和异议时，你设法维护自己的立场。（防守）

当争论深入下去时，维护你的整体观点可能需要一些改进。（撤退）

你可以提出新的问题和异议。（反击）

要么你累了，决定退出争论（休战），要么你们两个都不能使另一个信服（僵局），要么你们中有一个屈服。（投降）

上述这一长列特征使得对话变成了争论，它们之所以获得内部连贯性是因为它们对应**"战争"**（WAR）概念的要素。我们可以依据对话结构给出的六个结构维度，来看"战争"概念给**"对话"**（CONVERSATION）概念增添了哪些内容。

对话参与者：参与者是人或社会群体。他们扮演着对手的角色。

对话部分：两种立场

　　　　计划策略

　　　　攻击

　　　　防守

　　　　撤退

　　　　用计

　　　　反击

　　　　僵局

　　　　休战

　　　　投降／胜利

对话阶段：初始条件：参与者持有不同的立场。一个或两个人都想让另一个放弃自己的立场。每一个参与者都认为他能捍卫自己的立场。

　　　　开始：一个对手攻击。

　　　　中间：防守、用计、撤退与反击的结合。

　　　　结束：要么休战，要么僵局，要么投降／胜利。

　　　　最终状态：和平，胜利者统治失败者。

对话的线性序列：攻击后撤退

　　　　攻击后防守

　　　　攻击后反击

　　对话因果关系：攻击会导致防守、反击、撤退、结束。

　　对话目的：胜利

　　把对话理解为争论就要能够把"战争"概念要素的多维结构添加到相应的"对话"结构上。这样的多维结构具有经验完形的特征，是把经验整理成结构化整体的方法。在"争论是战争"的隐喻中，依靠与"战争"完形选定要素的对应，"对话"完形被进一步建构。因此，一个活动，即对话，借助于另一个活动，即身体搏斗，而得到理解。依据这样的多维度完形来建构我们的经验，就会使我们的经验连贯。当"战争"完形与我们对话中的感受和行为相符时，就可将对话体验为争论。

　　理解这样的多维完形和它们之间的相互关系是理解我们经验连贯性的关键。如上所述，经验完形是结构化整体。反过来，它们的维度是以直接出现的概念来界定的。换言之，不同的维度（对话参与者、对话部分、对话阶段等）是从我们经验中自然显露出来的类别。我们已知"因果关系"是一个直接出现的概念，我们用来将经验范畴化的其他维度均有相当明显的经验基础：

　　对话参与者：这一维度源自作为行动者的自我概念，与其行动相区分。我们也区别各种各样的参与者（例如，人、动物、物体）。

　　对话部分：我们将自己体验为拥有可独立控制的不同组成部分（例如，胳膊、腿等）。同样，我们对物体的经验，则是通过我们的知觉与它们的互动以及对它们的使用，按其固有的组成部分或者我们强加于其上的组成部分来加以体验。同样，我们把一个部分——整体结构强加到事件和活动之上。并且，与我们区分不同参与者一样，我们区别各种各样的组成部分（例如，不同的物体、不同的活动等）。

　　对话阶段：我们最简单的人体活动包括知道我们在哪、我们处在什么位置（初始条件），开始移动（开始），实现运动机能（中间），停止（结束），这让我们处于最终状态。

对话的线性序列：我们控制最简单的运动机能，这再一次要求我们把它们放在合适的线性序列中。

对话目的：从出生开始（甚至出生以前），我们就有了需求和愿望，并且我们很早就认识到我们可以采取一些行动（哭泣、移动、操控物体）去满足这些需求和愿望。

这些是我们经验的基本维度。我们以这样的方式将我们的经验进行分类。当我们按照至少具有这些维度的完形对它们进行范畴化时，我们能够看到不同经验中的连贯性。

概念与经验相符意味着什么？

让我们回到正在进行的对话变成争论的经验上。如我们所知，正在进行的对话是一种结构化经验。进行一个对话时，我们就会不知不觉地按照"对话"完形本身的特点对我们的经验进行分类：谁正在参与对话，轮到谁了（＝哪一部分），我们处在什么阶段，等等。对话是一种特殊的经验，它把"对话"完形强加于正在进行的谈话中，我们正是以此来体验我们在进行的听和说。当我们感到我们的经验维度还额外与"战争"完形相吻合时，我们将意识到我们正在参与另一种不同的体验，即争论。正是通过这种方式，我们对特别的经验进行了分类，而且为了便于理解，我们需要对我们的经验进行分类，以便知道我们该去做什么。

因此，我们依据概念系统中的经验完形对我们特别的经验进行了分类。在这里我们需要区分：（1）要建构的经验本身；（2）用来建构经验的概念，即多维完形，如"对话"和"争论"。概念（如"对话"）具体说明某些自然维度（如对话参与者、对话部分、对话阶段等）和这些维

度之间是如何相关联的。在"对话"这一概念和实际的对话活动之间有
一个维度对维度的相关性。我们说一个概念与一个经验相吻合，就是这
个意思。

我们就是通过这种方式概念化经验，挑选出经验中"重要"的方面。
在此基础上，我们就可以对经验进行分类，并理解它，记住它。按照标
准，如果我们要告诉你，我们昨天争吵了，如果我们关于"争论"的概
念——我们是其中的参与者——与我们昨天的经验维度相吻合，那我们
便是在说实话。

隐喻建构与次范畴化

在对"争论"概念的讨论中，我们一直认为在次范畴化（subcate-
gorization）和隐喻建构（metaphorical structuring）之间有一条明确的界
线。一方面，我们认为"争论是对话"（An argument is a conversation）
是次范畴化的一个实例，因为争论基本上是一种对话。在对话和争论中
会发生同样的行为，而争论又具有对话所有的基本结构特征。因此，我
们把次范畴化的标准界定为：（a）相同种类的活动；（b）足够的相同结
构特征。另一方面，我们认为"争论是战争"是一个隐喻，因为争论和
战争基本上是不同类型的活动，"争论"在某种程度上依据"战争"被建
构。争论是另一种不同的活动，因为它包含的是对话而不是战斗。因为
使用"战争"概念要素时我们已选定了某些要素，所以结构是不完全的。
因此，我们把隐喻的标准界定为：（a）不同种类的活动；（b）部分建构
（使用某些选定的部分）。

但是，依据这些标准，我们并不总是能把次范畴化跟隐喻区分开来。
究其原因，两个活动（或两件事）是相同种类还是不同种类并不总是那

么明确。以**"一场争论是一次战斗"**（AN ARGUMENT IS A FIGHT）为例。这是一个次范畴化还是隐喻？问题在于战斗和争论是不是同样的活动。这不是一个简单的问题。战斗是一种旨在获得主宰的活动，其中会有受伤，会造成疼痛、伤害等。但是，痛苦包括身体的痛苦和所谓的精神上的痛苦，主宰包括身体主宰和心理主宰。如果你的**"战斗"**（FIGHT）概念把心理主宰和精神上的痛苦等同于身体主宰和身体上的疼痛，那么，你可以把"一场争论是一次战斗"看作一个次范畴化而不是一个隐喻，因为二者都涉及获得心理主宰。从这一观点来看，争论就是一种战斗，并以对话的形式被建构。但是，如果你认为"战斗"只是身体上的，并且认为精神上的痛苦只是一种比喻说法，那么，你可能会认为"一场争论是一次战斗"是隐喻。

重要的是次范畴化和隐喻是一个连续系统上的两个端点。如果 A 和 B 是同类事件或活动，"A 是 B"这一形式的关系（例如，"一场争论是一次战斗"）就是次范畴化；如果他们是完全不同种类的事件或活动，"A 是 B"这一形式就是隐喻。但是，当不清楚 A 和 B 是不是同类事件或活动时，A 和 B 的关系就会处于连续系统中间的某个位置。

要注意的重要一点是：第十四章的理论概述既顾及了这种不明确的案例，又顾及了明确的案例。不明确的案例和明确的案例一样，都涉及同一类型的结构（具有同样的维度和同样的复杂可能性）。在不明确的"A 是 B"的案例中，A 和 B 都是建构某种活动（或事物）的完形，唯一的问题是由这些完形建构的活动或事物是否属于同一种类。

到目前为止，我们已经根据经验完形描绘了连贯性，这些经验完形具有那些从我们经验中自然显露出来的维度。一些完形相对简单（"对话"），另一些则极为复杂（"战争"）。也有一些复合完形，它们是部分依据其他完形被建构的。这些就是我们一直在说的概念建构的隐喻性。某些概念几乎完全以隐喻的方式建构。例如，"爱"（LOVE）的概念主要是用隐喻的术语来建构："爱是一次旅行"，"爱是一个病人"，"爱是一种物理力量"，"爱是疯狂"，"爱是战争"，等等。"爱"的概念有一个核心，它通过次范畴化**"爱是一种情感"**（LOVE IS AN EMOTION）以及与其他情感的联系（如"喜爱"[liking]）来最小化建构，它在我们经验中没有以任何直接的方式清楚地界定，因此必须主要通过间接的方式，亦即隐喻来被理解。

但是连贯并非只依据多维度完形来建构这么简单。当一个概念通过不止一个隐喻来建构时，不同的隐喻结构化通常以一个连贯的方式吻合在一起。现在我们将转向连贯性的其他方面，既关注在单一隐喻建构中的连贯性，也关注在两个或两个以上的隐喻建构中的连贯性。

第十六章　隐喻的连贯性

概念的专门方面

到目前为止，我们已经从很多细节方面考察了"争论"概念，以便得到一个全面的整体结构。像许多一般概念的例子一样，"争论"概念的专门方面被用于某些亚文化群体或某些情况。例如，我们知道在学术界、法律界等领域，"争论"概念被专门称为"理性争论"，以区别于日常的"非理性"争论。在"理性争论"中，人们理想化地将策略限定在陈述前提、援引支持证据、得出逻辑结论。如我们所见，在实践中，日常争论策略（威胁、诉诸权威等）以一种伪装或改进的形式出现在实际的"理性"争论中。这些附加的限制把"理性争论"定义为"争论"这个总概念下的一个专门分支。而且，在"理性争论"的实例中，争论的目的受到进一步限制。在理想情况下，人们将在争论中获胜的目的视为服务于更高的目标，即帮助理解。

"理性争论"本身更加专门化。因为书面语篇排除了两方争论中固有的对话论点，形成了单方争论的特殊形式。在书面语篇中，讲话通常变成写作，作者与自己进行对话，不是与一个实际的敌对者，而是与一组假想的敌对者，或者一个不在场因而不能捍卫自己立场和进行反击的对手对话。我们在这里讨论的是**"单方理性争论"**（ONE-PARTY RATIONAL ARGUMENT）的专门概念。

最后，争论作为过程（争辩）和争论作为结果（在争论过程中被写和被说的内容）是有区别的。在这种情况下，过程和结果是同一总概念下密切关联的不同方面，少了一个，另一个就无法存在，也不会成为关注的焦点。因此，我们谈到的争论阶段一般是指当它应用于过程和结果时。

这样，"单方理性争论"作为"争论"这个总概念下的一个专门分支，就会受到许多特殊约束。因为没有特定的敌对者出现，所以必须假定一个理想化的敌对者。如果对话的目的是保证胜利，就必须战胜那个不在场的理想化的敌对者。保证胜利的唯一途径是能够胜过所有可能的敌对者，并让中立方站在你这一边。要做到这一点，你必须预想到一切可能存在的异议、防守、攻击等，并在建构你的争论时想好应对之策。因为这是"理性争论"，这些步骤都必须施行，不仅是为了获胜，还为了实现理解的更高目标。

"单方理性争论"被赋予了更多限制，这就要求我们特别注意那些日常争论中不那么重要（或可能甚至没有出现）的某些方面。其中有：

内容（Content）：为了确立你的观点并战胜任何可能的异议，你必须有足够的支持证据，并且说完全正确的内容。

过程（Progress）：你必须从一致认同的前提开始，然后以线性方式朝某一结论推进。

结构（Structure）：理性争论要求不同的部分之间有适当的逻辑联系。

说服力（Strength）：争论承受攻击的能力取决于证据的分量和逻辑联系的紧密性。

基础性（Basicness）：某些论点比其他论点更重要，需要特别维护和捍卫，因为后续论点将以它们为基础。

显著性（Obviousness）：任何争论中都会有不明确的内容，需要细细加以鉴别与探究。

直接性（Directness）：争论的力量可能取决于你能在多大程度上直接从前提推进到结论。

清晰度（Clarity）：你的论点是什么以及它们之间的联系如何，必须足够清楚，以便让读者理解。

在普通的日常争论中，单方理性争论的这些方面并不存在。"对话"的概念和"争论是战争"的隐喻不关注这些方面，但这些方面对于理想化的"理性争论"至关重要。因此，"理性争论"这一概念借助于其他确实能使我们关注这些重要方面的隐喻而被进一步界定，例如，**"一场争论是一次旅行"**（AN ARGUMENT IS A JOURNEY），**"一场争论是一个容器"**（AN ARGUMENT IS A CONTAINER），**"一场争论是一栋建筑物"**（AN ARGUMENT IS A BUILDING），等等。我们会看到，其中的每一个隐喻都会让我们掌握一些"理性争论"概念的上述内容。没有任何一个方面足以让我们对这些方面有一个完整一致的全面理解。但是，当它们组合在一起时，就可以让我们对什么是"理性争论"有一个清晰的理解。我们现在继续探讨这一问题：各种不同的隐喻——其中每一个都部分建构一个概念——是如何共同让我们连贯地理解一个概念整体的？

单一隐喻内部的连贯性

从"一场争论是一次旅行"入手，我们可以对一个单一隐喻建构中的连贯机制有一些了解。事实是，这样的隐喻和争论的目的有关，它必须有开始，以线性方式继续下去，在每一个阶段都取得进展，朝目标推进。以下是这一隐喻的一些明显例证：

AN ARGUMENT IS A JOURNEY 一场争论是一次旅行

We have *set out* to prove that bats are birds.
我们已经开始证明蝙蝠是鸟类。

When we *get to the next point*, we shall see that philosophy is dead.
当我们谈到下一点时，我们将知道哲学已死。

So far, we've seen that no current theories will work.
到目前为止，我们已经知道当前的理论都不起作用了。

We will *proceed* in a *step-by-step* fashion.
我们将一步一步地推进。

Our *goal* is to show that hummingbirds are essential to military defense.
我们的目标是要表明蜂鸟对军事防御至关重要。

This observation *points the way to* an elegant solution.
这个观察报告为很好地解决这一问题指明了方向。

We have *arrived at* a disturbing conclusion.
我们已经得到了一个令人不安的结论。

我们都知道："一次旅行决定一条路线"（A JOURNEY DEFINES A PATH）。

A JOURNEY DEFINES A PATH 一次旅行决定一条路线

He *strayed from* the path.
他偏离了路线。

He's *gone off in the wrong direction*.
他走错了方向。

They're *following* us.
他们正跟着我们。

I'm *lost.*
我迷路了。

把"一场争论是一次旅行"和"一次旅行决定一条路线"组合在一起，我们得出：

AN ARGUMENT DEFINES A PATH 一场争论决定一条路线

He *strayed from the line* of argument.
他偏题了。

Do you *follow* my argument?
你跟得上我的论述吗？

Now we've *gone off in the wrong direction* again.
我们现在又一次偏离了方向。

I'm *lost.*
我迷失了。

You're *going around in circles.*
你正在兜圈子。

此外，路线被设想为表面（想象一下，你在前面走，地毯在你身后展开并形成一条路）：

THE PATH OF A JOURNEY IS A SURFACE 一次旅行的路线是一个表面

We *covered* a lot of ground.
我们的足迹覆盖了许多地方。

He's *on* our trail.

他在我们的路上。

He strayed *off* the trail.

他偏离了路线。

We went back *over* the same trail.

我们沿着同样的路线返回。

已知"一场争论决定一条路线"和"一次旅行的路线是一个表面"，我们得出：

THE PATH OF AN ARGUMENT IS A SURFACE 一场争论的路线是一个表面

We have already *covered* those points.

我们已经涵盖了那些观点。

We have *covered* a lot of *ground* in our argument.

我们在辩论中涉足了许多主题。

Let's go back *over* the argument again.

让我们在此论点上再次展开辩论。

You're getting *off* the subject.

你正在偏离主题。

You're really *onto* something there.

你还真的接触到了一些东西。

We're well *on our way to* solving this problem.

我们走在解决这个问题的道路上。

这里有一组例子，均可以归入"一场争论是一次旅行"的隐喻。它们之所以具有系统性，是因为一对基于和旅行相关的两个事实的隐喻蕴涵。

关于旅行的事实：

　　A JOURNEY DEFINES A PATH 一次旅行决定一条路线

　　THE PATH OF A JOURNEY IS A SURFACE 一次旅行的路线是一个表面

隐喻蕴涵：

　　AN ARGUMENT IS A JOURNEY 一场争论是一次旅行

　　A JOURNEY DEFINES A PATH 一次旅行决定一条路线

　　Therefore, AN ARGUMENT DEFINES A PATH 因此，一场争论决定一条路线

　　AN ARGUMENT IS A JOURNEY 一场争论是一次旅行

　　THE PATH OF A JOURNEY IS A SURFACE 一次旅行的路线是一个表面

　　Therefore, THE PATH OF AN ARGUMENT IS A SURFACE 因此，一场争论的路线是一个表面

隐喻蕴涵描述了"一场争论是一次旅行"隐喻的内部系统性，换言之，它们使得这一隐喻之下的所有例子具备连贯性。

单一概念两个方面之间的连贯性

"一场争论是一次旅行"只是和争论相关的隐喻之一，我们使用这个例子是为了强调或谈论争论的目的、方向或进展。当我们想谈论争论的内容时，我们使用结构上更复杂的隐喻"一场争论是一个容器"。容器被认为可以界定一个有限的空间（有边界、中心、外围）和容纳一种物质（物质可能在数量上不同，其中心可能有一个核心）。当我们想强调争论的这些任一方面时，我们使用"一场争论是一个容器"这一隐喻。

AN ARGUMENT IS A CONTAINER 一场争论是一个容器

Your argument doesn't have much *content*.
你的论点没有太多的内容。

That argument *has holes in it*.
那个论点有漏洞。

You don't have *much of* an argument, but his objections have even *less substance*.
你的论点内容不足，他的异议更没多少内容。

Your argument is *vacuous*.
你的观点是空洞的。

I'm tired of your *empty* arguments.
我厌烦了你空洞的论点。

You won't *find* that idea *in* his argument.
你不会在他的观点中发现那个想法。

That conclusion *falls out of* my argument.
那个结论是出自我论证的自然结果。

Your argument *won't hold water*.
你的观点漏洞百出。

Those points are *central* to the argument—the rest is *peripheral*.
那些要点是论点的中心内容——其余的都是边沿的。

I still haven't gotten to the *core* of his argument.
我还没有触及他论点的核心。

因为"旅行"隐喻和"容器"隐喻的目的不同，换言之，它们关注争论的不同方面的细节（目的和进展 vs. 内容），我们不期望这些隐喻会完全重合。有时候，我们可能对一个争论的"旅行"（进展）和"容器"（内容）两方面同时都关注了，因此，我们立刻获得表现这两方面的一些混合隐喻。

　　"旅行"隐喻和"容器"隐喻之间的重叠：

At this point our argument doesn't have *much content*.
我们的观点在这一点上没有太多的内容。

In what we've done *so far*, we have provided the *core* of our argument.
在目前所做的工作中，我们已提供了我们论点的核心。

If we keep *going the way we're going*, we'll *fit all the facts in*.
如果我们继续按照目前的方式进行，我们将使所有的事实完美吻合。

　　"旅行"隐喻和"容器"隐喻重叠的原因是它们有共同的蕴涵。二者都允许我们从内容中区分出争论的形式。在"旅行"隐喻中，路线相当于争论的形式，涵盖的范围相当于内容。我们兜圈子时，可能走了很长一段路，但是，我们没有覆盖太大的范围；就是说，论点没有太多的内容。但是，在一个好的论点中，每一个形式要素都会被用来表达一些内容。在"旅行"隐喻中，路线越长（争论越久），涵盖面就越广（论点的内容越多）。在"容器"隐喻中，容器的分界面相当于争论的形式，容器内的东西相当于争论的"内容"。"容器"隐喻被最有效地设计和使用，所有的分界面都可以承载内容。理论上，表面越大（争论越久），容器容纳的物质越多（论点的内容越多）。当旅行道路在我们前面展开，就产生出越来越多由旅行路线界定的表面，就像容器产生出越来越多的表面。两种隐喻之间的重叠是一个表面的渐进创造。因为，论点涵盖的范围越广（通过"旅行"表面），内容越多（通过"容器"表面）。

　　以下列方式出现的共有蕴涵刻画了这种重叠。

旅行的非隐喻蕴涵：

As we make a journey, more of a path is created. 当我们旅行时，会产生更多的路线。

A PATH IS A SURFACE. 一条路线是一个表面。

Therefore, As we make a journey, more of a surface is created. 因此，当我们旅行时，会产生更多的表面。

关于争论的隐喻蕴涵（基于旅行）：

AN ARGUMENT IS A JOURNEY. 一场争论是一次旅行。

As we make a journey, more of a surface is created. 当我们旅行时，会产生更多表面。

Therefore, as we make an argument, more of a surface is created. 因此，当我们进行一场争论时，会产生更多的表面。

关于争论的隐喻蕴涵（基于容器）：

AN ARGUMENT IS A CONTAINER. 一场争论是一个容器。

As we make a container, more of a surface is created. 当我们制作一个容器时，会产生更多的表面。

Therefore, as we make an argument, more of a surface is created. 因此，当我们进行一场争论时，会产生更多的表面。

这两个隐喻蕴涵的结论是相同的。可以通过下图表示。

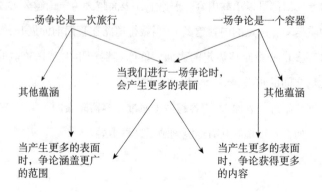

决定两个隐喻之间关联的是蕴涵的重叠，这种蕴涵重叠提供了争论所涵盖的面以及内容的多寡之间的联系。这就是让它们"吻合在一起"的原因，虽然它们不是完全一致，即没有完全吻合两个隐喻的"单一形象"。由于共同的拓扑性质，一个容器的面和争论所涉及的面都是面。但是，我们对于争论的面的意象完全不同于我们对各种各样容器的面的意象。形成重叠的面的抽象拓扑概念不够具体，以至于不能形成一个意象。总之，当隐喻连贯但不一致时，我们不要期望它们形成一致的意象。

连贯性和一致性之间的区别至关重要。每一个隐喻关注"争论"概念的一个方面，在这一点上，每一个方面满足一个单一的目的。而且，每一个隐喻根据一个界定更为清晰的概念（例如，"旅行"或"容器"）让我们了解概念的一个方面。我们需要两个隐喻的原因是，一个隐喻不能完成这些任务，也不能让我们同时掌握争论目的和争论内容。一个单一的隐喻不能同时满足这两个目的。目的不混，则隐喻不混。想要一个单一明确的隐喻一次性满足这两个目的，是不可能的，因此，我们获得不被认可的混合隐喻的实例。例如，我们可以谈及争论的目的和争论的内容，而不能谈及争论内容的目的或争论目的的内容。因此，我们不会有这样的句子：

> We can now follow the *path* of the *core* of the argument.
> 我们现在可以沿着论点核心的路线前进。

> The *content* of the argument *proceeds* as follows.
> 论点内容继续如下。

> The *direction* of his argument has no *substance*.
> 他的论点方向没有任何内容。

I am disturbed by the *vacuous path* of your argument.
你空洞的论点路线让我不安。

如果有一个办法可以让一个明确的概念完全满足这两个目的，这两个隐喻将是一致的。而如果只是部分满足这两个目的，我们就会得到连贯性。例如，"旅行"隐喻同时强调达到目标的方向和进展。"容器"隐喻强调的内容是与它相关的数量、密度、向心性、边界。随着争论推进，数量增加，某一争论可以同时突显"旅行"隐喻的进展方面和"容器"隐喻的数量方面。正如我们所知，这将产生被认可的混合隐喻。

到目前为止，我们已经考察了"争论"概念的两个隐喻建构之间的连贯性，并有如下发现：

1. 隐喻蕴涵在连接单一隐喻建构概念的所有实例中起着至关重要的作用（例如，"一场争论是一次旅行"隐喻的各种实例）。

2. 隐喻蕴涵在连接单一概念的两个不同隐喻建构中也起着至关重要的作用（例如，"争论"的"旅行"隐喻和"容器"隐喻）。

3. 一个共享的隐喻蕴涵可以建立一个交叉的隐喻对应。例如，共享蕴涵**"当我们争论时，会产生更多的表面"**（AS WE MAKE AN ARGUMENT, MORE OF A SURFACE IS CREATED），建立了（"旅行"隐喻中）争论所涵盖的面和（"容器"隐喻中）争论所涉及的内容的量之间的对应。

4. 一个概念的不同隐喻建构通过突显概念的不同方面来服务不同目的。

5. 哪里有目的重叠，哪里就有隐喻重叠，并且它们之间构成连贯。被认可的混合隐喻属于这类重叠。

6. 总之，隐喻中完全的一致性很少，但是连贯性很典型。

第十七章　隐喻的复杂连贯性

在我们讨论连贯性的整个过程中，最重要的是要记住目的的作用。概念的隐喻建构，例如争论的"旅行"隐喻，让我们掌握概念的一个方面。因此，当隐喻满足一个目的，即理解概念的一个方面，隐喻就起作用了。当两个隐喻达成两个目的时，目的重叠就对应隐喻重叠。我们认为，这样的重叠可以按照共享隐喻蕴涵和由它们建立的交叉隐喻对应来刻画。

在上一章，我们通过一个简单的例子知道了这一点。现在，我们要证明复杂的例子有着同样的机制。复杂性的原因有两个：（1）通常有许多隐喻在部分建构一个单一概念；（2）当我们讨论一个概念时，我们运用自身以隐喻方式理解的其他概念，这将导致进一步的隐喻重叠。通过进一步考察"争论"概念，我们可以分离出那些导致这种复杂性的因素。

一般说来，争论服务于理解之目的。当我们需要证明我们所谓显而易见的事物（即我们认为理所当然的事物）与非显而易见的事物之间有联系时，我们就建构争论。通过把想法组合在一起，我们做到了这一点。这些想法构成了争论的内容。我们认为理所当然的事物成了争论的起点。我们期望证明的事物是我们必须达到的目的。当我们朝这些目标前进时，我们通过建立联系取得进展。这些联系有紧有松，联系的网络具有全局结构。在任何论点中，某些想法和联系可能比其他想法和联系更为基础，某些想法会比其他想法更为显而易见。一个论点的好坏将取决于它的内容，联系的强度，建立联系的直接程序，理解联系的难易程度。简言之，不同的"争论"隐喻满足理解概念的下列不同方面的目的：

内　容	基础性
进　展	显著性
结　构	直接性
说服力	清晰度

在上一章，我们知道"旅行"隐喻至少关注内容和进展，"容器"隐喻至少关注内容，基于内容的逐步积累有一个重叠。但是，这两种隐喻满足更多目的，并涉及更复杂的连贯性。看看争论的第三个隐喻，我们可以知道这一点：

AN ARGUMENT IS A BUILDING 一场争论是一栋建筑物

We've got the *framework* for a *solid* argument.
我们已经有了一个可靠论点的框架。

If you don't *support* your argument with *solid* facts, the whole thing will *collapse*.
如果你不用可靠的事实支撑你的论点，所有的一切都将坍塌。

He is trying to *buttress* his argument with a lot of irrelevant facts, but it is still so *shaky* that it will easily *fall apart* under criticism.
他正试图用一些不相关的事实去支撑他的论点，但它仍然是如此的摇摇欲坠，一经批判，很容易瓦解。

With the *groundwork* you've got, you can *construct* a pretty *strong* argument.
基于你所做的基础工作，你可以建构一个相当有力的论点。

被组合在一起的"旅行"隐喻、"容器"隐喻、"建筑物"隐喻关注"争论"概念的上述所有方面，如下所示：

旅　行	容　器	建筑物
内　容	内　容	内　容
进　展	进　展	进　展
直接性	基础性	基础性
显著性	说服力	说服力
	清晰度	结　构

下面是一些我们如何按照隐喻理解该概念各个方面的例子：

JOURNEY 旅行

So far, we haven't *covered much ground. (progress, content)*
到目前为止，我们还没有涵盖太多的主题面。（进展、内容）

This is a *roundabout* argument. *(directness)*
这是一个绕圈子的论点。（直接性）

We need to *go into this further* in order to *see clearly* what's involved. *(progress, obviousness)*
为了清楚地知道涉及什么内容，我们需要进一步探究。（进展、显著性）

CONTAINER 容器

You have all the right ideas *in* your argument, but the argument is *still* not *transparent. (content, progress, clarity)*
你论点中所有的想法都是正确的，但论点仍不透彻。（内容、进展、清晰度）

These ideas form the *solid core* of the argument. *(strength, basicness)*
这些想法构成了其论点的坚实内核。（说服力、基础性）

BUILDING 建筑物

We've got a *foundation* for the argument, now we need a *solid framework*. (*basicness, strength, structure*)

我们已经有了一个论点根基，我们现在需要一个可靠的框架。（基础性、说服力、结构）

We *have now constructed most of the argument.* (*progress, content*)

我们现在已经建构了大部分论点。（进展、内容）

通过前面的章节，我们知道旅行和容器都界定面，这是"旅行"隐喻和"容器"隐喻重叠的基础。一栋建筑物也有一个面，换言之，地基和外壳使其能够与"建筑物"隐喻进一步重叠。在每一个案例中，面都以不同方式界定内容：

旅　　行：路线所界定的面的"涵盖范围"，内容即争论所涵盖的范围。

容　　器：内容在容器内部，其边界是由面界定的。

建筑物：面是外壳和地基，它决定建筑物的内部。但是，"建筑物"隐喻不同于"容器"隐喻，内容不在室内；相反，是基础和外壳构成了内容。下面的例子可以证明这一点："你的论点根基没有足够的内容去支撑你的主张"（The foundation of your argument does not have enough content to support your claims）和"你的论点框架没有足够的实质内容去承受批评质疑"（The framework of your argument does not have enough substance to withstand criticism）。

我们把这些面称为"界定内容的面"（content-defining surface）。

"界定内容的面"的概念不足以解释隐喻之间的许多连贯性。例如，有一些基于"深度"概念的隐喻重叠的实例。因为深度的界定和面有关，我们可能认为每一个界定深度的面和界定内容的面的隐喻一样。但是，情况并非总是这样，比如下面的这些例子：

> This is a *shallow* argument; it needs more *foundation*. (BUILDING)
> 这是一个浅显的论点，它需要更多的根基。（建筑物）
>
> We have *gone over* these ideas *in great depth*. (JOURNEY)
> 我们已经非常深入地研究过这些论点了。（旅行）
>
> You haven't gotten to the *deepest* points yet—those at the *core* of the argument. (CONTAINER)
> 你还没有触及最深刻的要点——处在论点的核心处。（容器）

在"建筑物"隐喻和"旅行"隐喻中，界定深度的面是地平面。在"容器"隐喻中，还是容器表面在起决定作用。

	旅　行	容　器	建筑物
界定内容的面	路线产生的面	容器的面	地基和外壳
界定深度的面	地平面	容器的面	地平面

　　在继续探讨连贯性之前，有必要区分在这里起作用的两个不同深度的概念。在"建筑物"隐喻和"容器"隐喻中，较深的那一个是较主要的。争论最主要的部分是最深刻的部分，即基础和核心。但是，在"旅行"隐喻中，深刻的事实却是那些不明显的事实。非表面的事实不能被直接看到，需要我们深入探究它们。争论的目的包括探讨某些主题（以"把盖子盖上"[putting the lid on]结束争论），另外，还包括在适当的深度探讨主题。争论的进展不仅是涉及一个探讨主题的问题，它也要求我们充分、深入地探究它们。以要求的深度去探究这些话题是旅行的一

部分：

> As we *go into* the topic *more deeply*, we find...
> 当我们更深入地探究主题时，我们发现……
>
> We have *come to a point* where we must *explore* the issues at a *deeper level*.
> 我们已经到了必须在一个更深的层面探讨问题的关键点了。

因为大多数旅行都是在地球表面，所以正是表面决定将要谈及的主题的深度。但是，当我们深入探究任何一个主题时，我们都会在后面留下足迹（一个面），就像在旅行中一样。正是通过留在身后的这个面，我们能以一定的深度来探讨一个话题。这解释了下列表达：

> We will be *going deeply into* a variety of topics.
> 我们将深入探究各种各样的主题。
>
> *As we go along*, we will go through these issues *in depth*.
> 再往后我们将深入讨论这些问题。
>
> We have now *covered* all the topics *at the appropriate levels*.
> 我们现在已经在适当的层面谈到了所有的主题。

因此，深度的隐喻方向就等于"建筑物"隐喻和"容器"隐喻的基础性，但是，它缺少"旅行"隐喻的显著性。因为深度和进展是争论中完全不同的方面，在任何"争论"隐喻中都不可能有一致的意象。不过如前所述，尽管一致性是不可能的，但隐喻的连贯性是存在的。

阐明了界定内容的面和界定深度的面之间的区别，我们现在来看一些其他复杂的连贯性。像"旅行"隐喻和"容器"隐喻之间的连贯性一样，因为三个隐喻都有界定内容的面这一事实，所以三个隐喻之间是有连贯性的。争论继续进行时，会产生更多的面，因此，争论的内容会更多。概念的三个隐喻建构之间的重叠让我们有了下面这类混合隐喻：

So far we have *constructed* the *core* of our argument.
到目前为止，我们已经建构了论点的核心。

这里的"到目前为止"来自"旅行"隐喻，"建构"来自"建筑物"隐喻，"核心"来自"容器"隐喻。值得注意的是，通过使用建筑物概念中的"地基"（foundation）或中性概念"最基本的部分"（most basic part）来取代"核心"，我们可以表达差不多一样的意思：

So far we have *constructed* the *foundation* of the argument.
到目前为止，我们已经建构了论点的基础。

So far we have *constructed* the *most basic part* of the argument.
到目前为止，我们已经建构了论点的最基本的部分。

在"建筑物"隐喻和"容器"隐喻中，深度具有基础性特征，这使得上述内容成为可能。二者都有一个最深，即最基本的部分：在"容器"隐喻中是核心，在"建筑物"隐喻中是地基。因此，两个隐喻之间存在一种对应关系。通过下面的例子，依靠"容器"隐喻和"建筑物"隐喻的对应关系，可知二者在哪些方面可以被自由组合。

These points are *central* to our argument and provide the *foundation* for all that is to come.
这些是我们论点的中心部分，并为下面的内容提供基础。

We can *undermine* the argument by showing that the *central* points in it are weak.
通过证明中心要点的不充分，我们可以动摇该论点。

The most important ideas, *upon* which everything else *rests*, are at the *core* of the argument.
其他内容所依赖的最重要思想是论点的核心。

这种对应以共享蕴涵为基础：

AN ARGUMENT IS A BUILDING. **一场争论是一栋建筑物**。
A building has a deepest part. 一栋建筑物有一个最深的部分。
Therefore, AN ARGUMENT HAS A DEEPEST PART. 因此，**一场争论有一个最深的部分**。

AN ARGUMENT IS A CONTAINER. **一场争论是一个容器**。
A container has a deepest part. 一个容器有一个最深的部分。
Therefore, AN ARGUMENT HAS A DEEPEST PART. 因此，**一场争论有一个最深的部分**。

因为深度具有这两个隐喻的基础性特征，最深的部分是最基础的部分。所以，"最基础的部分"的概念是这两个隐喻的重叠部分，是它们之间中性的部分。

因为争论的目的是提供理解，所以"理解是看见"的隐喻与各种各样的"争论"隐喻相互重叠就不足为奇。旅行时，你一路走来，看见的会越来越多。这与"一场争论是一次旅行"的隐喻也吻合。进行争论时，你看见的会越来越多——因为"理解是看见"，你理解的也会更多。这就解释了如下表达：

We have just *observed* that Aquinas used certain Platonic notions.
我们刚注意到阿奎纳使用了某些柏拉图式的概念。

Having come this far, we can now *see* how Hegel went wrong.
已经讨论到这个程度了，我们现在可以看到黑格尔的错误之所在了。

因为旅行中可能会有一个导游指出沿途令人感兴趣的东西，所以我们也可以得出如下表达：

We will now *show* that Green misinterpreted Kant's account of will.

现在我们将指明，格林曲解了康德对意志的解读。

Notice that *X* does not follow from *Y* without added assumptions.

注意：没有附加假设，由 Y 不会推断出 X。

We ought to *point out* that no such proof has yet been found.

我们应该指出这样的证据还没被发现。

在这些例子中，作者就是那个带领我们进行争论的导游。

"旅行"隐喻的其中一方面涉及深入探究一个主题，"理解是看见"隐喻也适用于这种情况。在一场争论中，肤浅的论点（表面上的观点）很明显，容易被看见，容易被理解。但是，较深奥的论点不明显，需要付出努力去挖掘、揭示它们，这样我们才能理解它们。更加深入地探究一个问题时，我们揭示的越多，看到的就越多，理解的也就越多。这就解释了下列表达：

Dig further into his argument and you will *discover* a great deal.

进一步钻研他的论点，你会发现很多。

We can *see* this only if we *delve deeply into* the issues.

只要深入研究这些问题，我们就会看到这一点。

Shallow arguments are practically worthless, since they don't *show* us very much.

肤浅的观点几乎毫无价值，因为它们完全没有给我们指明什么。

"理解是看见"隐喻也与"建筑物"隐喻有相互重叠，我们所看见的是论点的结构（形状、形式、轮廓等）：

We can now *see* the *outline* of the argument.
我们现在能看见论点的轮廓。
If we *look* carefully at the *structure* of the argument...
如果我们仔细地观察论点的结构……

最后，"理解是看见"隐喻也与"容器"隐喻有交集，我们（通过容器的表面）所见的是内容，如：

That is a remarkably *transparent* argument.
那是一个非常透彻的论点。

I didn't *see* that point *in* your argument.
我没看见你的论点中的要点。

Since your argument isn't very *clear*, I can't *see* what you're getting at.
因为你的论点不是很清楚，所以我不明白你想表达什么。

Your argument has no *content* at all—I can *see right through* it.
你的论点没有一点内容——我能一眼就看透。

另一个交叉隐喻连贯性出现在对争论的质的讨论中。各种各样的"争论"隐喻关注争论的许多可被量化的方面——例如内容、清晰度、说服力、直接性和显著性等。"越多越好"隐喻也与"争论"隐喻相互重叠，这让我们从数量上考察质量。因此，我们有如下例子：

That's *not much an argument*.
那个论点没多少东西。

Your argument *doesn't have any content*.
你的论点没有任何内容。

It's not a very good argument, since it *covers hardly any ground* at all.
它不是一个非常好的论点，因为它几乎没有涵盖多少主题。

This argument won't do—it's just *not clear enough*.
这个论点没用——它不够清楚。

Your argument is *too weak* to support your claims.
你的论点太弱，支持不了你的观点。

The argument is *too roundabout*—no one will be able to follow it.
你的论点太绕弯子了——没人能明白。

Your argument doesn't cover the subject matter in *enough depth*.
你的论点不够深入，没有涵盖这个主题。

所有这些例子都是依据数量评估质量。

我们绝对还没有穷尽涉及"争论"隐喻的所有交叉隐喻的连贯性。例如，基于"争论是战争"隐喻的庞大连贯性网络，可赢可输、可攻可守、可规划策略和实施策略等。凭借"建筑物"隐喻，论点可能成为要塞，为的是我们能对论点发动攻击，抨击其漏洞，撕碎它，摧毁它。凭借"容器"隐喻，争论也可能是导弹。因此，我们可以提出"开炮！"的指令，相应地，回应的争论可以一举中的，命中目标。在防守中，你可以设法驳倒对手的论点。

到现在我们已清楚地知道，存在于简单例子中的同一类型的连贯性也存在于我们刚刚考查的这类更复杂的实例中。开始看似随意、孤立的隐喻表达，例如，涵盖那些要点，加固你的论点，触及核心，更深入地探究，攻击一个观点，驳倒，结果却是一点都不随意。恰恰相反，和我们设想的一样，它们是整体隐喻系统的一部分，共同服务于从各个方面来刻画争论概念的这一复杂目的。虽然这样的隐喻不能为我们提供一种单一且一致的具体形象，但它们是连贯的，有重叠蕴涵时，一定能组成整体，尽管没有重叠蕴涵时不会这样。隐喻产生于我们明确、具体的经验，让我们建构高度抽象、复杂的概念，比如争论这样的概念。

第十八章　概念结构理论的一些影响

　　关于人类概念系统的任何充分理论都必须说明下列问题：（1）概念的基础是什么；（2）概念是如何建构的；（3）概念之间是如何相互关联的；（4）概念是如何界定的。到目前为止，我们已经对被我们当作典型案例的概念（次范畴化、隐喻蕴涵、对话组成部分、对话参与者等）的基础、结构化、关系进行了初步说明。此外，我们已论证了大部分概念系统是以隐喻的方式建构的，并对此进行了简要说明。我们需要考察在不提及隐喻的情况下，语言学家和逻辑学家过去经常用来处理我们所称的隐喻概念的两个主要策略，然后再来探究我们的定义观究竟意味着什么。

　　这两个策略就是抽象（abstraction）和同音同形异义（homonymy）。要了解这两个策略跟我们前面所做的阐释有何不同，我们来看一下"加固"（buttress）一词在句子"他加固了这面墙"（He buttressed the wall）和"他用更多的事实加固他的论点"（He buttressed his argument with more facts）中的意思。根据我们的解释，我们依据作为"建筑物"完形之一部分的**"加固"**（BUTTRESS）概念，来理解"他加固了他的论点"（He buttressed his argument）中"加固"的意思。因为"争论"概念在一定程度上依据"一场争论是一栋建筑物"的隐喻被理解，在"争论"概念中，"加固"的意思产生于"建筑物"概念中"加固"的意思，另外，也产生于"建筑物"隐喻通常建构"争论"概念的方法。因此，我们不需要对"他加固了他的论点"中"加固"的概念进行单独定义。

与此相反，抽象观点声称，存在一个单一、笼统、抽象的"加固"概念，中立于"建筑物"之"加固"与"争论"之"加固"。根据这点，"他加固了这面墙"和"他加固了他的论点"是完全相同的抽象概念的两个特殊实例。同音同形异义观点则采取相反的方针。该观点不主张存在一个抽象、中性的"加固"概念，而是认为存在两个不同的、独立的概念，即"加固1"和"加固2"。依据强同音同形异义观点，"加固1"概念和"加固2"概念完全不同，并且彼此之间没有关系，一个指的是实体对象（建筑物的一部分），另一个指的是一个抽象概念（一场争论的一部分）。弱同音同形异义观点认为存在截然不同的、独立的两个概念，即"加固1"概念和"加固2"概念，但是允许它们的意义在某些方面相似，通过这种相似性，两个概念被联系起来。但是该观点否认一个概念可以依据另一个概念被理解。这一观点的全部内容是两个概念存在共同之处，即抽象相似性。在这一点上，弱同音同形异义观点和抽象观点共有一个要素，因为抽象相似性恰好具有抽象理论假定的概念的核心特性。

我们现在将说明为什么抽象理论和同音同形异义理论都不能解释把我们引入隐喻概念理论的各种事实——尤其是关于隐喻类型（方位、物体、结构）和特点（内部系统性、外部系统性、基础性、连贯性）的事实。

抽象理论的不足之处

抽象理论在几个方面是不健全的。第一，就"上—下"方位隐喻而言，它似乎完全说不通，例如"快乐为上""控制为上""更多为上""美德为上""未来为上""理性为上"，等等。一个什么样的拥有内容的单一整体概念会是**"高度"**（HEIGHT）、**"快乐"**（HAPPY）、**"控制"**（CONTROL）、**"更多"**（MORE）、**"美德"**（VIRTUE）、**"未来"**（THE FUTURE）、**"理性"**（REASON）、**"北方"**（NORTH）的抽象，并且与它们完全吻合？此外，"上""下"似乎不能处于同一抽象层次上，因为"上"用于"未来"，而"下"不能用于"过去"。通过部分隐喻建构，我们可以解释这点，但是在抽象概念中，"上"在某种程度上比"下"更抽象，这似乎也讲不通。

第二，抽象理论不会在"A 是 B"形式的隐喻和"B 是 A"形式的隐喻之间做出区分，因为这一理论认为存在一个中性的术语涵盖了这两个领域。例如英语里有"爱是一次旅行"的隐喻，但没有**"许多旅行是爱"**（JOURNEYS ARE LOVE）这样的隐喻。抽象观点否定爱是依据旅行的概念来理解的，认为爱和旅行是依据它们之间中性的抽象概念来理解的。这一论断显然与我们的直觉相悖。

第三，不同的隐喻可以建构一个单一概念的不同方面，例如，"爱是一次旅行"，"爱是战争"，"爱是一种物理力量"，"爱是疯狂"。每一个隐喻都可以为"爱"的概念提供一个视角，并建构该概念众多方面中的一个方面。抽象理论探究一种适用于所有这些方面的完全抽象的"爱"的单一笼统概念。即便可能做到这一点，我们依然没有抓住要领——这些隐喻并没有共同描述"爱"的核心概念的特征，而是分别描述了"爱"

的不同方面。

第四，如果我们考察"A 是 B"形式的结构性隐喻，例如，"爱是一次旅行"，"大脑是机器"，"思想是食物"，"一场争论是一栋建筑物"，我们发现 B——概念内容（the defining concept）是我们经验中较明确的内容，并且比 A——被定义的概念（the defined concept）更具体。而且，其概念内容要比转到被定义的概念上的内容多。以"思想是食物"为例，我们可能有原始事实和还不成熟的思想，但是没有煎的、烤的、煮的思想。在"一场争论是一栋建筑物"这一隐喻中，起着某种作用的只有地基和外壳，而不是内在的房间、走廊、屋顶等。我们已经从以下方面解释了这种不对称性：界定不那么清晰的（通常不怎么具体的）概念可以依据界定较明确的（通常更具体的）概念去理解——这些明确界定的概念直接基于我们的经验，抽象观点没有解释这种不对称性，因为它不能解释依据更具体的概念去理解模糊概念的倾向。

第五，在抽象理论里，根本就没有任何隐喻概念，因此就没有理由期待其中会有我们理论中所发现的系统性。例如，没有理由期望把食物概念的一个系统整体应用于思想，或把建筑物概念的一个系统整体应用于争论。没有理由期望我们在"时间是移动物体""的实例中发现那种内部一致性。总之，抽象理论不能解释内部系统性的事实。

抽象理论也不能解释外部系统性。我们的提议解释了单一概念的各种隐喻（例如，用于描述争论的"旅行""建筑物""容器""战争"隐喻）的重叠方式，这是基于隐喻概念的共同目的和共同蕴涵。基于此，我们可预测个体概念（例如，核心、基础、涵盖、驳倒等）相互混合的方式。因为抽象理论没有任何隐喻系统，它不能解释为什么隐喻能以这样的方式混合。

第六，抽象理论没有部分的隐喻建构，因此不能解释隐喻为何扩展延伸至隐喻的闲置部分，例如"你的理论是用廉价的灰泥建构的"（Your theory is constructed out of cheap stucco），和许多其他属于"理论是建筑物"这一隐喻的闲置部分的例子。

第七，抽象理论认为存在一组抽象概念中立于"爱"和"旅行"，但这组概念能与二者相吻合或者运用到二者之上，例如在"爱是一次旅行"的实例中。但是，要使这样的抽象概念"吻合"或"运用于"爱，"爱"的概念必须是独立建构的。而我们将会证明"爱"不是一个结构清晰的概念；不管其结构是什么，它只能通过隐喻获得概念。但是抽象理论中没有隐喻去做这种建构，所以就必须假定有一个跟"旅行"的相关方面一样明确界定的结构，独立于"爱"的概念存在。这很难想象。

同音同形异义理论的不足之处

强同音同形异义理论

同音同形异义是用相同的词表达不同的概念，如，河岸（bank）和你存钱的银行（bank）。按照强同音同形异义理论，我们一直在探讨的这类例子，例如，"他们攻击了要塞"（They *attacked* the fort）和"他们攻击了我的论点"（They *attacked* my argument）中的"攻击"（attack）表示两种完全不同、毫不相关的概念。两句话都用了"攻击"纯属偶然。同样，"在厨房"（*in* the kitchen）、"在慈善互助会"（*in* the Elks）、"在恋爱"（*in* love）中的"在"（in）表示三个完全不同、彼此独立、毫无关联的概念。一般说来，强同音同形异义理论不能解释隐喻概念系统中我们已经确立的关系；换言之，它认为我们的阐释中系统解释的所有现象都是偶然的。

第一，强同音同形异义理论不能解释我们描述的内部系统性。例如，根据这一观点，"I'm feeling up"（我感到高兴）可以用来表示"I'm happy"（我很快乐），而同时"My spirit rose"（我的情绪高涨）可以用来表示"I got sadder"（我感到更难过）。这个理论也不能解释用于战争的词汇系统为什么要系统地应用于争论，或者一个食物术语系统为什么要系统地应用于思想。

第二，强同音同形异义理论同样不能解释外部系统性。换言之，它不能解释为什么会有隐喻重叠和隐喻混合。例如，它不能解释为什么争论中"涵盖的面"可以指涉争论的"内容"这样的东西。我们给出的所有关于混合隐喻的例子都是这种情况。

第三，强同音同形理论不能解释隐喻的已用（或闲置）部分的延伸，例如"他的理论太哥特式，布满了滴水兽"（His theories are Gothic and covered with gargoyles）。因为强同音同形理论没有像"一场争论是一栋建筑物"这样的一般隐喻，所以这样的例子就是随意的。

弱同音同形异义理论

强同音同形异义理论整体上的明显不足之处，是它不能解释我们在隐喻概念中获得的系统关系，因为它认为每个概念不仅是独立的，而且与其他用同样的词表达的概念无关。弱同音同形异义理论优于强同音同形异义理论，正是因为它允许概念之间相关。它特别强调，在不同的情况下，用同一个单词表达的不同概念，可以通过相似性被联系起来。弱同音同形异义理论把这种相似性看作是已知的，并且认定，尽管没有使用任何隐喻建构，但其理论足以解释我们已经注意到的现象。

弱同音同形异义理论与我们的观点最明显的不同是，前者没有依据一个事物去理解另一个事物的概念，因此没有总体隐喻建构。原因是持这种观点的大多数人不关注我们的概念系统是如何在经验中被确立的，也不关注理解是如何在这种确立中形成的。我们在弱同音同形异义理论中发现的多数不足与它缺少对理解问题和经验基础问题的关注有关。当然，同样的不足也适用于强同音同形异义理论。

第一，我们已经表明隐喻有方向性，换言之，我们依据一个概念去理解另一个概念。具体来说，我们倾向于根据较具体的概念——它们也是我们经验中界定更明确的概念——去建构不那么具体的和本身就较含糊的概念（如那些情感概念）。

弱同音同形异义理论否认我们依据具体概念对抽象概念进行理解，或者说完全否认我们依据一种概念去理解另一种概念。它认为只要我们能理解不同概念之间的相似性，这种相似性就会解释使用同一个词来表达不同概念的情况。例如，这种理论否认，当用作"争论"概念的某一部分时，"加固"这一概念是依据"建筑物"概念中所使用的物理概念"加固"来进行理解的。它简单地认为它们是两个不同的概念，任何一个都不能被用来理解另一个，二者只是碰巧有一种抽象相似性。同样，它认为所有有关 in 和 up 的概念亦非部分依据空间方位来理解概念的方法，相反，它们是通过相似性被联系起来的独立概念。从这个观点来说，大部分呈现出相似性的一对概念只是碰巧由一个相对具体的概念和一个相对抽象的概念组成而已（如"加固"的例子）。在我们的解释中，具体概念被用来理解较抽象的概念；依照这种理论，一个抽象概念和一个具体概念之间的相似性是不可能大于两个抽象概念之间或两个具体概念之间的相似性的。

第二，认为存在这种相似性的观点很值得怀疑。例如，所有向"上"（UP）概念都具有的可能相似性是什么？"上"为一方，"幸福""健康"

"控制""意识""美德""理性""更多"等为另一方，这两方之间的相似性是什么？在一种"思想"和一种"易碎物体"之间，或在"想法"和"食物"之间（本身非隐喻性）的相似性是什么？在"时间是移动物体"这一隐喻的讨论中，依据弱同音同形异义理论，如果要在内在概念相似性的基础上来解释"随后"（follow）、"先于"（precede）、"直面未来"（meet the future head on）、"面向未来"（face the future）等表达，就必须假定这种前后方向是瞬间时间的内在特性，在一瞬间的时间里究竟存在什么，能赋予时间以前后方向？但目前为止，我们知道没有关于内在相似性的合理理论可以解释这些实例。

第三，根据经验中的系统对应，我们已对隐喻基础做出了说明，例如，在战斗中占优势，在身体上占优势。但是，我们经验中的对应和相似性是有区别的，因为对应不需要以任何相似性为基础。基于我们经验中的这种对应，我们可以对隐喻的可能范围给出一个说明。弱同音同形异义理论完全没有预测能力，也不寻求这种能力。它只是试图为相似性的内容提供一种事后说明。因此，如果在案例中发现相似性，弱同音同形异义理论也不会解释为何那些相似性会出现在这些例子中。

据我们所知，没有人明确坚持强同音同形异义理论。根据这一观点，由相同的词（例如，"buttress"［加固］的两种含义或"in"的多个含义）表达的概念是独立的，没有重要联系。持同音同形异义理论的人都倾向于将自己定位为弱同音同形异义理论。在这一观点里，他们所观察到的概念之间的相互依存、相互关联将通过基于概念内在特性的相似性去解释。但是据我们所知，目前还没有人给出相似性理论的详尽说明，来应对我们讨论过的大量例子。尽管几乎所有研究同音同形异义理论的人都持弱同音同形异义理论，但实际上似乎只存在强同音同形异义理论，因为无人尝试为弱同音同形异义理论提供必要的详尽说明。我们一直讨论的各种例子，为什么没有人试图给出一个详尽的说明？有一个很好的原因可以解释，那就是这样的一种说明要求他解决这个问题：有些经验领域没有以其自身的术语进行很好的界定，我们必须依赖其他经验领域才能领悟，那我们是如何领悟这些经验领域的？总的说来，哲学家和语言学家都还没有关注这类问题。

第十九章　定义和理解

我们已经知道，隐喻遍及我们的常规概念系统。对我们来说十分重要的这些概念要么是抽象的，要么是我们经验中界定不明确的（情感、想法、时间等），所以我们需要借助那些我们清楚理解的其他概念（空间方向、物体等）来理解它们。这种需要会促使我们的概念系统产生隐喻定义。我们用了大量例子来表明，隐喻对我们的生活方式、概念化经验的方式以及我们说话的方式产生了多么广泛的影响。

我们的大多数证据都来自语言——单词和短语的意思，人类理解其经验的方式。人们如何依据"爱是一次旅行""争论是战争""时间是金钱"等系统隐喻来理解寻常概念？对这个问题做出阐释十分重要。但查词义的学生以及字典编纂者都还没有发现这一点。例如你在字典中查找"爱"这个字，你会发现词条提及情感、喜好、奉献、迷恋、乃至性欲，但是字典里面没有提及我们借助"爱是一次旅行""爱是疯狂""爱是战争"等隐喻去理解爱的方式。拿"看看我们走了多远了"（Look how far we've come）或"我们现在在哪"（Where are we now）这样的表达来看，任何一本标准的字典或任何其他关于意义的标准解释都无法告诉我们，这样的表达是我们文化中谈论爱的经验的寻常方式。只有在其他词的第二或第三级意义中，才可能会提及这种通用隐喻的存在。例如"爱是疯狂"的隐喻可能在"疯狂"（="过度喜欢、入迷的"）的第三意义下被提及，但它却是作为"疯狂"定义的一部分，而不是作为"爱"的定义的一部分出现的。

这表明，字典的编纂者以及其他查词义的学生跟我们的关注点不同。我们主要关注人们如何理解他们的经验。在我们看来，语言为我们提供数据，我们得以理解概念的总原则。总原则涉及概念的整体系统，而不是个别单词或个别概念。我们已知这样的原则本身常常是隐喻性的，并且涉及依据一种经验去理解另一种经验的情况。

记住这一点之后，我们就能看到我们与字典编纂者以及其他查词义的学生所探究的方面有何不同。在字典中看见"疯狂"和"旅行"作为"爱"的释义将是非常奇怪的。它们不是"爱"的释义，"食物"也不是"想法"的释义之一。概念的定义被认为具有概念本身内部属性的特征。此外，我们关注人类如何掌握概念——他们如何理解概念并以此行事。"疯狂"和"旅行"让我们掌握了"爱"的概念，"食物"让我们掌握了"想法"的概念。

正是由于我们关注经验是如何被理解的，这就要求我们有一个跟标准定义大不相同的定义概念。对定义的阐释中最主要的问题便是被定义的是什么，以及是什么在定义？这是我们接下来要讨论的主题。

隐喻定义的对象：各种自然经验

我们已知，隐喻允许我们依据一个经验领域去理解另一个经验领域。这表明理解是依据经验的整个领域，而不是依据孤立的概念。我们被引导去假定"爱是一次旅行""时间是金钱""争论是战争"这类隐喻，这一事实表明，定义的焦点是在"爱""时间""争论"这样的基本经验领域层次。依据旅行、金钱和战争这种经验的其他基本领域，这些经验被概念化和定义。**"预算时间"**（BUDGETING TIME）和**"攻击一个观点"**（ATTACKING A CLAIM）这种亚概念定义的产生是我们以隐喻方式定义了更普遍的概念（"时间""争论"等）的结果。

这引发了一个非常重要的问题：是什么构成了"经验基本领域"？每一个这样的领域都是我们经验中的一个结构化整体，被概念化为我们所称的"经验完形"。这样的完形在经验方面是基本的，因为它们描述了周期性人类经验中的结构化整体。它们根据自然维度（对话部分、对话阶段、对话原因等）表示我们经验的连贯构成。这些依据上述自然维度被组织成完形的经验领域，对我们似乎就是各种自然经验。

说它们是自然的，是基于以下原因。这种经验产生于：

> 我们的身体（知觉和运动神经器官、心智能力、情感组成等）
>
> 我们与物质环境的交互（移动、操控物体、吃等）
>
> 我们与我们文化中的其他人的互动（在社会、政治、经济和宗教制度方面）

换句话说，这些"自然的"经验是人性的产物。有些可能是普遍的，而另一些将会因文化的不同而不同。

我们认为，出现在隐喻定义中的概念是那些与各种自然经验相符的概念。到目前为止，根据我们已探讨的以隐喻来定义的概念判断，下列内容将是我们文化中各种自然经验概念的例子："爱""时间""想法""理解""争论""劳动""快乐""健康""控制""地位""道德"等。这些概念需要隐喻化的定义，因为它们本身的界定不够明确，不能满足我们日常活动的目的。

同样，我们将说明隐喻定义中用以定义其他概念的概念也与各种自然经验相符。例如，"物理方向""物体""物质""看见""旅行""战争""疯狂""食物""建筑物"等。这些关于各种自然经验的概念和对象被非常清晰地建构，拥有足够的恰当内部结构，可以承担定义其他概念的任务。换言之，它们提供正确的结构，让我们理解那些不太具体或自身界定不够明确的自然经验。

由此我们可以得出这样的结论，一些自然经验本质上具有部分隐喻属性，因为隐喻在描述经验的结构特征方面起着至关重要的作用。争论是一个明显的例子，因为把一些说和听的活动当作一场争论，就部分需要"争论是战争"的隐喻来提供"争论"概念的结构。时间的经验是一种几乎完全依赖隐喻方式来理解的自然经验（通过"时间"隐喻、"时间是移动物体"隐喻和"时间是金钱"隐喻）。同样，所有那些被赋予"上—下"方向的概念（例如，"控制""地位""高兴"）以及其他空间概念，都基于部分以隐喻方式来理解的各种自然经验。

互动属性

已知我们的概念系统建立于我们在这世上的各种经验。直接出现的概念（例如，"上—下""对象""直接操控"）和隐喻（例如，"快乐为上""事件是物体""争论是战争"）建立在我们与物理和人文环境的持续互动中。同样，我们用以建构我们经验的各种维度（例如，对话部分、对话阶段、对话目的）自然地从我们在世间的活动中涌现。我们拥有的这种概念系统是我们作为人类与物理和人文环境互动的产物。

对理解经验方式的关注，让我们持一种全新的定义观，它完全不同于标准定义观。标准定义观追求"客观性"，假定经验和对象都有内在属性，并且人类只能依据这些性质来理解经验和对象。客观论者认为，定义是通过给出应用这个概念的必要充分条件来说明内部属性是什么。按照客观论者的观点，"爱"有不同的含义，每一种含义都可以按照这种内在属性，例如，喜好、情感、性欲等被定义。与之相反，我们认为我们对"爱"的理解只是部分依据这种内在属性，而大部分则是隐喻性的，并且主要依据诸如"旅行""疯狂""战争""健康"等其他表达自然经验的概念去理解。因为这些用以定义其他概念的概念源自我们与他人、世界的互动，以隐喻的形式定义的概念（例如"爱"）将根据我们所称的互动属性被理解。

为了对什么是互动属性有一个更清楚的整体认识，让我们来考察一下一个物体的互动属性。以**"枪"**（GUN）的概念为例。你可能认为这样一个概念完全以物体本身的内在性质为特点，例如，它的形状、重量，各个部分是如何被组装的，等等。但是，当把各种修饰语应用到这一概念上时，我们对"枪"的概念的理解超越了这种可见的方式。例如，**"黑"**（BLACK）和**"假"**（FAKE）两个修饰语修饰"枪"所产生的差别。客观论者认为其定义的主要差别是：一把**"黑枪"**（BLACK GUN）是一把"枪"，而一把**"假枪"**（FAKE GUN）不是一把"枪"。"黑"被认为是对"枪"增加的一种额外属性，而"假"则被视为应用到"枪"的概念上来产生的另一个概念，而这另一个概念不是"枪"的次范畴。这就是客观论者全部的观点。这一观点认可下列蕴涵：

This is a black gun. 这是一把黑枪。

Therefore, this is a gun. 因此，这是一把枪。

和

This is a fake gun. 这是一把假枪。

Therefore, this is not a gun. 因此，这不是一把枪。

这个解释不能说明一把假枪是什么，它没有解释如下蕴涵：

This is a fake gun. 这是一把假枪。

Therefore, this is not a giraffe. 因此，这不是一头长颈鹿。

This is a fake gun. 这是一把假枪。

Therefore, this is not a bowl of bean-sauce noodles. 因此，这不是一碗炸酱面。

以此类推……

为了解释这样一串无限长的蕴涵，我们需要一个详尽的解释，去说明"假"究竟是如何来修饰"枪"的概念的。就当前目的，一把假枪必须看起来像一把真枪。换言之，它必须有切合情境的一把枪的特定的知觉属性。你可以像操作一把真枪一样（如以某种方式握持）对其进行适当的物理操作。换句话说，一把假枪必须有我们所谓的枪的肌动活动属性（motor-activity properties）。此外，假枪可以达到真枪所能达到的某些目的（威胁、展示等）。一把假枪之所以是一把假枪，是因为它不具有真枪的功能。如果它能枪毙你，它就是一把真枪，而不是一把假枪。最后，它一开始就没有按照真枪的功能去制造：一把坏的或不好使的枪不是一把假枪。

因此，被"假"修饰的枪保留了"枪"的某些类型（kind）属性，而取消了其他属性。简言之：

　　假（枪）保留：知觉属性（一把假枪看起来像一把真枪）

　　　　　　　　肌动活动属性（像真枪一样握持）

　　　　　　　　目的属性（具有真枪的某些作用）

　　假（枪）取消：功能属性（一把假枪不能射杀）

　　　　　　　　用途来历（如果它被制造成一把真枪，它就不是一把假枪）

　　以上对"假"如何影响"枪"这一概念的解释表明："枪"的概念至少有五个维度，"假"保留了三个维度，取消了两个维度。这表明我们在依据属性的一种多维完形去建构枪的概念，这里的维度有：**知觉**（PERCEPTUAL）、**肌动活动**（MOTOR ACTIVITY）、**目的**（PURPOSIVE）、**功能**（FUNCTIONAL）等。

　　如果我们去考察什么是知觉、肌动活动、目的属性，就会明白它们不是枪的内在属性。相反，它们与我们跟枪的交互方式有关。这表明，当人们真正理解枪的概念时，它至少部分是由与知觉、肌动活动、目的、功能等相关的互动属性定义的。从而我们发现物体的概念，就像事件与活动概念，具有多维度完形的特征，而这些维度正是基于我们在世间的经验自然产生的。

范畴化

　　根据标准客观论者的观点，我们可以根据一个事物的一套内在属性完全地理解（并因此定义）该事物。但是，如我们所知，至少某些刻画事物概念的属性是交互性的。此外，属性不仅仅可以构成一套集合，而且可以很好地形成一个结构化完形，其维度从我们的经验中自然产生。

　　客观论者的定义观也不足以说明另一种方式的理解过程。根据他们的观点，一个范畴是以集合论来定义的，以该范畴内实体的内在属性集合为特征。宇宙中的万事万物要么在这个范畴内，要么在这个范畴外。处在范畴内的事物是那些具有所有必要内在属性的事物。任何缺少一种或多种内在属性的事物都会处在范畴之外。

这种范畴的集合理论概念不符合人们对事物和经验的范畴化方式。对人类而言，范畴化是认识世界的一种主要手段，故而必须以一种充分灵活的方式满足这一目的。作为人类范畴化的一个模型，集合论范畴化缺失下列内容。

第一，罗希（Rosch，1977 年）提出，我们依据事物的原型对事物进行范畴化。对我们来说，原型的椅子有明确定义的靠背、座位、四条腿和（可有可无的）两个扶手。但是，也有非原型的椅子：豆袋椅、吊椅、转椅、躺椅、理发椅等。我们认为非原型的椅子是椅子，不仅仅是依据它们本身的情况，而且是依据它们和原型椅子的关系。

第二，我们认为豆袋椅、理发椅、躺椅是椅子，不是因为它们与原型椅同属某一界定属性的固定集合，而是因为它们和原型有充分的家族相似性。一把豆袋椅可能以一种不同于理发椅的方式与一把原型椅子相似。豆袋椅和理发椅不必拥有原型椅属性的固定内核，但它们仍然都是椅子，因为每一把椅子都以其不同的方式充分接近椅子的原型。

第三，在决定充分的家族相似性的各种属性中，互动属性尤为突出。椅子与凳子及其他各种座椅共有可以坐的"目的"属性。但是，椅子允许的"肌动活动"范围通常是不同于凳子和其他座椅的。与我们对椅子的理解相关的互动属性将包括知觉属性（它们看起来如何，摸起来如何，等等）、功能属性（让我们坐）、肌动活动属性（当我们坐在椅子里时，我们的身体在里面进出）、目的属性（放松、吃东西、写信等）。

第四，范畴能以各种方式得到系统化扩展，以满足不同的目的。有一种修饰语，被称为模糊限制语（hedge），它挑选出一个范畴的原型，并定义各种各样与原型的关系。（见 Lakoff，1975 年）。这里有几个例子：

典型（PAR EXCELLENCE）：用来指代一个范畴里的原型成员。例如知更鸟是一种典型的鸟，但是鸡、鸵鸟、企鹅不是典型的鸟。

严格来讲（STRICTLY SPEAKING）：从通常属于该范畴的实体中挑选出非原型的个案。严格来讲，鸡、鸵鸟、企鹅是鸟，尽管它们不是典型的鸟。鲨鱼、河豚、鲇鱼、金鱼不是典型的鱼，但是，严格来讲，它们是鱼。

宽松来讲（LOOSELY SPEAKING）：用来指代通常不属于该范畴的事物，因为它们缺少一些主要属性，但仍有充足的属性满足将其看成范畴内的成员这一特定目的。尽管严格来讲，鲸不是鱼，但在特定情境中，宽松来讲，它可能被认为是鱼。尽管严格来讲，助动车不是摩托车，但宽松来讲，助动车被包含在摩托车里。

技术上来讲（TECHNICALLY）：出于某一技术目的对一范畴进行限定。在技术上，某一事物是否属于这一范畴，主要取决于分类的目的。在保险里，助动车在技术上不是摩托车，但是收取桥梁通行费时，它在技术上却又归入摩托车。

其他的模糊限制语包括："在一个重要的意义上"（in an important sense），"实际上"（to all intents and purposes），"一个合乎常规的……"（a regular），"一个真正的……"（a veritable），"在这个意义上……"（to the extent that），"在某些方面"（in certain respects），等等。这些各种各样的模糊限制语使得我们能为不同目的，将物体、事件和经验置于各种范畴之下，以合乎情理的方式总结它们之间的实际区别，提供新的视角，弄懂表面上不同的现象。

第五，范畴是开放的。隐喻定义可以让我们掌握我们分好类的事物和经验，它们还可能导致再次范畴化。例如，把"爱"视为"战争"，可能会让你明白你视为"爱"的这种或那种经验，但是不能以任何有意义的方式把它们组合在一起。"爱是战争"的隐喻也可能使你将某些经验归入爱的经验，而以前你没有这样看待过。模糊限制语也揭示了范畴的开放属性；换言之，一个物体是否属于某个范畴，取决于我们分类的目的。尽管范畴是开放的，但是范畴化却不是随意的，因为隐喻和模糊限制语都以系统的方法定义（或重新定义）范畴。

小结

我们已经论证，要解释人们如何理解其经验，就需要一个完全不同于标准理论的定义观。对什么需要被定义和是什么在定义，一个源自经验的定义理论有着不同看法。依据我们的解释，个体概念不是以一种孤立的方式被定义，而是依据它们在各种自然经验中的作用来定义的。概念不是仅仅依据其内在属性被定义，相反，它们主要依据互动属性被定义。最后，定义也不是为应用一个概念而赋予其某个固定集合的充分和必要条件这么一回事（尽管在某些特别的案例中可能是这样，如在科学或其他技术学科中，但即使是在这些领域中，人们并非总是可以这么做），相反，概念通过原型和与原型的关系类型被定义。源自我们经验中的概念是开放的，而不是被严格界定的。隐喻和模糊限制语是进一步定义概念和改变概念的适用性范围的系统化手段。

第二十章　隐喻如何赋予形式以意义

　　我们说出的话呈线性序列，说一个句子时先说一些单词，再说另一些单词。说话与时间有关，时间又是依据空间被隐喻概念化的，因此，我们就很自然地依据空间来对语言进行隐喻概念化。文字系统强调这种概念化。把一个句子写下来，让我们更容易将其概念化为一个以线性序列的单词构成的空间物体。因此，我们的空间概念可以自然地应用到语言表达中。我们知道哪个词位于首位，也知道两个词是否离得很近，或分得很开，还知道一个词是相对长还是相对短。

　　因为我们以空间术语来概念化语言形式，所以当从空间视角观察语言形式时，就可能把一些空间隐喻直接应用到句子形式上。基于我们概念系统的一般隐喻，这可以为形式和内容提供自动的直接联系。这样的联系使得任何形式和内容之间的关系绝非是任意的，句子的某些意义可能取决于句子所采取的精确形式。所以，1977 年，德怀特·鲍林杰（Dwight Boliger）指出，精确的释义通常是不可能的，所谓的释义就是用不同的形式来表达。为此我们可以提供一个解释：

　　1. 我们使语言形式空间化。

　　2. 当语言形式被空间化时，空间隐喻应用于语言形式。

　　3. 凭借空间化隐喻，语言形式本身被赋予内容。

形式越多，内容越多

举个例子，"管道"隐喻规定了形式和内容之间的空间关系："语言表达是容器"，意义是容器里的内容。看到实际的容器小，我们就预期其中的内容也少。看到实际的容器大，我们通常预期其中的内容也多。把这点应用到"管道"隐喻中，得出如下预期：

MORE OF FORM IS MORE OF CONTENT 形式越多，内容越多

我们会看到，似乎这个很普遍的原则自然地存在于全世界的语言中。尽管"管道"隐喻分布很广，但是我们还不知道它是否具有普遍性。但是我们认为，语言的隐喻空间化在每一种语言中都存在，无论细节怎样，发现这种量的相关性不足为奇。

英语中关于"形式越多，内容越多"的一个例子是重复：

He ran and ran and ran and ran.
他跑啊跑啊跑啊跑。

表示比只说"他跑"（He ran）跑得更多。

同样地，

He is very very very tall.
他非常非常非常高。

表示比只说"他非常高"（He is very tall）要更高。

拉长元音有同样效果。例如，

> He is bi-i-i-i-ig!
>
> 他块头好——大！

表示他的身形比你只说"他块头大"（He is big）要更大。

全世界有许多语言使用重叠（reduplication）的形态学手段。换言之，重复一个词的一个或两个音节，或以这种方式重复整个单词。据我们所知，世界上所有语言重叠的例子都是"形式越多，内容越多"的实例。最典型的手段是：

> 把重叠应用于名词，以此将单数名词变成复数名词或集合名词。
>
> 把重叠应用于动词，以此表示动作的延续或终止。
>
> 把重叠应用于形容词，以此来表示强化或增加。
>
> 把重叠应用于一个表示小东西的单词，以此来表示减少。

概括如下：

> 名词表示某一类物体。
>
> 名词越多表示那类物体越多。
>
> 动词表示一种活动。
>
> 动词越多表示活动越多（可能直到终止为止）。
>
> 形容词表示事物的一种性质。
>
> 形容词越多表示事物的性质越多。
>
> 一个单词表示东西小。
>
> 单词越多表示东西越小。

紧密度就是效果强度

隐喻赋予形式以意义的一种更微妙的方式出现在英语中（尽管没有做细致的研究，但在其他语言中也可能出现）。英语有以下常规隐喻：

CLOSENESS IS STRENGTH OF EFFECT 紧密度就是效果强度

因此，句子

Who are the men *closest to* Khomeini?
最接近霍梅尼的人都有谁？

意思是

Who are the men *who have the strongest effect on* Khomeini?
对霍梅尼影响最大的人都有谁？

这里的隐喻完全是一种语义效应。它与 "close" 一词的意义有关。但是隐喻也可适用于句子的句法形式。原因是句法表示的内容之一是两个表达有多**接近**（CLOSE）。"**紧密度**"（CLOSENESS）是形式之一。

这种隐喻可以按下列方式应用于形式和意义的关系上：

如果形式 A 的意义影响形式 B 的意义，那么形式 A 离形式 B 更近，形式 A 的意义对形式 B 的意义的影响效果就越强。

例如，带 not 的否定句有否定谓语的效果，例如：

John *won't* leave until tomorrow.
明天之前，约翰不会离开。

n't 有否定谓语 leave 的效果。

英语中有一种规则，有时被称作否定转移（negative transportation），它有把否定词置于离谓语更远的位置进行逻辑否定的效果，例如：

> Mary *doesn't* think he'll *leave* until tomorrow.
> 玛丽不认为他会在明天之前离开。

此处在逻辑上否定的是 leave 而不是 think。这个句子和下面的句子意思大致相同。

> Mary thinks he *won't leave* until tomorrow.
> 玛丽认为他在明天之前不会离开。

只是在第一个句子中，否定词离 leave 更远些，否定效果较弱。在第二个句子中，否定词离 leave 更近些，否定效果较强。

卡尔·齐默注意到同样的规则适用于不同的情况，如，

> Harry is *not* happy.　　Versus　　Harry is *un*happy.
> 哈利不是快乐的。　　与　　哈利是不快乐的。

否定前缀 un- 比独立的单词 not 离形容词 happy 更近。"Harry is unhappy"的否定效果强于"Harry is not happy"。"不快乐"（unhappy）意味着"难过"（sad），而"not happy"的意义是开放的——既不快乐，也不难过，而是在二者之间。英语和其他语言中都存在这种典型的否定词和否定词缀之间的差异。

同样的隐喻用于下列例子：

> I *taught* Greek to *Harry*.
> 我把希腊语教给哈利。

> I taught *Harry Greek*.
> 我教哈利希腊语。

在第二句中，"教"（taught）和"哈利"（Harry）的位置较近，更明确表明哈利学的内容是被教的——换言之，教对他有效果。下面的例子更加微妙：

> I found that the chair was comfortable.
> 我发现，这把椅子是很舒服的。
>
> I found the chair comfortable.
> 我发现这把椅子很舒服。

第二句表示我通过直接经验，即通过坐在里面发现椅子是舒服的。第一句留出了我间接发现的开放式可能性，例如，可以通过问别人或做调查。在第二个句子中，形式"我"（I）与形式"椅子"（the chair）和"舒服"（comfortable）的位置"更近"。句子的句法表明通过经验和椅子的直接性，我发现这把椅子是舒服的。形式"我"与形式"椅子"和"舒服"的位置越近，表明经验越直接。句法的效果可以表明经验的直接性，"紧密度"表明了"效果"强度。英语中的这种现象已被博尔金详细证实（即将出版）[*]。

同样的隐喻用于下列例子：

> Sam killed Harry.
> 山姆杀了哈利。
>
> Sam caused Harry to die.
> 山姆导致了哈利的死亡。

---

[*] Ann Borkin, *Problems in Form and Function*（Norwood, N.:Ablex Pub. Corp., 1984），此书当时尚未出版。——编者注

如果原因是单一的事件，就像第一句那样，因果关系就更直接。第二句表明的是间接或关系远的因果关系，即两个分开的事件：哈利的死亡和山姆导致哈利死亡的所作所为。如果某人想更间接地表明因果关系，他可以说：

> Sam brought it about that Harry died.
> 山姆造成了哈利死亡这一结果。

在这些句子中，句法对句子所起的作用是表明山姆的所作所为和哈利的遭遇之间的因果联系有多直接。起作用的规则是：

> 表明原因的形式与表明结果的形式越接近，因果联系越强。

在"山姆杀了哈利"这句话中，单词"kill"只有一种形式表明"原因"和"结果"（死亡）。这种意义的形式已经是最近的了：一个单词包含两种形式。这表明了最强的因果联系：一个单一的事件。在"山姆导致了哈利的死亡"这句话中，有两个独立的单词——"cause"和"die"——表明原因和结果。这表明原因和结果之间的联系不那么强，原因和结果不是同一事件的一个部分。在"山姆造成了哈利死亡这一结果"这句话中，有两个独立的分句，即"山姆造成了这一结果"（Sam brought it about）和"哈利死亡"（that Harry died），表明了一个较弱的因果联系。

总之，在所有例子中，每个不同形式表示一个细微差别的意义。而这种细微差别是什么，是由"紧密度就是效果强度"的隐喻赋予的，"紧密度"适用于句法成分，而"效果强度"适用于句子意义。"紧密度"与形式有关，而"效果强度"与意义有关。因此，"紧密度就是效果强度"

这个隐喻是我们常规概念系统的一部分，要么在语义条件下完全有效，例如句子"最接近霍梅尼的人都有谁？"，要么把形式和意义联系起来，因为"紧密度"可以表示一个句子中两个形式之间的关系。在上述例子中，我们看到的细微的意义差别不是因为英语的特殊规则，而是我们概念系统中隐喻自然应用于语言形式的结果。

以我为先的导向

库珀和罗斯（Cooper and Ross，1975年）注意到，界定文化中原型成员的文化观决定我们概念系统中的概念导向。典型人（canonical person）形成一个概念参照点，概念系统中的许多概念以它们是否与典型人的属性具有相似性为导向。因为人通常在直立状态下活动，朝前看、朝前移动，我们不仅会花费大部分时间进行这些活动，而且认为它们的本质是好的。对于我们如何看待自己，我们有一个经验基础，认为我们是向上多于向下，前多于后，主动多于被动，好多于坏。因为我们活在此地，活在当下，我们设想我们在"此处"而不是在"彼处"，我们活在"此刻"而不是"彼时"。这决定了库珀和罗斯所谓的**"以我为先"**（ME-FIRST）的导向：向上、前、主动、好、此处（HERE）和此时（NOW）都以典型人为导向，而向下、后、被动、坏、彼处（THERE）和彼时（THEN）的导向则远离典型人。

在英语中，某些词序比其他词序更正常，这一事实与文化导向有关：

较常见语序	较少见语序
上和下	下和上
前和后	后和前

主动和被动	被动和主动
好和坏	坏和好
此处和彼处	彼处和此处
此时和彼时	彼时和此时

　　一般原则是：与典型人的属性相比较，与其意思"最近的"单词放在"最前面"。

　　这项原则表述了形式和内容之间的关系。跟我们目前所知的原则一样，是我们常规概念系统中的隐喻导致的结果："**最近的就是第一的**"（NEAREST IS FIRST）。例如，假设你正在指认照片中的某人。如果你说：

The *first* person on Bill's left is Sam.
比尔左边的第一个人是山姆。

你的意思是：

The person who is on Bill's left and *nearest* to him is Sam.
在比尔左边并且离他最近的那个人是山姆。

　　一言以蔽之，因为我们以线性序列讲话，我们必须不断选择哪些单词放在首位。另外，让我们在"上和下"与"下和上"之间进行自由选择，我们会自动地选择前者。关于上和下这两个概念，上以与原型讲话者"**最近**"（NEAREST）为导向。因为"最近的就是第一的"是我们概念系统的一部分，我们把那些意思是"最近"（即 up）的单词放在"第一"位。相比于"下和上"，"上和下"的词序与我们的概念系统更为连贯。

　　关于这种现象更多的详细说明和一些表象上的反例的论述，参见库珀和罗斯（1975 年）。

语法中的隐喻连贯性

工具是伙伴

孩子和玩具玩耍，把它当成伙伴，和它说话，晚上把它放在自己的枕边等，这是很常见的现象。洋娃娃是专门为了这个目的而设计的玩具。同样的行为也发生在成年人身上，他们把重要工具当成伙伴，给它们起名字，和它们说话，如汽车、枪。同样，在我们的概念系统中也存在一个常规隐喻："**工具是伙伴**"（AN INSTRUMENT IS A COMPANION），这可在下面的例子中得到体现：

AN INSTRUMENT IS A COMPANION 工具是伙伴

Me and my old Chevy[*] have seen a lot of the country together.
我和我的老车威已经一起看过这个国家的许多地方。

Q: Who's gonna stop me?
问：谁要阻止我？
A: Me and old Betsy[†] here [said by the cowboy reaching for his gun].
答：我和老贝特西在这里［伸手掏枪的牛仔说的话］。

Domenico is going on tour with his priceless Stradivarius[‡].
多米尼克正带着他无价的史特拉第瓦里进行巡回演出。

---

[*] Chevy 是雪佛兰汽车的昵称。——译者注
[†] bets(e)y 是美国俚语，意为步枪、手枪、火器。——译者注
[‡] Stradivarius 是指史特拉第瓦里琴。尤其是指意大利史特拉第瓦里家族，尤其是乐器制造师安东尼奥·史特拉第瓦里所制作的弦乐器。——译者注

Sleezo the Magician and his Magic Harmonica will be performing tonight at the Rialto[*].

魔术师斯利佐和他的魔法口琴今晚将在丽都街表演。

为什么 with 表示手段和伴随

单词 with 在英语中表示**"伴随"**（ACCOMPANIMENT），如：

I went to the movies *with* Sally.（COMPANION）
我和莎莉一起去看了电影。（伴随）

with 表示"伴随"，而不是其他词，是英语中一个任意的约定俗成。在其他语言中，其他词（或语法手段，如变格词尾）表示"伴随"（例如，法语中的 avec）。但是已知事实是，在英语中 with 表示"伴随"，那么 with 也表示**"手段"**（INSTRUMENTALITY）就并非偶然了，例如：

I sliced the salami *with* a knife.（INSTRUMENT）
我用小刀切意大利香肠。（手段）

这种用法不是任意的，因为我们的概念系统是由"工具是伙伴"的隐喻建构的。在英语中，同一个单词既可表示"伴随"，也可表示"手段"，这是系统性的，而非偶然性的。英语的语法事实与英语的概念系统是一致的。

不仅英语如此，除少数情况外，下面的规则适用于世界上的所有语言：

表示伴随的词或语法手段也表示手段。

---

[*]　丽都街是纽约市百老汇附近的剧场区。——译者注

因为"工具是伙伴"这一隐喻所依赖的经验很可能具有普遍性，所以这条语法规则适用于大多数语言是很自然的。这条规则成立的语言与这个隐喻一致，这条规则不成立的语言与这个隐喻不一致。在一种语言里，在"工具是伙伴"的连贯性没有出现的地方，常常会出现一些其他的概念连贯性。因此，在一些语言中，"工具"通过动词"使用"（use）来表示，或"伴随"通过单词"和"（and）来表示。这些是形式与内容相连贯的其他非隐喻性手段。

语言的逻辑性

使用同样的词表示"手段"和"伴随"合情合理。它使这样的形式与内容的关系与语言的概念系统相连贯。同样，将空间词语如"in"和"at"用于时间表达（in an hour/ 在一小时后，at ten o'clock/ 在十点钟）合情合理，因为时间是依据空间以隐喻的方式概念化的。概念系统中的隐喻指出了概念间的连贯性和系统关系。同样的词和语法手段用于具备系统隐喻对应的概念（例如，时间和空间），这也是使同种语言内形式和意义之间的对应具有"逻辑性"而非任意性的方法之一。

结论
意义上的细微变化

释义可能吗？两个不同的句子能确切表达同一事物吗？德怀特·鲍林杰用其大部分精力证明，这几乎是不可能的。在一个句子中，几乎任何变化——不管是词序的改变、词汇的改变、语调的改变，还是语法结构的改变——都将改变句子的意义，尽管常常很细微。我们现在就来看看为什么会这样。

　　语言形式的要素具有空间属性（如长度）和空间关系（如紧密度）。我们以空间术语来隐喻式地概念化句子，因此，我们概念系统中内在的空间隐喻（例如，"紧密度就是效果强度"）将自动建构形式和意义之间的关系。然而句子意义的某些方面是语言中某些相对任意约定的结果，意义的其他方面则源自我们自然而然地将我们所说的与概念系统相连贯的努力。这包括我们表达事物所用的形式，因为形式是以空间术语建构的。

语言形式的规律性

　　我们知道，隐喻在建构语言形式的规律性方面起着重要作用。其中一种规律性是用同一个单词同时表示伴随和手段。规则性与概念隐喻"工具是伙伴"相连贯。我们所知道的许多语言形式的"自然"规律性是那些与概念系统中的隐喻相连贯的规律性。比如，通常来说，一般疑问句句尾用"升"调，陈述句句尾用"降"调。

　　这和方位隐喻"未知为上，已知为下"是连贯的。这种概念隐喻可从下列例句中看出：

> That's still *up in the air.*
> 那事还悬而未决。

> I'd like to *raise* some questions about that.
> 对此，我想提出一些问题。

> That *settles* the question. 那个办法
> 搞定了这个问题。

> It's still *up* for grabs.
> 它仍然唾手可得。

> Let's *bring it up* for discussion.
> 让我们提上来讨论一下吧。

动词 "come"（来）用在 "come up with an answer"（想出来了答案）中，是因为我们把答案概念化为从 DOWN 出发，到我们所在的位置——UP 结束。

疑问句表示未知的内容。因此，在疑问句中使用升调与"未知为上"相连贯，在陈述句中使用降调与"已知为下"相连贯。事实上，用降调的疑问句不是真正的疑问句，而是表示陈述的修辞性疑问句。例如，用降调说"你会学习吗？"（Will you ever learn?）是间接地表明"你永远不会学习"（You'll never learn）。同样，用升调的疑问句表示不确定或弄不懂某事。例如，用升调说"你叫佛瑞德？"（Your name's Fred?）表示你不确定，想得到证实。用升调说"巨人队交换了梅德洛克？"（The Giants traded Madlock?）表示弄不明白这件事，因为与你所知不相符。这些都是与"未知为上，已知为下"隐喻（用法）相连贯的使用升调和降调的例子。

顺便提一下，在英语中，以"WH"开头的疑问句用降调，例如，"约翰昨天看见谁了？"（Who did John see yesterday?）。对此，我们的猜测是以"WH"疑问词开头的疑问句的大部分内容是已知的，只有一小部分信息不确定。例如，在句子"约翰昨天看见谁了？"中预设了约翰昨天看见某人了。与预期的一样，声调语言通常不使用语调去表明疑问，而是使用疑问助词。总的来说，语调是疑问句和陈述句之间差异的标志，升调代表未知（一般疑问句），降调代表已知（陈述句）。

这样的例子说明语言形式的规律性不能只靠形式来解释。只有视为概念隐喻被应用到语言形式的空间概念，许多类似的规律性才讲得通。换句话说，句法不是独立于意义，尤其是意义的隐喻方面。语言的逻辑是基于语言的空间形式与概念系统——尤其是概念系统的隐喻方面的连贯性。

第二十一章　新意义

　　到目前为止，我们所讨论的隐喻都是常规隐喻，也就是反映在我们的语言中，建构我们文化的普遍概念系统的隐喻。现在，我们将把注意力转向常规概念系统外的隐喻——富于想象力和创造力的隐喻。这样的隐喻能够让我们对我们的经验有一种新的理解。因此，它们能让我们的过去、我们的日常活动、我们的知识和信仰拥有新的意义。

　　要了解这是如何发生的，让我们考察一下新的隐喻**"爱是一件共同创作的艺术作品"**（LOVE IS A COLLABORATIVE WORK OF ART）。作为这一代人和这一文化的一员，我们的经验让我们觉得，这个隐喻很有说服力，很有洞察力，十分恰当。其原因是，该隐喻使我们爱的经验具有连贯性——它使经验具有意义。我们将说明，新隐喻和常规隐喻以同样的方式使我们的经验具有意义：它们提供连贯的结构，强调某些事情，掩盖其他事情。

　　与常规隐喻一样，新隐喻也有蕴涵，它包括其他隐喻和字面表述。例如"爱是一件共同创作的艺术作品"这一隐喻，其蕴涵来源于我们对何谓一件具有协作性的艺术作品的理解和经验。我们对作品和艺术的个人看法至少产生了新隐喻的下列蕴涵：

Love is work.
爱是作品。

Love is active.
爱是积极的。

Love requires cooperation.
爱需要合作。

Love requires dedication.
爱需要奉献。

Love requires compromise.
爱需要妥协。

Love requires a discipline.
爱需要约束。

Love involves shared responsibility.
爱是共同责任。

Love requires patience.
爱需要耐心。

Love requires shared values and goals.
爱需要共同的价值观和目标。

Love demands sacrifice.
爱要有牺牲。

Love regularly brings frustration.
爱经常带来挫折。

Love requires instinctive communication.
爱需要本能的交流。

Love is an aesthetic experience.
爱是一种审美经验。

Love is primarily valued for its own sake.
爱本身具有价值。

Love involves creativity.
爱蕴含创造力。

Love requires a shared aesthetic.
爱需要一种共同的审美观。

Love cannot be achieved by formula.
爱无法以公式实现。

Love is unique in each instance.
爱在每一种情况下都是独一无二的。

Love is an expression of who you are.
爱是一种你是谁的表达。

Love creates a reality.
爱创造一个现实。

Love reflects how you see the world.
爱是你如何看待这个世界的反映。

Love requires the greatest honesty.
爱需要最大程度的诚实。

Love may be transient or permanent.
爱可能是瞬间的，也可能是永恒的。

Love needs funding.
爱需要投入。

Love yields a shared aesthetic satisfaction from your joint efforts.
爱从双方的共同努力中产生一种共同的审美满足。

在这些蕴涵中，有的是隐喻（如"爱是一种审美经验"），有的不是隐喻（如"爱是共同责任"），每一个蕴涵本身可能有更多蕴涵。因此，产生了一个巨大的连贯蕴涵网络，整体而言，它要么符合，要么不符合我们爱的经验。符合我们爱的经验时，经验就构成一个连贯的整体，成为隐喻的例子。我们对这样一种隐喻的体验就是一种穿透整个蕴涵网络的回响，它将我们过往的爱之经验的记忆唤醒并关联到一起，同时也为未来的爱之经验提供一个可能的指南。

让我们把"回响"（reverberation）在隐喻"爱是一件共同创作的艺术作品"中的意义说得更明确点。

第一，隐喻突显某些特征，抑制另一些特征。例如，爱情积极的一面通过"作品"（work）在"共同创作的作品"（collaborative work）和"艺术作品"（work of art）中的概念被置于前景。这需要掩盖爱情中被视为消极的某些方面。事实上，在常规概念系统中，我们几乎不会认为爱的情感方面是处在情侣的主动掌控当中的。甚至在"爱是一次旅行"的隐喻中，关系也被视为一种不在情侣的主动掌控中的交通工具，因为它会出轨、触礁、停滞不前。在"爱是疯狂"的隐喻中（例如，"她让我着迷"［I'm crazy about her］，"她令我疯狂"［She's driving me wild］），这段关系会缺乏控制。在"**爱是健康**"（LOVE IS HEALTH）的隐喻中，两人之间的关系被比作一个病人，例如，"这是一个健康的关系"（It's a healthy relationship），"这是一个病态的关系"（It's a sick relationship），"他们的关系正在恢复"（Their relationship is reviving）。在这种文化中，健康的被动状态被转移到爱上。因此，在关注活动的各个方面时（例如，"**作品**"［WORK］、"**创造**"［CREATION］、"**追求目标**"［PURSUING GOALS］、"**建筑物**"［BUILDING］、"**帮助**"［HELPING］等），隐喻将重要的爱情经验组织起来，而这是常规概念系统做不到的。

第二，这一隐喻不仅蕴含其他概念（例如，"作品"或"**追求共同目标**"［PURSUING SHARED GOALS］），而且蕴含这些概念很具体的方面，它所指的不是任何一种工作，例如，在汽车装配线上工作。工作需要特殊的平衡控制和艺术创作的热情释放，因为被追求的目标不是随便什么目标，而是一个共同的审美目标。尽管这种隐喻可能抑制"爱是疯狂"这一隐喻的失控方面，但是它突显其他的方面——位于艺术天才和疯狂之间的文化联系背后的几乎走火入魔的狂热。

第三，因为这一隐喻突显重要的爱情经验，并且在掩盖其他爱情经验的同时，使爱情经验具有了连贯性，所以它让爱有了一种新的意义。如果这一隐喻蕴含的是我们爱情经验中最重要的方面，那么这一隐喻可以获得一个真理的地位；对于许多人而言，爱确实是一件共同创作的艺术品。正因为如此，这一隐喻就能产生一种反馈作用，指导我们在今后的行为中与这一隐喻保持一致。

第四，因为隐喻批准行为，证明推论，帮助我们确定目标，所以隐喻会是恰当的。例如，某些行为、推论、目标是由"爱是一件共同创作的艺术作品"这一隐喻决定的，而不是由"爱是疯狂"这一隐喻决定的。如果爱是疯狂，我就不能集中精力去维系爱情。但是，如果它是工作，那么它需要活动；如果它是一件艺术品，那么它需要一种非常特殊的活动；如果它是合作，那么它甚至需要进一步的限制和规定。

第五，隐喻对我所产生的意义一部分由文化决定，一部分与我过去的经验相关联。因为我们所讨论的每一个隐喻中的概念——艺术、工作、合作、爱——都会因文化的不同而产生巨大差别，所以文化差异可能十分大。因此，对于生活在19世纪欧洲浪漫主义国家的一个人和同时期生活在格陵兰岛上的一个因纽特人而言，"爱是一件共同创作的艺术作品"意味着完全不同的东西。个人对工作和艺术也会持有不同的观点，所以同种文化内对这一隐喻的看法也有差异。对于一对成熟的艺术家夫妇和两个初次约会的少年少女而言，"爱是一件共同创作的艺术作品"有着完全不同的意义。

关于同种文化内隐喻意义如何完全不同的例子，我们可以考虑一下一个与我们有着完全不同艺术观的人，看这一隐喻对他意味着什么。有人不把艺术品当作艺术品，而当作一件摆设；有人认为艺术只是创造了一种幻觉，不真实。他们就会看到以下隐喻蕴涵：

Love is an object to be placed on display.
爱是一件摆设。

Love exists to be judged and admired by others.
爱之所以存在是为了让人评判，让人崇拜。

Love creates an illusion.
爱创造了一种错觉。

Love requires hiding the truth.
爱需要隐藏真相。

因为此人的艺术观与我们不同，所以对于他来说，这一隐喻将有不同意义。如果他的爱情经验和我们的非常相似，那么这个隐喻就会不合适。事实上，它非常不合适。因此，赋予我们经验以新意义的隐喻，不会赋予他新的意义。

还有一个隐喻如何为我们创造新意义的例子，得来纯属偶然。一名伊朗学生到伯克利之后不久，参加了一次由我们两人中的一个举办的隐喻研讨会。在伯克利众多令人感到奇妙的事情中，他发现一个听了一遍又一遍的表达，并把它理解成一个十分合理的隐喻。他将"我的问题的解决"（the solution of my problems）理解为大量液体，起着泡，冒着烟，包含了所有的问题，这些问题要么被溶解，要么沉淀下去，因为催化剂不断暂时溶解一些问题并沉淀出其他问题。他非常灰心地发现居住在伯克利的居民的意识中没有这种化学隐喻。他的心情可能会好起来，因为化学隐喻既美观又有远见。这名伊朗学生的看法让我们对问题有了一种新认识：问题永远不会彻底消失，也不能一劳永逸地被解决。你的所有问题一直都会存在，它们可能只是被溶解在溶液当中，或者可能变成固态的形式存在。你最大的愿望是找到一种能溶解问题而又没有其他沉淀物析出的催化剂。因为你没有一种能够完全控制什么可以进入溶液（solution）的解决之道，你会发现旧问题和新问题不断沉淀析出，现存的问题正在消解（dissolving），这部分是由于你的努力，剩余的部分却与你的努力无关。

"化学"（CHEMICAL）隐喻让我们对人类的问题有了新的看法。它适用于我们的经验，即我们曾认为已经"解决"的问题又反复出现。"化学"隐喻认为，问题不是那种可以永久消失的物质。把它们当作可以被一劳永逸"解决"的东西毫无意义。按照"化学"隐喻的规律生活，我们将接受这一事实：从来没有问题会永远消失。与其将精力花在一劳永逸地去解决问题，不如将精力花在寻找合适的催化剂，来最长时间地消解你迫在眉睫的问题，同时又不能沉淀出更糟的问题。问题的再现被视为一种自然存在，而非你寻求"正确的解决方法"的努力已经失败。

按照"化学"隐喻来生活将意味着，问题对于你来说有另一种不同的现实性。暂时的解决方案是一次成功，而不是一次失败。问题是事物自然秩序中的一部分，而不是需要被"治愈"的无秩序。如果你按照"化学"隐喻来生活，你理解日常生活的方式和行为方式将会不同。

我们把化学隐喻看作隐喻力量的一个明显实例——创造一种新现实，而不是仅仅为我们提供一种建构既有现实的方法。这毫不奇怪。我们从"争论是战争"这一隐喻实例中获知，自然类型的活动（如争论）在本质上就是隐喻。"化学"隐喻揭示的是我们目前处理问题的另一种隐喻活动。目前，多数人依据我们称之为**"难题"**（PUZZLE）的隐喻去处理问题，所以在这里，问题是难题，通常有一个正确的解决方案——问题一旦被解决，就一劳永逸了。**"问题是难题"**（PROBLEMS ARE PUZZLES）的隐喻刻画了我们当前的现实。转向"化学"隐喻则将勾勒出一个新的现实。

但是改变我们赖以生存的隐喻绝非易事。"化学"隐喻的内在可能性是我们要注意的一桩事情，但是按照它来生活却是非常不同、更为困难的另一桩事。我们每个人都已经有意无意地发现了数以百计的问题，并且通过"难题"隐喻，不断致力于寻求其中许多问题的解决方案。我们许多无意识的日常活动依据"难题"隐喻被建构，以至于我们不太可能通过有意识的决断简单迅捷地转向"化学"隐喻。

我们的许多活动（争辩、解决问题、预算时间等）本质上是隐喻。刻画我们日常活动的隐喻概念建构了我们眼前的现实。新隐喻有创造新现实的力量。当我们按照隐喻开始理解我们的经验时，这种力量开始起作用；当我们按照它开始活动时，它就会变成一个更深刻的现实。如果新隐喻进入我们赖以活动的概念系统，它将改变由这个系统所产生的概念、知觉和活动。许多文化变革起因于新隐喻概念的引入和旧隐喻概念的消亡。例如，全世界的文化西化其实部分原因就在于把"时间是金钱"这一隐喻引入这些文化。

隐喻可以创造现实，这一观点与大多数常规隐喻观相悖。究其原因，人们习惯性地认为隐喻是一个纯粹的语言问题，而不是建构我们概念系统和我们各种日常活动的主要手段。单词不会独自改变现实，这一假设非常合理，但是我们概念系统的改变，确实会改变我们的现实，影响我们如何感知世界，又影响我们如何依据这些感知来行动。

　　隐喻仅仅是一个语言问题，只能描述现实，这一观点源自另一个观点，即现实完全外在于并独立于人类如何概念化世界，好像对现实的研究就是对物质世界的研究。这种现实观——所谓的客观现实——忽略了现实中人的方方面面，尤其是构成我们大多数经验的真实感知、概念化、动机、行为。然而现实中的人的方方面面却对我们至关重要，并且因文化不同而不同，因为不同的文化有不同的概念系统。文化也存在于物理环境中，有些物理环境是完全不同的——丛林、沙漠、岛屿、苔原、山脉、城市等。在每种情况下，我们都或多或少地顺利与一个物理环境互动。不同文化的概念系统部分取决于其从中发展起来的那个物理环境。

　　每一种文化必须提供一种不同程度地应对其自身环境的方式，既包括适应环境，也包括改变环境。此外，每一种文化必须定义一种社会现实，每个人在其中担任有意义的社会角色，并据此进行社会活动。毫不奇怪，由文化决定的社会现实影响其物理现实概念。对于作为某种文化成员的个体而言，现实的内容是其社会现实和塑造他的物质世界经验的方式的一种产物。由于我们对许多的社会现实是以隐喻来理解的，也由于我们的物质世界概念是隐喻性的，因此隐喻在决定我们的现实内容方面起着非常重要的作用。

第二十二章 相似性的产生

我们已经看到，从本质上来说，许多经验和活动都是隐喻性的，许多概念系统是由隐喻建构的。既然我们是依据概念系统的范畴以及我们所拥有的各种自然经验来看待相似性的，那么很自然，我们所感知到的许多相似性都是作为我们概念系统一部分的常规隐喻的结果。我们已经在方位隐喻中看到了这一点。例如，"更多为上"和"快乐为上"中的方向就归纳了一种我们在"多"与"快乐"之间感受到的相似性，而这一相似性却不存在于"少"与"快乐"之间。

本体隐喻也可能产生相似性。例如，从隐喻的角度，我们把"时间"和"劳动"看成一样的物质，正因为我们认为两者都与物质资源相似，所以它们之间就有了相似性。因此，"时间是物质"和**"劳动是物质"**（LABOR IS A SUBSTANCE）这两个隐喻让我们认为，在我们文化中时间和劳动有相似性：它们都可以被量化，可以被赋予单位价值，都为某一目的服务，都可以被渐渐耗光。因为隐喻在界定我们文化中的各个真实方面发挥了重要作用，所以时间与劳动之间的相似性就都是基于隐喻，同时，对于我们文化而言也都是真实的。

概念系统中的结构隐喻也能归纳相似性。因此"思想是食物"的隐喻建立了"思想"与"食物"之间的相似性，两者都可以被消化、吞咽、吸收、重温，给人提供养分。而脱离了隐喻，这些相似性就不复存在。吞咽食物不含有隐喻，但只有借助隐喻才能出现"吞咽思想"。事实上，"思想是食物"的隐喻基于更基本的隐喻，比如，它部分基于"管道"隐喻。根据这种隐喻，"思想是物体"，而且我们可以从我们身外获得这些隐喻。同时也假设出**"头脑是容器"**（MIND IS A CONTAINER）隐喻，建立起头脑与身体之间的相似性（两者都是容器）。和"管道"隐喻一起，我们得到了一个复杂的隐喻，在这个隐喻中，**"思想是进入头脑的物体"**（IDEAS ARE OBJECTS THAT COME INTO THE MIND），就像食物是进入身体的物体一样。这就隐喻性地创造出思想与食物之间的相似性，"思想是食物"就是部分基于这种相似性。正如我们所知，这种相似性就是"管道"隐喻和"头脑是容器"隐喻的结果。

在一定程度上，"思想是食物"这一隐喻符合我们的经验，部分原因是这种隐喻催生的相似性。因此，"思想是食物"的隐喻部分基于"头脑是容器"的隐喻和"管道"隐喻。"思想是食物"的隐喻让我们获得了"思想"和"食物"之间新的（隐喻性的）相似性：两者都可以被吞咽、消化和吸引，两者都可以让人得到滋养。这些有关食物的概念为我们提供了一种理解心理过程的方式，而对这些过程我们并没有直接且明确定义的概念化方式。

最后，在新隐喻中，我们也可以看到相似性的产生。例如，**"问题是化学溶液中的沉淀物"**（PROBLEMS ARE PRECIPITATES IN A CHEMICAL SOLUTION）基于常规隐喻**"问题是物体"**（PROBLEMS ARE OBJECTS）。此外，"化学"隐喻又增加了一个隐喻：**"问题是固态的物体"**（PROBLEMS ARE SOLID OBJECTS）。在这一隐喻中，问题与化学溶液中的沉淀物对应起来。在我们通常所经历的问题和化学溶液中的沉淀物之间形成了这样的相似性：它们都有可感知的形式，都可以被辨认、分析，可以对其有所为。这些相似性是由"化学"隐喻的一部分"问题是固态的物体"促成的。而且，沉淀物被溶解后，似乎也就消失了，因为没有了可感知的形式，不能被辨认、分析，不能对其有所为。然而，它可以再次沉淀，即重新形成固态的形式，就像问题可能再次产生一样。我们把问题与沉淀物之间的相似性看作是"化学"隐喻剩余部分的结果。

从"爱是一件共同创作的艺术作品"这一隐喻中可以看出，新隐喻可以创造出更微妙的相似性。这一隐喻突显了爱情的某些方面，同时又淡化和隐藏了另一些方面。尤其是淡化了与"爱是一种物理力量"这一隐喻相吻合的一些经验。这里"淡化"（downplaying）是指那些可以被合理描绘成"我们之间互相吸引"（There is magnetism between us）、"我们感受到爱的火花"（We felt sparks）等爱的经验，但又并不聚焦于那种经验。而且，它掩盖了与"爱是战争"隐喻相吻合的经验，因为两种隐喻不可能重叠。"爱是一件共同创作的艺术作品"这一隐喻的协同与合作方面与"她是我最近的战利品"（She is my latest conquest）、"他屈服于她了"（He surrendered to her）、"她压倒了我"（She overwhelmed me）等描绘的这些进攻性的、以统治为导向的爱的经验也不一致。

通过这种方法，"爱是一件共同创作的艺术作品"这一隐喻撇开了我们的部分经验，只挑选出其中一部分经验来关注，好像这是我们爱的唯一经验。这一隐喻促使其所突显的爱的经验与真实的或是想象的合作艺术经验之间建立起一系列相似性。这些归纳出来的相似性，我们已在蕴涵的单子中列出（例如"爱是作品"，"爱是一种审美经验"等）。

在所有突显的爱的经验范围内，每种经验与所列出的其中一种相似性相吻合，或许没有一种经验与所有相似性都相吻合。例如，一个令人沮丧的事件与"爱情经常会带来挫折"（Love regularly brings frustration）相吻合，但可能与"爱是一种审美体验"或"爱本身具有价值"不吻合。每种蕴涵都说明了某些类型的爱的体验为一方面，某些类型的共同创作的艺术品的经验为另一方面，这二者之间的一种相似性。没有哪一种蕴涵是在陈述所有被突显的爱情经验与创造共同创作艺术品经验之间的全面相似性，只有整个隐喻加上它的整个蕴涵系统才表明这二者之间存在此种相似性。

此外，还有一种相似性，它是由超越了两种经验范围之间的相似性隐喻引发的，这种额外的相似性就是结构相似性。它所关涉的是我们理解各个被突显的经验如何连贯地吻合到一起的方式。而这种连贯性是由我们所知的共同创作艺术品的知识结构提供的，并反映在这些蕴涵吻合到一起的方式之中（例如，一些是"工作"的蕴涵，一些是"艺术"的蕴涵，一些是"协作"的蕴涵）。只有这种连贯结构才能使我们了解突显的经验之间的相关性是什么，以及蕴涵是如何关联的。因此，在结构上，通过隐喻突显的爱情经验范围与协同创作艺术作品的经验范围被视为具有相似性。

正是两种经验范围的这种结构相似让你找到了突显的爱情经验范围内的连贯性。相应地，正是借助于隐喻，经验的突显范围被挑选出来视为连贯。没有了隐喻，对于你来说，这种经验范围就不会作为可识别的连贯经验集合而存在。把"爱"概念化为"一件共同创作的艺术作品"，就使这些经验范围成为一个连贯整体吻合到一起，从而得以聚焦。

此外，隐喻通过赋予一个经验范围以连贯结构创造出新的相似性。例如，不依赖隐喻，我们可能看出，受挫的爱情经历类似于和某人一起创作一件艺术品的沮丧经历，因为都会使人受挫。从这个意义上来说，令人沮丧的恋爱经验也类似于令人沮丧的其他任何经历。而隐喻使人们把受挫的恋爱经验中的那种挫折理解为共同创作艺术品中受到的挫折，这之间的相似性就是隐喻的相似性。

因此，只有从艺术经验角度理解恋爱经验时，才能感觉到受挫的恋爱经验和艺术经验之间精确的相似性。依据共同创作艺术作品中的方方面面来理解恋爱经验，按照我们的定义，就是依据隐喻概念"爱是一件共同创作的艺术作品"来理解恋爱经验。

隐喻创造相似性的方式可以总结如下：

1. 常规隐喻（方位隐喻、本体隐喻、结构隐喻）通常是基于我们经验中觉察到的相互关联（correlation）。例如，在一个像我们这样的工业文化中，完成一项任务所需要的"时间"和"劳动"之间相互关联。我们从隐喻的角度，把"时间"和"劳动"看作"资源"，并由此看到它们之间的相似性，这种关联是其中的原因之一。重要的是要记住，关联性不是相似性。基于我们经验中关联性的那些隐喻是依据我们所感知的相似性来定义概念的。

2. 结构变体的常规隐喻（例如，"思想是食物"）可能是基于由方位隐喻和本体隐喻引出的相似。例如，像我们看到的那样，"思想是食物"基于"思想是物体"（本体隐喻）和"头脑是容器"（本体隐喻和方位隐喻）。思想与食物之间的结构相似性是由这一隐喻引发的，它也导致许多隐喻相似性的产生（思想和食物都可以被吞咽、消化和吸收，能提供营养）。

3. 新隐喻主要是结构隐喻，它们可以像结构性的常规隐喻那样创造相似性。也就是说，它们可以基于来自本体隐喻和方位隐喻的相似性。如我们所看到的，"问题是化学溶液中的沉淀物"是以物理隐喻"问题是固态的物体"为基础的。这一隐喻在**"问题"**

（PROBLEMS）和**"沉淀物"**（PRECIPITATES）之间建立起了相似性，因为两者都可以被识别、分析，都可以对其有所为。**"问题是沉淀物"**（PROBLEMS ARE PRECIPITATES）这一隐喻创造了新的相似性，即问题似乎会消失不见（溶解于溶液中），过后还会再出现（沉淀出来）。

4. 新隐喻凭借其蕴涵通过突显、淡化、掩盖来选择出一个经验范围。然后，隐喻勾勒出整个突显的经验范围与其他经验范围之间的相似特征。例如，"爱情是一件共同创作的艺术作品"挑选了爱的某个经验范围，界定了整个突显的经验范围与共同创作艺术作品经验范围的结构相似性。恋爱与艺术经验之间可能存在独立于此隐喻的一些孤立相似性，但这个隐喻使得我们能够通过该隐喻所引发的全面结构相似性来找到这些孤立相似性之间的连贯。

5. 相似性可以是与隐喻有关的相似性。正如前面所见，"爱情是一件共同创作的艺术作品"这一隐喻界定出一种独特的相似类型。例如，受挫的恋爱经验可以被理解成与受挫的艺术经验相似，不仅因为同样是受挫，而且也因为共同创作艺术作品时的那种特有挫折。

隐喻创造相似性的观点与仍被广泛接受的经典隐喻理论，即比较理论（comparison theory）相左。比较理论认为：

（1）隐喻是语言问题，不是思想和行为问题。没有隐喻思想和行为这么一回事。

（2）"A 是 B"形式的隐喻是一种语言表达，意思与语言形式"A 像 B，在 X、Y、Z……方面"的相应语言表达相同。"X、Y、Z……"这些方面就是我们所说的"孤立的相似性"（isolated similarities）。

（3）由此得出，隐喻只能描述业已存在的相似性，不能创造相似性。

虽然我们已提出证据反驳比较理论的大部分观点，但是我们还是接受其根本的见解，即隐喻可以以孤立的相似性为基础。我们与比较理论在以下方面有所不同：

（1）隐喻首先是思想和行为问题，语言问题仅是派生问题。

（2a）隐喻可以以相似性为基础，但在很多情况下，这些相似性是基于不以相似性为基础的常规隐喻。鉴于常规隐喻部分界定了我们所发现的真实，那么基于常规隐喻的相似性在我们文化中就是真实的。

（2b）虽然隐喻可以部分基于孤立的相似性，但是如上所述，我们认为重要的相似性都是由隐喻创造的。

（3）隐喻的主要功能是借助一种经验来部分理解另一种经验。这其中可能会涉及已有的孤立的相似性，创造新相似性，等等。

必须记住：比较理论通常与客观主义哲学密切相关。客观主义哲学认为，所有的相似性都是客观的，即相似性是实体事物固有的。相反，我们认为，唯一与隐喻相关的相似性是人们的经验相似性。客观相似性（objective similarities）与经验相似性（experiential similarities）之间的区别非常重要，我们将在第二十七章中详细讨论。简单地说，客观主义者认为，客体具有不依赖于任何体验者的特征。如果客体共有这些属性，那它们就是客观相似的。对于客观主义者来说，"隐喻创造相似性"是毫无道理的。因为这需要隐喻改变外部世界的本质，以便产生事先不存在的客观相似性。

我们同意客观主义者的一个主要观点：世间事物在约束我们的概念系统中发挥了作用。但只有我们体验这些事物时，它们才能发挥作用。我们的经验（1）因文化不同而不同；（2）可能依赖于我们根据其他经验来理解某一种经验，即我们的经验可能在本质上是隐喻的。这样的经验确定了概念系统的范畴。我们认为固有特性和相似性都存在，而且只有与一个概念系统相关时才能体验到。因此，与隐喻相关的唯一相似性是经验相似性，而不是客观相似性。

我们总的立场是：概念隐喻基于我们经验中的相互关联。这些经验关联有两类：经验同现（experiential cooccurrence）和经验相似（experiential similarity）。经验同现的一个例子是"更多为上"的隐喻。"更多为上"的隐喻基于两种经验的同现，一是增加物质的量，二是看到物质水平上升。这里根本没有经验相似性。经验相似性的一个例子是"生活是一场赌博游戏"。在这里一个人对待生活的行为就像赌博，这些行为的结果可能是赢，可能是输。这里隐喻似乎基于经验相似性。当这一隐喻得到扩展，我们就可以体会到生活与赌博之间的相似性。

第二十三章 隐喻、真理、行动

前一章我们提出以下建议：

隐喻均有蕴涵，隐喻通过其蕴涵来突显我们经验的某些方面，并使之连贯。

特定的隐喻可能是突显和准确连贯组织经验的这些方面的唯一方法。

隐喻可以创造现实，尤其是社会现实。因此，隐喻可以成为未来行动的指南。当然，这样的行动会符合这一隐喻。反过来，这会使隐喻增强，进而使经验连贯。从这个意义上来看，隐喻会是自我实现的预言。

例如，面临能源危机时，总统吉米·卡特（Jimmy Carter）宣布进行"道义战争"。"战争"隐喻生成了一个蕴涵网络，有"敌人"，有"对国家安全构成的威胁"，因而需要"设定目标"、"重新考察优先序列"、"建立新的指挥链"、"策划新战略"、"收集情报"、"统领军队"、"实施制裁"、"号召人们做出牺牲"等。"战争"隐喻突显了某些现实，也掩盖了另一些现实，隐喻不仅仅是观察现实的一种方法，而且是进行政策变革、采取政治和经济行动的许可执照。接受这一隐喻就为某些推论提供了依据：当时美国面临国外敌对势力（漫画家在漫画中将其描绘成戴着头巾的阿拉伯人），能源问题必须优先考虑；民众必须做出牺牲；如果不应对这一威胁，我们将无法幸存下来。但这并不是当时唯一可用的隐喻，认识到这一点非常重要。

卡特的"战争"隐喻将我们目前的**"能源"**（ENERGY）概念视为当然，关注的是如何取得足够的能源。另一方面，艾默里·洛文斯（Amory Lovins, 1977 年）发现，有两种截然不同的方法或**"途径"**（PATHS）能给我们提供所需的能源，他以隐喻的方式将其描绘为"硬"途径和"软"途径。**"硬能源途径"**（HARD ENERGY PATH）是指不能改变、不能再生的能源，必须靠军事防御和地缘政治控制来捍卫，会对环境造成不可逆转的破坏，需要高投资、高技术、熟练工人的能源供应，包括化石燃料（天然气和石油）、核电站、煤气化。**"软能源途径"**（SOFT ENEGRY PATH）是指能改变、能再生的能源，无须军事防御和地缘政治控制来捍卫，不会对环境造成毁灭性破坏，只需要低投资、低技术、非熟练工人的能源供应，包括太阳能、风能、水能、生物乙醇，燃煤或其他易燃材料的流化床，以及目前很多其他可用能源。洛文斯的"软能源途径"隐喻突显了能源体系的技术、经济、社会政治结构，促使他得出这样的结论：煤、石油以及核能等硬能源途径导致政治冲突、经济困难、环境破坏。但吉米·卡特比艾默里·洛文斯更有权力。就像夏洛特·林德在私下交谈中所观察到的，无论是在国家政治，还是在日常互动中，有权有势的人将其隐喻强加于他人。

就像常规隐喻那样，新隐喻有能力定义现实，它们通过突显现实的某些特点、掩盖其他特点的这么一个蕴涵的连贯网络来定义现实。这一隐喻迫使我们只关注我们经验中它所突显的某些方面，接受这一隐喻，就会促使我们相信这一隐喻的蕴涵为真。当然，只是相对于这一隐喻所界定的现实，这些所谓的"真实"才是真实的。假设卡特宣布他的政府已经赢得了一场重大的能源战争，他的说法是真还是假？即使仅将你的注意力转向这一话题，也要求你至少接受这一隐喻的核心部分。如果你不接受存在外来敌人的说法，如果你认为没有外来威胁，如果你没有找出战场、目标，没有明确界定的竞争力量，那么客观真实或虚假的问题就不会出现。但是，如果你认为现实就是这一隐喻所界定的那样，也就是说，如果你把能源危机看成战争，那么你就能回答隐喻蕴涵是否跟现实相吻合这样的问题了。如果通过使用政治和经济制裁战略，卡特迫使石油输出国组织削减一半的价格，那么你会说他真的已经赢得了一场重大战争的胜利。另一方面，如果说他的策略仅仅取得了暂时性的价格冻结，你可能不那么肯定，也可能表示怀疑，他是否赢得了战争。

对于新隐喻来说，尽管会出现真假问题，但更重要的问题是采取哪些恰当措施。在大多数情况下，重要的不是隐喻是真实还是虚假的问题，而是伴随隐喻而来的认知与推理，以及隐喻所批准的行为。不仅在政治和恋爱中，而且在生活的各个方面，我们都用隐喻来界定现实，进而在隐喻基础上采取行动。我们进行推论，设定目标，做出承诺，实施计划，所有这些都以我们如何通过隐喻有意无意地组织我们的经验为基础。

第二十四章 真理

为什么对真理理论感兴趣?

正如我们所见，隐喻本质上就是概念问题，是我们主要的理解手段之一，在建构社会和政治现实中起到了主要作用。在哲学中，隐喻通常被视为"仅仅是语言"问题。在对隐喻的哲学讨论中，哲学家没有以它们的概念本质、它们对理解的帮助以及在文化现实中的作用为中心。相反，哲学家倾向于把隐喻看作是富于想象力和诗意的不同寻常的语言表达。他们讨论的焦点是语言表达是否为真。他们对真理的关注来自对客观现实的关注，即对于他们来说，真理意味着客观、绝对的真理。典型的哲学结论是：隐喻不能直接陈述真理，如果说能陈述真理，那只能是间接通过一些非隐喻的字面意思的解释。

尽管客观真理的存在一直是西方文化的主题，但我们不相信有什么客观（绝对及无条件的）真理。我们确信有真理，但真理不应跟客观主义观点绑在一起。我们认为，存在绝对客观真理的想法不仅错误，而且在社会和政治上是危险的。正如我们所见，真理在很大程度上总是与由隐喻界定的概念系统相关。大多数的隐喻是经过漫长岁月在我们的文化中发展起来的，但是也有很多是由有权有势的人强加给我们的，如政治领袖、宗教领袖、商界领袖、广告商、媒体等。在一个客观主义神话十分活跃，真理总是绝对真理的文化中，把隐喻强加在我们文化中的人在给我们界定什么是真理——绝对真理和客观真理。

正是出于这个原因，我们认为对真理做出不受客观主义神话影响（按其理论，真理总是绝对真理）的解释十分重要。因为我们把理解看作真理的基础，把隐喻看作主要的理解手段，我们认为只要解释清楚隐喻为什么是真实的这一问题，就能揭示出真理是如何依赖理解的。

日常生活中真理的重要性

我们的（自然和社会）行为基于我们认定的真理。从整体来看，真理与我们息息相关，因为它有存在价值，并且允许我们在世界中发挥作用。大多数我们所积累的（关于身体、交往的人，以及眼前的自然和社会环境的）真理在我们的日常运作中发挥着作用。它们是真理，如此明显，以至于要通过有意识的努力才能意识到：房子的前门在哪；什么能吃，什么不能吃；最近的加油站在哪；哪个商店卖你需要的东西；你的朋友是什么样的人；怎样会使他们受到侮辱；你负有什么责任。这些细微的例子显示出，在我们日常生活中发挥作用的庞大体量的真理的性质和范围是怎样的。

投射在真理中的作用

要获得真理并利用真理，我们就需要充分了解我们的世界。正如我们所看到的，有些理解是以源自我们直接经验范畴的形式投射出来的：方位范畴，例如"物体""物质""目的""起因"等概念。我们还注意到，当源自直接自然经验的范畴并不适用时，我们有时会把这些范畴投射到我们没有多少直接经验的物质世界的那些方面。例如，在情境中，我们把前后方向投射到并没有内在前后方向的物体。假如我们视野中有块中等大小的岩石，在岩石和我们中间有个球，假设距离是 30 厘米，我们将会感觉球在岩石的前面。对此，豪萨人却做出不同的投射，他们认为球是在岩石的后面。因此，前后方向并不是像岩石这样的事物的内在特性，而是我们投射上去的，而且不同文化中的投射方式也不同。依据我们不同的目的，我们可以将世间的事物设想成容器或者非容器。例如，我们可以把一片林中空地想象成一个"容器"，我们自己置身其中或之外。容器并不是树木稀疏的林中空地的内在特性，而是我们依据行事方式投射到其上面的。依据其他知觉和目的，我们可以把空地以外的森林部分视为另一个不同的容器，感觉自己就置身森林中。我们可以同步做这两件事，可以说"走出"（emerging from）森林，"进入"（into）空地。

同样，上下方向来自我们关于地面、地板和其他水平面的直接经验。通常，如果身体直立其上，我们就说我们在地上，在地板上，等等。我们也可以把上下方向投射到墙上。如果一只苍蝇的腿接触墙面，而头部不在墙上，我们可以想象苍蝇是站在墙上的，这同样适用于天花板上的苍蝇，我们会想象成苍蝇在天花板上而不是在天花板下。

我们也看到，我们将自然界中各种各样的事物感知为实体，经常对本没有明确边界和外表的实体赋予边界和外表。因此，我们把（设想为实体的）海湾上方、（设想为有"前—后"方向的实体的）山前面的雾想象成一个实体。通过这种投射，像"雾在山的前面"（The fog is in front of the mountain）这样的句子也许就为真。真理是相对于理解而言的，这在我们的日常生活中非常典型，这样一个句子中蕴含的真理，就是我们通过给事物投射方向和实体结构来了解世界的常规方式。

范畴化在真理中的作用

为了了解世界并在其中发挥作用，我们不得不对我们所遇到的事情和经验以对我们有意义的方式进行范畴化。考虑到我们身体的构造以及我们与他人交往、与自然环境和社会环境相互作用的性质，有些范畴直接源自我们的经验。正如我们在第十九章所讨论的"假枪"的例子，我们的物体范畴有其自然的维度：知觉维度（perceptual）——基于我们的感觉器官对物体的构想；肌动活动维度（motor activity）——基于物体之间的运动交互特性；功能维度（functional）——基于我们对物体功能的构想；目的维度（purposive）——基于特定情况下我们对物体的使用。我们对各种物体的分类是至少包含这些维度的完形，每一个自然维度都指明一种互动属性。同样，我们将事件、活动，以及其他经验范畴化时，也依据一些自然维度，比如我们在"对话"和"争论"的讨论中所看到的那样，其自然维度包括参与者、组成部分、阶段、线性序列、目的以及因果关系。

范畴化是通过突显某些特征，淡化或者掩盖其他特征来标识一种物体或经验类型的自然方法。每个维度都提供一些特征来加以突显。而突显某些特征必定会淡化或者掩盖其他特征，这是我们范畴化时经常会遇到的情况。专注一组特征转移了我们对其他特征的注意。例如，日常对事物进行描述时，我们以范畴化来关注切合我们目的的某些特征。每种描述都会突显、淡化和掩盖某些特征。例如：

I've invited a sexy blonde to our dinner party.
我邀请了一位性感的金发女郎来参加晚宴。

I've invited a renowned cellist to our dinner party.

我邀请了一位著名大提琴家来参加晚宴。

I've invited a Marxist to our dinner party.

我邀请了一位马克思主义者来参加晚宴。

I've invited a lesbian to our dinner party.

我邀请了一位女同性恋来参加晚宴。

　　尽管同一个人可能切合所有这些描述，但是每一种描述都突显了这个人的不同方面。当你把你知道的符合所有这些特征的一个人描述成"一位性感的金发女郎"时，你就是要淡化她是一位著名的大提琴家和马克思主义者的事实，以及掩盖她是同性恋的事实。

　　一般来说，我们所做的真实陈述是基于我们范畴化事物的方式，也就是基于这些范畴的自然维度所突显的特征。因为我们有理由聚焦某些特征，淡化其他特征，所以陈述时我们对范畴做出选择。因此，每一句真实陈述都必然忽略其中的范畴所淡化或掩盖的特性。

　　而且，由于范畴的自然的维度（知觉的，功能的，等等）来自与世界的互动，那么这些范畴所给出的特性就不是事物本身的特性，而是以人的知觉器官、功能概念等为基础的互动特性。因此，通常以人类的范畴所做的真实陈述，断言的并不是事物本身的特性，而只是相对于人类机能有意义的互动特性。

　　要做出真实的陈述，就必须对描述范畴做出选择，而这种选择跟我们在特定环境中的知觉和目的相关。假如你对我说："今晚有个讨论会，还需要四把椅子，你可以带来吗？"（We're having a discussion group over tonight, and I need four more chairs. Can you bring them?）我回答说"当然可以"（Sure），并拿出一把硬木椅子、一把摇椅、一把豆袋椅和一张厚垫子。我把椅子放在你的客厅，然后去厨房对你说："我把你要的四把椅子带来了。"（I brought the four chairs you wanted.）在这种情况下，我的陈述是正确的，因为我带来的这四把椅子适合非正式讨论。相反，在正式宴会上你让我带四把椅子，如果我带来以上四把椅子，说同样的话，你不会感激我，还会认为我的表达有误导性，是假的，因为厚垫子、豆袋椅和摇椅不适合在正式宴会中使用。

这表明我们的范畴不是以客观事物（例如，**"椅子"**［CHAIR］）本身所固有的特性来严格划分的。怎样才算属于一个范畴，取决于使用范畴的目的。这与我们在前面章节讨论"定义"时提出的观点一样：范畴是以人类理解为目的，通过原型或者跟原型的家族相似性来界定的。这种范畴不是一成不变的，而是可以根据我们的目的和其他情境因素来收缩、扩大或是调整。一个陈述是否真实，取决于陈述中所使用的范畴是否合适，因此，陈述的真理是相对于特定情境下为特定目的来理解范畴的方式而言的。

总的来说，有许多著名的例子表明，脱离了人的目的，句子是没有真假的。例如：

France is hexagonal.
法国是六边形。

Missouri is a parallelogram.
密苏里州是平行四边形。

The earth is a sphere.
地球是个球体。

Italy is boot-shaped.
意大利呈靴子型。

An atom is a tiny solar system with the nucleus at the center and electrons whirling around it.

原子是中心有核、周围有电子飞速旋转的微型太阳系。

Light consists of particles.

光线由粒子组成。

Light consists of waves.

光由波组成。

就某些特定目的，在某些特定情境中，从某些特定方面来说，上面每个句子都为真。对一个画草图的学童而非专业制图者来说，"法国是六边形"和"密苏里州是平行四边形"都是真的。对于我们大多数人来说，"地球是个球体"是真的，但对于精确测量卫星轨道而言却不是。自1914 年以来，任何自重的物理学家都不再相信原子是个微型太阳系，但是，相对于我们的日常运作和对物理和数学的总体熟练水平，对于我们大多数人来说，这个表达为真。"光线由粒子组成"似乎与"光由波组成"互相矛盾，但是相对于通过不同的实验所分辨出的光的不同方面而言，两个表达对于物理学家来说都为真。

以上这些例子表明，真理在以下四个方面取决于范畴化：

1. 一个陈述只有相对于某一种理解时才为真。

2. 理解通常会涉及人类的范畴化，这种范畴化是互动特性（而非固有特性）以及源于经验的维度在发挥作用。

3. 为真的陈述与陈述中的范畴所突显的特征有关。（例如，"光由波组成"突显了光的波形特征，掩盖了微粒状特征。）

4. 范畴既不是固定的，也不是统一的，而是通过原型或与原型的家族相似性来界定的。出于不同目的，在不同情境中可以进行调整。陈述的真假取决于陈述中采用的范畴是否合适，又随着不同目的和情境而相应变化。

如何认定一个简单的句子为真？

要认定一个句子为真，首先必须理解这个句子。我们来看看对简单句"雾在山的前面"和"约翰向哈利开枪"（John fired the gun at Harry）的理解。这样的句子通常是作为某类话语的一部分说出来的，在话语情境中理解它们，涉及一些不寻常的难题，出于我们的目的，在这里必须将其忽略。然而，即使忽略了话语情境的某些复杂性，对这类句子的理解仍然涉及许多问题。理解"雾在山的前面"这一表达为真也是如此。正如我们前面所看到的，通过投射，我们将"雾"和"山"视为实体，同时我们必须给山赋予前后方向——这个方向的赋予与人的观察有关，因文化不同而不同，不是山本身固有的属性。相对于我们的目的，我们必须能确定我们认为是"雾"的事物几乎是位于我们和"山"之间，离山很近，不在山的侧面和上面，等等。对于世界的投射有三个，再加上一些实用的决定，相对于我们的感知和目的，以确定"在……前面"（in front of）的关系是否比其他可能的关系更为适当。因此，认为"雾在山的前面"为真，不仅需要挑选出世上已有的明确界定的实体（雾和山），而且还要判断这些明确界定的实体之间是否存在某种（不依赖于观察者的）内在关系。相反，这是出于特定目的，人在进行投射和判断。

"约翰向哈利开枪"这个句子还提出了其他问题，比较明显的是挑选出名叫"约翰"和"哈利"的人，挑选出吻合"枪"这一范畴的事物，理解"开枪"和"向某人开枪"是怎么回事等。但我们不是在真空中理解这样的句子。我们基于某些更广泛的经验类别来理解它们，例如射杀或吓唬某人，表演马戏，在戏剧、电影或笑话中假装做这些事情。"开枪"可以是上面任何一种，哪种适合，取决于情境。从经验的小范畴来看，"开枪"最典型的就是**"射杀某人"**（SHOOTING SOMEONE），因此吓唬某人或表演马戏有许多独特的方式，但"射杀某人"只有一种常规法。

因此，在此例中，我们可以把"射杀某人"看作大致具备下列维度的经验完形：

参与者：约翰（射击者）、哈利（射击对象）、枪（工具）、子弹（工具、投射物）

组成部分：将枪瞄准目标

开枪

子弹击中目标

目标受伤

阶段：前提阶段：射击者给枪装填子弹

开始阶段：射击者用枪瞄准目标

中间阶段：射击者开枪

后期阶段：子弹击中目标

最后阶段：目标受伤

因果关系：开始和中间阶段引起后期阶段

中间和后期阶段导致最终的状态

目的：目标：最终状态

计划：满足前提条件，执行开始和中间阶段的任务

句子"约翰向哈利开枪"引出了这种典型形式的"射杀某人"完形。在其他情境中，同样可能会唤起其他复杂的经验完形（例如，**"表演马**

戏"〔PERFORMING A CIRCUS ACT〕）。但实际上，没有特定自然范畴
（如目标、阶段等）完形的召唤，就理解不了这个句子。无论唤起哪种经
验完形，我们理解的都比句子直接给出的多。从我们的文化经验范畴来
说，每种完形都为理解句子提供一种有意义的背景。

除了句子唤起的经验范畴，我们也依据富含信息的原型来对**"开
火"**（FIRING）和"枪"进行范畴化。除非情境迫使我们做出另外的解
读，否则对我们来说，"枪"就是指原型枪，有原型的感知、运动、功能
和目的特性。除非情境做出别的指定，否则不会唤起雨伞枪或手提箱枪
的概念，开枪的运动程序就是水平举枪，扣动扳机开火，这就是跟"开
火"和"枪"都吻合的正常运动程序。除非情境被操控，否则我们是不
会想到，这个扳机是通过一根线系在门把手上的鲁布·戈德堡（Rube
Goldberg）连锁机械装置。

我们是依据这些完形相互吻合的方式来理解句子的，包括"较小"
完形（"枪""开火""瞄准"等）和"较大"完形（"射杀某人"或"表
演马戏"）。只有基于这种理解，才会出现真实与否的问题。只有据此对
句子的理解足够接近对已发生事件的理解时，真实与否才是直截了当的。
但是当我们对句子的正常理解与事件的理解不一致时，会发生什么事
呢？例如，约翰利用鲁布·戈德堡装置，架起枪，瞄准哈利某个时间将
要经过的一个地方，然后在扳机上系上一条线。让我们来看两个例子：

A. John's scratching his ear causes the gun to fire at Harry.
例句 A. 约翰挠耳朵导致枪向哈利开火。

B. Harry's opening the door causes the gun to fire at Harry.
例句 B. 哈利开门导致枪向哈利开火。

　　在例句 A 中，约翰的行为对开火负责，但在例句 B 中，哈利的行为对开火负责。这就使 A 比 B 更符合我们对句子的正常理解。因此，如果非要下结论的话，我们可能愿意说 A 是"约翰向哈利开枪"的真实例子。例子 B 与我们对"开枪"的原型理解相差太远，以至于我们可能不愿意说这是"约翰向哈利开枪"的真实例子。我们也不会说这是绝对错误的，因为约翰应该对射击负主要责任。相反，我们还想做出解释，而不仅仅回答是"真"或者是"假"。当与原型产生某种偏差，我们对事件的理解不符合对句子的正常理解时，情况通常就是如此。

　　本节内容，小结如下：

1. 理解一个句子在特定情况下是否为真，需要理解该句子及其情境。

2. 当对句子的理解与对情境的理解紧密吻合时，我们认为句子为真。

3. 要理解与我们所理解的句子相吻合的某一情境，就需要：

　　a. 对没有内在方向的事物赋予方向（如把山看成有前后方向）；

　　b. 对没有明确界限的事物（如雾、山）赋予实体结构；

　　c. 提供一个使句子有意义的背景，即唤起一个经验完形（如射杀某人、表演马戏），根据完形对情境进行理解；

　　d. 根据其原型所界定的范畴（如枪、开火）"正常"理解句子，尝试根据同样的范畴理解情境。

怎样理解一个常规隐喻为真？

我们已经看到，理解一个（不含隐喻的）简单句子为真会涉及哪些内容。现在，我们想表明，添加常规隐喻后也改变不了什么。我们以基本相同的方式，认为它们为真。以句子"通货膨胀已经上升了"（Inflation has gone up）为例。理解这句话可能为真的情境涉及两种投射。我们必须挑选一些通货膨胀的例子，并将其视为一个可以量化，进而可以增加的物质。此外，必须赋予增加以向上的方向。这两个投射组成了两种常规隐喻："通货膨胀是物质"（本体隐喻）和"更多为上"（方位隐喻）。这个例子中对情境的投射与前面提到的"雾在山的前面"的投射有个主要差异。就"雾"而言，我们通过可以更清晰描绘的自然界事物——有界限的物质实体模型——理解自然界的事物（雾）。就"前面"而言，我们以其他物体的方向——我们身体的方向——理解山的方向。在这两个例子中，我们是根据同是自然物体的别的物体来理解一个自然物体的。换句话说，我们是根据同类事物来理解事物的。但是在常规隐喻中，我们是根据不同类别的事物来理解的。例如，在句子"通货膨胀已经上升了"中，我们对（抽象的）"通货膨胀"的理解是根据实物，而且，对（同样抽象的）通货膨胀增加的理解也是依据物理方向（上升）。唯一的区别在于我们的投射涉及的是同类事物还是不同类事物。

认为像"通货膨胀已经上升了"这样的句子为真，要做到以下几点：

1. 通过两个方面的隐喻投射来理解情境：
    a.（通过本体隐喻）把通货膨胀看作物质。
    b.（通过方位隐喻）把更多看成向上的方向。
2. 根据两个相同的隐喻理解句子。

3.这使得我们把对句子的理解和情境的理解吻合起来。

因此，依据隐喻投射和非隐喻投射来理解何为真，并没有什么本质区别。唯一区别就是隐喻投射涉及的是从另一类别的事物来理解某个类别事物。即隐喻投射涉及两类不同的事物，非隐喻投射涉及的是同一类事物。

这同样适合于结构隐喻。以"约翰在争论中捍卫了自己的立场"（John defended his position in the argument）为例。正如我们前面所看到的，通过"争论是战争"隐喻，争论的经验部分以"战争"完形为依据来建构。因为争论是隐喻类的经验，由常规隐喻"争论是战争"建构，因而得出结论：争论发生的情境可能是在这些隐喻条件下得到理解的。理解争论的情境同时涉及依据"对话"完形和"战争"完形。如果我们对情境的理解达到这种状态，即对话部分跟"战争"完形中一次成功的防守相吻合，那么对句子的理解将会吻合对该情境的理解，这时我们就认为这个句子为真。

在隐喻和非隐喻的例子中，要解释如何认识真理，取决于我们要如何解释我们对情境的理解。考虑到隐喻在本质上是概念问题，而非仅仅是语言问题，那么人们自然就以隐喻方式来概念化情境。因为可以用隐喻方式来概念化情境，所以包含隐喻的句子与我们概念化的情境相吻合是可能的。

我们怎样认为新隐喻为真？

我们已经看到，跟非隐喻句子一样，常规隐喻同样跟我们对真理的解释相吻合。在这两种情况中，某一特定情境下，理解一个句子为真，牵涉到将句子的理解跟情境的理解相吻合。因为对情境的理解涉及常规隐喻，所以含有常规隐喻的句子没有对我们对真理的解释造成什么特别的问题。这表明对新的或者非传统的隐喻而言，我们对真理的解释应该同样有效。

为了理解这一点，我们来看两个相关的常规隐喻和非常规隐喻：

Tell me the *story of your life*.（conventional）

给我讲讲你的人生故事吧。（常规隐喻）

Life's...a tale told by an idiot, full of sound and fury, signifying nothing.（nonconventional）

人生是……一部白痴叙述的故事，充满了喧哗与骚动，却毫无意义。（非常规隐喻）

我们从"给我讲讲你的人生故事吧"这个句子入手，它包含常规隐喻**"人生是一个故事"**（LIFE IS A STORY），这一隐喻根植于我们的文化。这一隐喻认为，人生结构就像故事结构一样，整个传记和自传传统都以这个假设为基础。假如有人让你谈谈你的人生，你该怎么做？你会从早期的生活开始，一直到现在，组织一个连贯的叙述。通常叙述会包含以下特征：

参与者：你和其他在你的生活中"扮演某一角色"的人

组成部分：背景、重要的事实、情节、重要的状态（包括现状和一些原始状况）

阶段：前提阶段：开始的背景

　　　开始阶段：同一时间背景中各情节发生前的原始状态

　　　中间阶段：以连续时间为顺序的若干情节和重大状态

　　　最后阶段：现在的状态

　　序列：连续情节和状态中的若干时间和（或）因果关系

　　因果关系：各个情节和状态之间若干因果关系

　　目的：目标：理想状态（可能在未来）

　　计划：你所启动的一系列情节，这些情节与目标有因果关系

　　或者：使你处于一个重要状态的一个事件或一系列事件，以便你通过一系列的自然阶段达到目的。

这是一个典型经验完形的极简版本，把人生看作一个故事，使其具有连贯性。我们已经省略了若干复杂的东西，例如，每个情节本身可能就是一个具有相似结构的连贯的次级叙述。不是所有的人生故事都包含所有这些结构维度。

请注意，以连贯的人生故事来理解人生，涉及突显某些参与者和组成部分（情节和状态），忽略或掩盖另一些，涉及从组成部分之间的阶段、因果关系来看待人生。计划意味着实现一个或一组目标。通常，人生故事将一个连贯结构赋予被突显的人生元素。

假如你讲了这样一个故事，然后说“这就是我的人生”（That is the story of my life）。如果你把突显的参与者和事件看得非常重大，认为它们以叙事结构所规定的方式连贯地吻合在一起，那么你认为你说的为真将是合乎情理的。这个例子中的真实问题是，叙述的连贯性是否与你人生中所看到的连贯性相匹配。正是你在人生中所看到的这种连贯性，使你的人生富有意义且十分重要。

现在，我们以句子“人生是……一部白痴叙述的故事，充满了喧哗与骚动，却毫无意义”为例来看看怎样理解非常规隐喻。这个非常规隐

喻唤起了"人生是一个故事"这一常规隐喻。白痴讲故事的最显著特征是不连贯。开始时好像有连贯性，有阶段、因果关系和总体意图，但突然会不断转变，使得你一路听下去，却一点连贯性也找不到，而且从整体上看也没有连贯性。对我们来说，这种人生故事就没有连贯结构，因此无法为我们的人生提供意义，也没有办法将人生的某些事件突显为重要事情，即服务于目的，与其他重要的事情产生因果关系，符合阶段等。在一个被我们视为故事的人生中，"充满了喧哗与骚动"的情节，代表狂乱、痛苦挣扎或者可能是暴力的时期。在一个典型的人生故事中，这样的事件会被看作是十分严重的，或创伤性的，或宣泄性的，或灾难性的，或高潮性的事件。但修饰语"毫无意义"否定了所有可能的重要性，相反，它暗示这些情节不能根据连贯整体中的因果关系、目的或可识别阶段来看待。

事实上，如果我们以这样的方式看待自己和他人的人生，我们将把隐喻当作事实。我们通常根据"人生是一个故事"的隐喻来理解我们的人生经验，这使我们中的许多人能够把这个隐喻看作真。我们通过不断找出吻合某种连贯人生故事的连贯性，来寻找人生的意义。而且，我们不断讲述这样的人生故事，并据此生活。当生活环境发生变化时，我们不断修改人生故事，寻找新的连贯性。

"人生是……一部白痴叙述的故事"（LIFE'S... A TALE TOLD BY AN IDIOT）这一隐喻很适合这样一些人的生活：生活环境变化如此彻底、迅速、始料不及，以至于对于他们来说，不可能有连贯的人生故事。

尽管我们知道，这些新的、非传统的隐喻会吻合我们对真理的总体阐释，但我们仍要强调，真理问题是隐喻研究中出现的最不相关、最无趣的问题之一。"人生是……一部白痴叙述的故事"这一隐喻的真正意义在于，在我们试图理解它怎么为真时，它让我们可能对人生有一种新的理解。它突显了这样一个事实：抱着我们的人生能够与一个连贯的人生故事相吻合的期待，我们一直在努力，但是，当生活中那些充满喧哗与骚动的最显著的经历并不跟任何连贯整体相吻合，因而人生变得毫无意义时，这种期望不断受挫。通常，在建构人生故事时，我们忽略了许多极其重要的经历，只是为了能找出连贯性。"人生是……一部白痴叙述的故事"这个隐喻的作用就是唤起"生活是一个故事"的隐喻，这就是抱着将那些重要的情节构成一个连贯整体的期待来生活，这样的一个连贯整体就是一个健全的人生故事。这一隐喻的作用就是唤起人们的这种期望，并指出在现实中期望可能会不断受挫。

理解情境：小结

在这一章中，我们一直在谈论真理的经验阐释要素。我们的阐释以理解为基础。这一理论的核心是我们对何为理解情境所做的分析。

下面是到目前为止，对这一问题所做探讨的一个小结。

直接理解

我们对许多事物的理解直接源于直接物理接触，这种接触是我们切近环境不可分割的一部分。

实体结构（entity structure）：我们将自己视为一个有边界的实体，直接感受某些我们能直接接触到的同样有边界的实体。

方位结构（orientational structure）：我们认为自己以及其他事物有相对于我们所在环境的某种方向（上—下、里—外、前—后、来—去，等等）。

经验维度（dimension of experience）：在大多数时间里，我们依据一些经验维度与其他人和物，或者与我们的自然和文化环境直接互动。我们对直接遇到的实体进行范畴化，并依据这些范畴将我们的直接经验范畴化。

经验完形（experiential gestalt）：我们的对象与实体范畴至少包括下列维度的完形：知觉、肌动活动、部分/整体、功能、目的。而我们的直接行为、活动、事件、经验范畴则是至少包括以下维度的完形：参与者、组成部分、肌动活动、感知能力、阶段、线性顺序、因果关系、目的（行动的目标/计划、事件的最终状态）。这些构成了我们直接经验的自然维度。在各种直接经验中，不是每一种维度都发挥作用，但一般来说，大多数维度还是会起这样或那样的作用。

背景（background）：一般来说，经验完形是作为一个背景，以便我们把经历的事情理解为完形的一个方面。因此，在完形中，一个人或物可能被理解为完形中的一个参与者，一项活动被理解为完形的一个组成部分。一种完形可能预设着另一种完形的存在，反过来，这另一种完形又可能预设着其他完形的存在，依此类推。其结果就是我们拥有了完全理解任何一个情境所必需的十分丰富的背景结构。大多数的背景结构是预设在我们诸多日常活动和经验中的，因此不被我们注意到。

突显（highlighting）：将情境作为一个经验完形的实例来理解，涉及挑选出与该完形的维度相吻合的情境要素，例如，挑选出经验中的某些方面作为完形中的参与者、组成部分、阶段等。这样就突显了情境的这些方面，淡化或掩盖了情境中与该完形不吻合的其他方面。

互动属性（Interactional property）：我们直接经历的物体和事件的性质是我们与它们在所处环境中互动的产物。也就是说，它们不是物体或经验的固有属性，而是互动属性。

原型（prototype）：每个范畴都是依据原型建构的。事物根据其与原型的家族相似性被算作该范畴的成员。

间接理解

直接经验中，界定相当明确的情境的方方面面是如何被理解的？对这一问题，我们刚刚进行了描述。但同时我们也看到，在这一过程中，经验的许多方面不能依据自然发生的经验维度来明确界定。人类情感、抽象概念、心理活动、时间、工作、制度、社会实践等尤其如此，甚至那些没有内在边界和方向的物体亦是如此。尽管它们也可以被直接体验，但无一能凭借其自身被完全理解。相反，我们必须凭借其他实体或经验，尤其是其他类别的实体或经验来理解它们。

正如我们所看到的，如果我们要理解"雾在山的前面"这种情境，我们就要把雾和山看作实体，而且要给山赋予前后方向。这种投射内建于我们的感知系统。我们把雾和山理解成实体，山有前方，雾在山的前面。对山的前后方向的感知显然是互动属性，就像将雾和山视为实体。这就是间接理解的例子。在这个例子中，我们是依据其他明确界定的自然现象来理解这一自然现象的。

间接理解时，我们就是在利用直接理解的资源。在雾与山的例子中，我们利用的是实体结构和方向结构。在这个例子中，我们处于单一的域中，即物体的域。但是，大多数间接理解涉及依据一类实体或经验来理解另一类实体或经验，即通过隐喻。正如我们所看到的，在直接理解中用到的所有资源都通过隐喻来服务于间接理解。

　　　实体结构：实体和物质结构是通过本体隐喻被施加的。
　　　方位结构：方位结构是通过方位隐喻被施加的。
　　　经验维度：结构隐喻涉及依据一类事物或经验来建构另一类，但两类事物或经验使用的都是相同的自然经验维度。（例如，组成部分、阶段、目的等。）

经验完形：结构隐喻涉及把完形结构的一部分加诸另一个完形结构。

背景：和在非隐喻理解中一样，经验完形在隐喻理解中起到一个背景的作用。

突显：隐喻突显采用与非隐喻完形相同的工作机制。也就是说，通过隐喻加诸情境的经验完形，挑选出与完形的维度相吻合的情境要素，即参与者、组成成分、阶段等。这些也是隐喻所突显的，没有突显的则被淡化或掩盖。

因为新隐喻突显的东西通常不是我们正常概念结构所突显的，所以这些就成为突显最显著的例子。

互动属性：经验的所有维度本质上都是互动性的，所有的经验完形都涉及互动属性。隐喻和非隐喻概念中皆是如此。

原型：隐喻和非隐喻范畴都是依据原型建构的。

真理以理解为基础

我们已经看到，在情境的直接即时理解中发挥作用的概念系统的八个方面，在间接理解中同样起到类似作用。不管我们从隐喻还是非隐喻角度理解情境，正常概念系统的这些方面都被使用到了。正是因为我们是依据概念系统来理解情境的，才能将一个运用了该概念系统的陈述理解为真，即它与我们所理解的情境相吻合或不相吻合。因而真理是概念系统的一种功能。正因为我们的许多概念本质上是隐喻性的，同时也因为我们是依据那些概念来理解情境的，所以隐喻才可以为真或为假。

真理的经验主义阐释的本质

当就我们的目标来说，我们对一个陈述的理解与我们对一个情境的理解高度吻合时，我们认为在该情境下这一陈述为真。

这是经验主义真理论的基础，它具有以下特征。

第一，我们的理论与符应论（correspondence theory）有相同的要素。根据最基本的符应论，陈述具有客观意义，这种客观意义指定该陈述为真的条件。真理由一个陈述和世界上的一些事态之间的吻合（或符应）组成。

我们反对这样一个简单的说法，主要是因为它忽视了真理是以理解为基础的。从以下意义来说，我们正在提出的经验主义观点就是一种符应论：

> 真理论就是一个关于在特定情境中认为一个陈述为真或为假究竟是什么意思的理论。
>
> 我们所说的话和一些世间事态之间的符应总是通过我们对陈述和事态的理解来调和的。当然，我们对情境的理解来自我们与情境的互动。但我们可以对世界做出为真（或为假）的陈述，是因为对陈述的理解可能吻合（或不吻合）我们对做出该陈述的情境的理解。
>
> 因为我们是依据概念系统来理解情境和陈述的，所以对我们来说，真理总是与概念系统相关。同样，因为理解总是不完全的，所以就不能获得"全部真理"或对现实的明确解释。

第二，理解一件事情需要依据概念系统，将其吻合到一个连贯的图式中。因此，在一定程度上，真理将总是依赖于连贯性。这就为我们提供了"连贯论"（coherence theory）的要素。

第三，理解也需要一个经验基础。从经验主义者的观点来说，概念系统来源于我们在自然和文化环境中不断成功的运作。我们的经验范畴以及建构这些范畴的维度不仅来自经验，而且通过不断成功的运作被我们文化的所有成员不断进行验证。这给我们提供了实效论（pragmatic theory）的要素。

第四，经验主义真理论与古典现实主义有一些共同要素，但不包括古典现实主义所坚持的绝对真理。相反，它假定以下情况：

> 自然界是这个样子。文化是这个样子。人也是这个样子。
>
> 人们在自然环境和文化环境中成功互动。人们不断与真实世界互动。
>
> 人类范畴化受到现实的制约，因为它就是以经过自然和文化互动不断检验的经验的自然维度为特征的。
>
> 古典现实主义专注于自然现实，而不是文化和个人现实。但是，社会、政治、经济和宗教机构以及在其中发挥作用的人类跟树木、桌子或岩石一样真实。因为我们对真理的解释应对的是社会现实、个人现实及自然现实，所以我们的解释可以被视为是扩展现实主义传统的尝试。
>
> 经验主义理论与古典客观现实主义有下列根本不同：人类的概念对应的不是事物固有属性，而是互动属性。这是很自然的，因为概念的本质可以是隐喻性的，并且可因文化不同而不同。

第五，那些跟我们有着完全不同的概念系统的人，理解世界的方式与我们截然不同。因此，他们拥有与我们不同的真理和现实标准。

从这个描述中可以明显看出，我们对真理没有全新的解释。它包括一些现象学传统的主要见解，例如，抛弃认识论的基础主义，强调经验建构中身体的中心地位以及该建构在理解中的重要性。我们的观点也符合维特根斯坦后期哲学的一些关键元素：范畴的家族相似性，摒弃意义的图像理论，摒弃意义组块理论，以及强调意义是相对于语境和个人概念系统而言的。

"客观真理"理论中的人类理解因素

以理解为基础的真理理论显然不是一个"纯粹的客观理论"。我们不相信世界上有绝对真理。我们认为试图提出一种绝对真理理论的做法是毫无意义的。然而，西方哲学认为可能存在绝对真理并着手给出解释。对于这个问题，我们想指出，当代最显著的那些解决途径是如何在人类理解的方方面面建立起来的，而西方哲学家却声称理解的这些方面被排除在外。

最明显的一个例子就是模型论方案（model-theoretic approaches）对真理的解释，例如，在克里普克和蒙塔古理论中所做的那样。模型是由一个被视为一组实体的论域（universe of discourse）构建而成。依据这组实体，我们可以界定世界状态。在这种状态中，实体的所有特性以及实体间的关系都被规定。这些理论假定世界状态这一概念足够通用，适用于任何可能的情境，包括真实世界。在这样的一个体系中，像"雾在山的前面"这样的句子不会造成任何问题，因为雾和山都有实体对应物，有"在……前面"这种关系把两种实体联系起来。但脱离了人类的理解，这种模型不能与世界本身对等。因为世界上没有明确界定的实体与山和雾相对应，而且"前面"不是山所固有的属性。这种实体结构和前后方向是通过人的理解强加上去的。以这种模型论方案解释"雾在山的前面"的任何尝试都不会是对客观、绝对真理的解释，因为这里涉及把人类的理解要素建构到这一模型中去。

那些试图提出满足经典塔斯基（Tarski）真理定义限制条件的真理理论之努力同样不会是对客观、绝对真理的解释：

> "S" is true if and only if S...
> "S" 为真，当且仅当 S……

或更多的最新版本，例如，

> "S" is true if and only if P（where P is a statement in some universally applicable logical language）.
> "S" 为真，当且仅当 P（在一些普遍适用的逻辑语言中，P 是个陈述）。

这些理论的原型，如下面这个例子：

> "Snow is white" is true if and only if snow is white.
> "雪是白色的"为真，当且仅当雪是白色的。

似乎有道理，因为人们有理由认为这句话有这样的意义，即雪可以客观辨认，以及雪固有的颜色是白色。但是下面这句又如何呢?

> "The fog is in front of the mountain" is true if and only if the fog is in front of the mountain.
> "雾在山的前面"为真，当且仅当雾在山的前面。

因为自然界中并不包含清晰可辨的实体这团"雾"和这座"山"，而且山本身没有"前面"这样的属性，所以只有当人理解了山的前面是什么意思，以及对雾和山做出某种界限划分后，这个理论才管用。而且让这一问题更为复杂的是，并非所有人类都以一致的方式将"正面"的概念投射到山脉。因此我们必须将人类理解的一些因素纳入其中，才能使真理的定义得以成立。

我们依据理解对真理做出的阐释与脱离人类理解对真理做出解释的

标准方案之间还有一个重要区别。对于真理的不同解释导致对意义的不同解释。对于我们来说，意义取决于理解。没有理解句子，这个句子对于我们来说就毫无意义。而且，意义总是相对于某个人的意义。脱离了人，就压根儿没有了句子本身的意义这么一回事。我们探讨句子意义的时候，说的是这个句子对某个人的意义，或是一个真实的人，或是言语社区里一个假定的典型成员。

　　在这一点上，我们的理论完全不同于标准意义理论。标准意义理论认为，完全可能抛开人类理解，来对真理本身做出解释，其意义理论基于这样的真理理论。而我们认为这样的方案是不可能的，我们认为唯一的解决办法就是把意义理论和真理理论建立在理解理论之上。在这样的解释方案中，隐喻发挥主要作用，不管是常规还是非常规隐喻。隐喻基本上是理解的手段，与客观现实——如果有客观现实的话——没有多少关系。我们的概念系统本身就是隐喻性的；我们以隐喻来理解世界，来思考，来行动；隐喻不仅可以被理解，而且可以有意义，可以为真。这些都表明对意义和真理的充分解释只能建立在理解之上。

第二十五章　客观主义和主观主义的神话

我们文化提供的选择

前面我们已经解释了真理是如何以理解为基础的。我们提出：真理与概念系统有关，任何人类概念系统在本质上通常都是隐喻性的，因此，没有完全客观、无条件、绝对的真理。对于许多在科学文化或其他将绝对真理视为理所当然的亚文化中成长起来的人来说，我们的观点就是向主观性和任意性投降，向那种"任意解释词语含义的观点"（Humpty-Dumpty notion*）投降——这种观念认为事物的意义就是"我选择它来表达的意义，不多也不少"。基于同样的理由，那些认同浪漫主义传统的人会把任何对客观主义的胜利看作是想象对科学的胜利，是每个人都摆脱约束、创造自己的现实这一观点的胜利。

这些观点都是误解，这些误解基于一个错误的文化假设，即客观主

---

* "Humpty-Dumpty notion"是一个短语，源自刘易斯·卡罗尔（Lewis Carroll）的小说《爱丽丝梦游仙境》（*Alice's Adventures in Wonderland*）。它指的是一种自我任意定义词语含义的观念，即将词语的含义随意解释或改变，不受传统语言用法或共识约束。汉普蒂·邓普蒂（Humpty Dumpty）是小说中的一个角色，他声称可以随意改变单词的含义。他说："当我使用一个词时，它就意味着我选择的意思，不多不少。"这种任意解释词语含义的观点被称为"Humpty-Dumpty notion"。——译者注

义的唯一替代品是激进的主观主义，也就是说，你要么相信绝对真理，要么依据自己的意象建构世界。你如果不是客观的，那么就是主观的，没有第三种选择。我们认为我们提供了客观主义和主观主义神话之外的第三种选择。

顺便提一句，我们使用"神话"（myth）这一术语并没有贬义。神话给我们提供了理解经验的方法，使我们的生活井然有序。像隐喻一样，神话是我们理解周围发生的事情所必需的。所有文化都有神话，人们不能没有隐喻，同样也不能没有神话。正如我们常把我们文化中的隐喻看作真理一样，我们也常把我们文化中的神话当作真理。客观主义神话尤其具有欺骗性。它不仅声称自己不是神话，而且使神话和隐喻成为被轻视和嘲讽的对象：根据客观主义神话，神话和隐喻不能当真，因为它们不是客观真实的。我们将看到，客观主义神话本身就不是客观真实的，但这并没有使它被轻视或嘲讽。客观主义神话是在这个文化中的每一个成员日常运作的一部分，需要审查和理解。我们认为它需要补充，但不是通过其对立面主观主义神话，而是通过一种新的经验主义神话，这种神话更符合经验事实。为了清楚了解经验主义神话是什么样的，我们首先要详细审视客观主义神话和主观主义神话。

客观主义神话

客观主义神话认为：

1. 世界由客体组成。客体有不依赖于任何人和任何其他生物的体验的属性。以岩石为例，它是一个分离的坚硬客体。即使宇宙中没有人或其他生物存在，它仍是一个分离的坚硬客体。

2. 通过体验世界中的客体和了解客体的属性以及客体之间是如何相

互关联的，我们获得关于这个世界的知识。例如，通过观察、抚摸、移动岩石等，我们发现岩石是一个分离的客体。通过触摸、挤压、踩踢、撞击软的东西等，我们发现岩石坚硬。

3. 我们依据范畴和概念了解世界中的客体，这些范畴和概念对应于客体本身（固有）的属性和客体之间的关系。因此，我们有了"岩石"这个词，它与"岩石"这个概念对应。拿到一块岩石，我们就能分辨出它属于"岩石"这个范畴，而一架钢琴、一棵树或一只老虎则不属于这个范畴。岩石有独立于任何生物的内在属性：固体、坚硬、密度大，存在于自然界中，等等。我们依据这些属性来理解"岩石"是什么。

4. 存在客观现实。我们可以说事情客观、绝对、无条件为真或为假。但由于受到人为错误的支配，即幻想、错误感觉、错误判断、情感、个人和社会偏见等，因而我们不能依赖个人的主观判断。科学为我们提供了方法论，让我们能超越主观认识的局限，来获得普遍有效、对事物不带偏见的理解。科学最终会给我们提供一个关于现实的正确、确定、普遍的解释，并通过其方法论，不断朝这一目标前进。

5. 词语有固定的意思。也就是说，语言表达我们赖以思维的概念和范畴。为了正确描绘现实，我们需要与现实吻合的意义明晰精确的词语。这些词语或是自然出现的，或是科学理论中的科技术语。

6. 人能够做到客观，也可以客观地说话，但要做到这一点，他们所使用的语言必须是明晰且精确界定的，必须是直截了当的，必须是吻合现实的。只有以这种方式说话，人们才能就外部世界进行精确交流，才能做出可以判断客观真伪的陈述。

7. 在客观表达中，人们总是能够避免使用隐喻和其他诗意、新奇、修辞或比喻类的语言，而且也应该避免，因为它们意思不清楚、不精确，不能以任何明显方式与现实相吻合。

8. 一般来说，客观是好事。只有客观知识才是真正的知识。只有从客观的、无条件的视角才能真正了解我们自己，了解他人，了解外部世界。客观性允许我们超越个人偏见和偏好，公平公正地看待世界。

9. 观就是理性，主观就是非理性，屈从于情感。

10. 主观可能很危险，它会导致脱离现实。主观可能不公平，因为它是个人观点，因而会带有偏见。主观是自我放纵，因为它夸大了个人的作用。

主观主义神话

主观主义神话认为：

1. 在大多数日常实践活动中，我们依靠感觉，培养我们信赖的直觉。面对重大问题时，我们以自己的感觉和直觉指导行动，而不管别人怎么说。

2. 我们的感受、审美情感、道德实践和思想意识是生活中最重要的东西，它们是纯粹主观的，无一是纯粹理性或客观的。

3. 艺术与诗歌超越了理性和客观，使我们接触到更重要的情感和直觉现实，而这是通过想象，而非通过理性。

4. 想象的语言，尤其是隐喻，是表达经验中最具个人意义的独特方面所必需的。就个人理解而言，词语的普遍认同的意义却做不到这一点。

5. 客观可能是危险的，它错过了对于个人来说最重要、最有意义的东西。客观可能不公平，它无视我们经验中最相关的领域，而看重抽象、普遍、与个人无关的领域。基于同样的原因，客观也是无情的。并没有什么客观、理性的途径来获得感受、审美情感等。涉及生活中最重要的东西时，科学没有任何用处。

对隐喻的恐惧

客观主义和主观主义互相依存，都把对方当作对手，以反对对方来定义自己。客观主义与科学真理、理性、精确、公平和公正处于同一阵营，而主观主义与情感、直觉洞察力、想象、人道、艺术以及"更高"真理处于同一阵营。主观主义和客观主义都是各自领域的主宰，认为自己比对方要好，虽处在不同领域，却相互依存。我们每个人的生活都有一个领域，在其中客观主义比较恰当，也有一个领域，在其中主观主义比较恰当。生活中，人们分别受主观主义和客观主义支配的部分，因人而异，因文化不同而不同。有些人甚至试图让客观主义神话或者主观主义神话来主宰其整个生活。

到目前为止，在整个西方文化中客观主义处于统治地位，至少在名义上声称统治着科学、法律、政府、新闻、道德、商业、经济学以及学术等领域。但正如我们所说，客观主义是个神话。

自古希腊以来，在西方文化中，真理和艺术双方之间一直关系紧张。艺术被视为幻象，通过与诗歌、戏剧之间的联系，与劝说性公众演讲传统结盟。柏拉图质疑诗歌和修辞，在其理想国中禁止诗歌，因为诗歌提供不了真理，还煽动情感，蒙蔽人类，使其看不到真正的真理。作为劝说性作家的典型，柏拉图是这样陈述其观点的：真理是绝对的，艺术只不过是通过使用一种强大的修辞手法建构出来的幻象。这就是他的"地穴寓言"（Allegory of the Cave）。柏拉图的隐喻对其绝对真理的观点做出了微妙而优雅的表述，时至今日仍在西方哲学中占据统治地位。而亚里士多德却认为诗歌具有积极价值："确实，正确使用诗歌形式是件了不起的事……但到目前为止，最了不起的事却是成为一个隐喻大师"（《诗学》

[*Poetics*]，1459a）；"普通的词语只能传达我们已知的事物，而正是通过隐喻我们才能最充分把握住新鲜事物。"（《修辞学》[*Rhetoric*]，1410b）

虽然亚里士多德的隐喻运作理论是个经典理论，但其对隐喻诱发领悟能力的赞美却从来没有被继承到现代哲学思想中。随着实证科学崛起并成为真理模型，对诗歌和修辞的质疑成为西方思想的主流，隐喻和其他比喻手段再次成为嘲讽的对象。例如，霍布斯（Hobbes）认为隐喻很荒谬、情绪化，会误导人们；隐喻是鬼火（ignes fatui）；依据隐喻进行推理就是在无数的荒谬中彷徨；其结果是"争论、煽动或鄙视"（《利维坦》，第五章第一部分）。霍布斯在"使用隐喻、借喻以及其他修辞手法，而非词语本身"中看到了荒谬，"因为尽管在普通话语中，人们大可以说'这条路走向这里或者通向那里'（the way goeth, or leadeth hither, or thither），'这条谚语说这样或那样'（the proverb says this or that），但是道路不能走，谚语不能说，所以在猜想、寻找真理的过程中，这种说法是不被承认的"。

洛克（Locke）延续实证传统，同样鄙视隐喻语言，认为它是一种修辞的工具，是真理的敌人：

> ……如果我们要谈论事物本身的样子，我们必须承认，除了有序和清晰外，所有修辞艺术、雄辩中所创造出来的词语的所有做作和比喻性的运用只会滋长出错误的思想、激发热情，从而误导判断，除此之外别无他用，只是彻头彻尾的欺骗。不管演说家在长篇宏论和备受欢迎的演说中把它们变得如何倍受称赞与承认，在所有自认是起告知或指示作用的话语中，它们毫无疑问应完全避免使用。在关乎真理和知识的地方，它们的使用就只能被认为是语言或语言使用者的一个巨大错误……很显而易见，人们是多么喜欢欺骗和被欺骗，因为修辞这一错误和欺骗的有力工具居然拥有知名的

教授，被公开讲授，且一直拥有崇高声誉。(《人类理解论》[*Essay Concerning Human Understanding*]，第三册，第十章)

实证主义传统中，对隐喻和修辞的恐惧实际就是对主观主义的恐惧，也就是对情感和想象的恐惧。词语被认为有"恰当的意义"，据此，真理得以表达。隐喻性地使用语言就是使用词语不恰当的意义，激发想象力，进而激发情感，其结果是使我们远离真理，走向幻象。塞缪尔·帕克(Samuel Parker)绝妙地总结了实证主义者对隐喻的不信任和恐惧：

> 所有只用隐喻术语表达的哲学理论不是真正的真理，而是用一些华丽而空洞的词语装扮出来的(像婴童一样)想象的产物……因此，漫无边际的华丽幻想爬上了理性的床笫，这种不贞的非婚拥抱不仅玷污了理性，而且在人的大脑里孕育出幻象，而非对于事情的真正理解和注意。(《柏拉图哲学之自由公正批判》[*Free and Impartial Censure of the Platonick Philosophy*]，1666 年)

技术使科学更加强大，工业革命也成了泯灭人性的现实，对此诗人、艺术家和临时哲学家们都做了回应：发扬浪漫主义传统。华兹华斯和柯勒律治都欣然将理性、科学和客观现实留给人性泯灭了的实证主义者，而把情感作为自我理解的指南，把想象视为获取更高真理的更人性化手段。科学、理性以及技术使人们疏离自我及其自然环境——或浪漫主义如是说。他们把诗歌、艺术及回归自然看作是人们找回失去人性的方法。艺术与诗歌没有被视为理性的产物，而是被看作"强烈感情的自然流溢"。这种浪漫主义观点的后果是艺术家和诗人与主流社会疏离开来。

通过拥抱主观主义，浪漫主义传统强化了真理与理性这一方跟艺术与想象这一方之间的二分法。浪漫主义不再相信理性，正中客观主义神话的下怀，自此以后，客观主义的力量也在不断增强。不过浪漫主义也为自己创造了一个新的领域，在其中，主观主义仍然占支配地位。与客观主义领域相比，这是一个贫瘠的领域。就我们社会中的真正权力而言，即在科学、法律、政府、企业、媒体中，客观主义神话至高无上。主观主义在艺术或许还有宗教中已经为自己划出了一个领地。在这种文化中，大多数人将它视为客观主义领域的附属物，以及情感和想象力的避风港。

第三个选择：经验主义的综合

我们否认主观主义和客观主义是我们的唯一选择，提出了理解和真理的另一种经验主义阐释。我们抛弃了客观主义所谓存在绝对、无条件真理的观点，也不接受真理只能通过想象获得且不受外界环境制约的主观主义观点。我们之所以如此关注隐喻，是因为隐喻把理性和想象统一起来了。最起码，理性涉及范畴化、蕴涵和推论。想象的诸多方面中，其中一个涉及从一种事物的角度看待另一事物，即我们所谓的隐喻思想。因此说，隐喻是富于想象力的理性。由于我们日常思维的范畴在很大程度上是隐喻性的，以及我们日常的推理牵涉到隐喻性蕴涵和推论，因此，普通理性本质上就是富于想象力的。鉴于我们依据隐喻性蕴涵和推论来理解诗意的隐喻，同理，我们可将诗意想象的产物视为本质上是部分理性的。

隐喻是我们最重要的工具之一，帮助我们部分理解那些无法完全理解的事物，如我们的情感、审美经验、道德实践、思想意识。这些想象的尝试并非没有理性，它们因为使用了隐喻，所以采用的是富于想象力的理性。

经验主义阐释弥合了客观主义神话和主观主义神话关于公正性以及做到公正客观的可能性之间的鸿沟。一方面，客观主义神话提供的选择是绝对客观，另一方面，主观主义神话提供的选择则是纯粹的主观直觉。我们已经看到，真理与理解相关，意思是说不存在一个绝对观点，能让我们从中获得关于世界的绝对客观真理。这并不是说没有真理，只是说真理与我们的概念系统相关。这一概念系统是基于我们和我们文化中的其他成员与他人、与自然和文化环境的日常互动而获得的经验，并由其不断检验。

虽然不存在绝对的客观，但是可能存在一种与文化的概念系统相关的客观。在社会事务中，公正和公平就是超越相关个人偏见。在科学试验中，客观的目的就是分析出个人幻想与错误的影响。这并不是说我们总是可以成功剔除个人偏见，达成相对于一个概念系统和一套文化价值的完全客观，也不是说我们过去做到过。这仅仅是说，纯粹的主观直觉并非总是我们的唯一依靠。这也并不是说，某一特定文化中的概念和价值就是该文化中何为公平的最终裁决者。可能存在一种跨文化的概念和价值，它们界定了完全不同于某一特定文化的公平的标准。例如，在纳粹德国视为公平的事，在国际社会则被认为是不公平的。在我们身边，经常会有一些诉讼案例，涉及价值观冲突的亚文化群体之间的公平问题。这时，主流文化通常依据其价值观来定义公平，但随着时间的推移，这些主流文化价值观发生了变化，经常招致其他文化的批判。

客观主义神话和主观主义神话都没有看到的是，我们了解世界的方式是通过与世界进行互动。客观主义神话没有看到的是，理解以及由此获得的真理必然跟我们的文化概念系统相关，而且这种理解不能框定在任何绝对或中立的概念系统中。还有一点是客观主义神话没有看到的，那就是人类的概念系统本质上是隐喻性的，牵涉到以一种事物来想象地理解另一种事物的这一事实。而主观主义神话没有看到的是，我们的理解，即使是最富有想象的理解，都依据一个概念系统，这个概念系统源自我们在自然环境和文化环境中的成功运作。主观主义同样没有看到一个事实，那就是隐喻性理解涉及隐喻蕴涵，隐喻蕴涵是一种富有想象的理性形式。

第二十六章 西方哲学和语言学中的客观主义神话

我们对客观主义神话的挑战

从苏格拉底之前的时代一直到当今，客观主义神话统治着西方文化，尤其是西方哲学。我们可以获取关于世界的绝对和无条件真理，这一观点是西方哲学传统的基石。客观主义神话在理性主义和经验主义传统中都很流行，它们在此问题上的唯一区别是，对我们如何获得这样的绝对真理做出了不同解释。对于理性主义者来说，唯有与生俱来的推理能力能给我们带来真实事物的知识。对于经验主义者来说，我们对世界的了解来自我们（直接或间接）的感知，由知觉的各个元素建构。康德对理性主义与经验主义的综合也属于客观主义传统，尽管他声称对任何事物的了解都不可能与事物本身一样。康德之所以是一个客观主义者，是因为他声称，依据所有人类可以通过感觉体验的各种事物（他的经验主义遗产）这一点，我们能够通过运用普遍理性获得普遍有效的知识和普遍有效的道德准则（他的理性主义遗产）。西方哲学中的客观主义传统在逻辑实证主义者、弗雷格传统、胡塞尔传统的弟子们中保留至今，而在语言学中，则是在源自乔姆斯基传统的新理性主义中保留至今。

我们对隐喻的解释与这一传统背道而驰。我们认为隐喻对于人类理解必不可少，隐喻是我们生活中创造新意义和新现实的一个机制。这使我们与大多数西方哲学传统不一致，他们认为隐喻是主观主义的代理人，因此，也是对追求绝对真理的颠覆者。此外，我们关于常规隐喻的观点——常规隐喻贯穿我们的概念系统，是理解的主要机制——也使我们与当代关于语言、意义、真理和理解的观点不一致。而这些观点统治着近代英美分析哲学，在许多现代语言学和其他学科中从未被质疑。下面的观点是这些关于语言、意义、真理和理解假设的代表。所有这些假设并非都被客观主义哲学家和语言学家接受了，但似乎其中的大部分被最具影响力的学者接受了。

> 真理是关于使言语吻合世界的问题。
>
> 自然语言的意义理论以真理理论为基础，不依赖于人类理解和使用语言的方式。
>
> 意义是客观的、无实体的，不依赖于人的理解。
>
> 句子是具有内在结构的抽象客体。
>
> 句子的意义可以从其各部分的意义和句子结构中获得。
>
> 交流是关于说话者给听话者传递具有固定意义的信息的问题。
>
> 一个人如何理解一个句子？这个句子对他意味着什么？这两个问题其实就是句子客观的意义功能和一个人相信这个世界以及说这话的语境得这么一回事。

我们对常规隐喻的解释与所有的这些假设都不一致。句子的意义是依据概念结构给出的。就像我们所看到的，大多数自然句子的概念结构在本质上是隐喻的。就像常规隐喻一样，概念结构以自然和文化经验为基础。因此，意义从来不是无实体的，或客观的，它总是建立在对概念系统的获取和利用的基础之上。而且，真理总是依据概念系统和建构该概念系统的隐喻提出的。由此我们得出这样的结论：真理不是绝对的、客观的，而是基于理解的。因此，句子没有内在的、客观规定的意义，而且交流也不仅仅是传达这样的意义。

为什么我们对这些问题的解释与标准的哲学和语言学立场如此不同？个中原因一点也不明显。最基本的原因是，所有的标准立场都是以客观主义神话为基础的，而我们对隐喻的解释与其不一致。我们与跟这些基本问题相关的主导理论存在极大分歧，这需要做出解释。隐喻理论怎样才能对源自主导西方哲学传统的真理、意义和理解的根本假设提出怀疑？要回答这一问题，就需要对语言、真理和意义的客观假设给出比迄今为止的解释都更为详尽的阐释。这就需要详细解释：（a）客观假设是什么？（b）其动因是什么？（c）它们对语言、真理和意义的总的解释有什么意义？

进行这样的分析，不仅是为了把我们的语言观与标准语言观区分开来，而且是为了通过例子来说明客观主义神话的影响在西方文化中是多么巨大，而我们通常都没有注意到。更重要的是，我们想表明我们文化中的许多问题可能源自对客观主义神话的盲目接受，同时表明我们还有不依赖激进主观主义的另一种选择。

标准意义理论是如何根植于客观主义神话的

客观主义传统是以客观主义神话为基础的，而这种神话对意义理论有着非常具体的后果。我们想要展示一下这些后果是什么，它们是如何从客观主义神话中涌现出来，以及为什么从经验主义观点来看，它们站不住脚。不是所有的客观主义者都持以下所有观点，但通常他们以这样或那样的形式持其中的大多数观点。

意义是客观的

客观主义者完全依据客观真伪条件对意义进行刻画。在客观主义者的观点里，语言规约赋予每个句子以"客观意义"，这种意义通过给定被称作"指示语"（indexical）的某些语境要素来决定客观真理的条件，即说话人是谁，听众是谁，说话的时间、地点，"这个""那个"等词语指代的物体，等等。因此，句子的客观意义不依赖于任何特定的人碰巧理解该句子的方式或者他是否真正理解这个句子。例如，可以训练鹦鹉用英语说"下雨了"（It's raining），但鹦鹉根本不能理解这个意义。不管是人说还是鹦鹉说，这个句子都具有相同的客观意义。如果当时碰巧在下雨，这个句子为真，如果没有，这个句子为假。鉴于意义的客观解释，如果了解句子为真或为假的条件，人们就可以理解句子的客观意义。

客观主义者不仅假设存在客观真伪的条件，而且假设我们可以利用这些条件。这被认为是显而易见的。看看你的周围。假设在你旁边的地板上有支铅笔，那么句子"地板上有支铅笔"（There is a pencil on the floor）就为真；而且，如果你会说英语，也感知到了地板上的铅笔，你也会认为这句话为真。这样的句子都有客观真伪，你可以接触到无数这样的真理。既然人们可以理解一个句子为客观真实的条件，那么一种语言就可能有一些规约，来将这样的客观意义指派给句子。因此，在客观主义者看来，将句子与客观意义配对在一起的这种语言规约就将取决于说话者能够将句子理解为具有客观意义。这样一来，如果一个客观主义者说理解一个句子的（字面的）意义，那么其实他说的是理解是什么使句子为客观真伪。一般来说，客观主义者所谓的"理解"限定在理解真伪的条件上。

　　这不是我们所说的"理解"的意思。当我们说客观主义者把意义看作不依赖理解时，"理解"是指我们的意思，而非他们的意思。

意义是无实体的

　　在客观主义者看来，客观意义不是任何人的意义。只有当意义独立于人类的语言或行为时，才可以说自然语言中的表达有客观意义。也就是说，意义一定是无实体的。例如，弗雷格（Frege）是这样将作为符号客观意义的"意义"（sense）与"表象"（idea）区分开来的："表象"来自

> 　　我曾经的记忆和感官印象，以及我的内在和外在行为……表象是主观的……鉴于此，只是谈论意义时，无须有什么顾忌。但严格来说，在谈论表象时，必须加上是谁的表象以及什么时候的表象。（弗雷格，1966 年，第 59—60 页）

　　弗雷格的"意义"就是客观的无实体的意义。每一个语言表达都有与之相关的无实体的意义，这使人想起"意义就在字里行间"（The meaning is right there in the words）这一"管道"隐喻。

　　弗雷格的说法一直延续至今，在理查德·蒙塔古（Richard Montague）的门徒以及其他许多人的作品中仍能看到。在语义学著作中，没有一本书认为句子意义取决于人类理解的方式。正如蒙塔古所说："跟唐纳德·戴维森一样，我认为建构一个真理理论——或者说一个在任意性阐释（arbitrary interpretation）下更为普遍的真理观念——是严肃的句法学和语义学的基本目标。"（1974 年，第 188 页）这句话中的关键词是"任意性阐释"。蒙塔古认为意义和真理理论是纯粹的数学工作，其目标是维持这一"任意性阐释"不受到任何跟人有关的事物的影响，尤其是

与人类心理和理解有关的问题的影响。他希望其理论适用于宇宙中所有人，不受任何特殊种类的人强加的任何局限。

撇开人和人类理解，使话语与世界相吻合

客观主义传统认为，语义学就是对语言表达如何不受人类理解的干扰，直接吻合世界的研究。或许大卫·刘易斯（David Lewis）对这一立场的陈述是最清楚的：

> 我的建议也不会符合这些人的期望，他们只要一分析意义，就立刻会求助于语言使用者的心理学和社会学方面，即意图、感官经验、心理观念或者社会规则、规约、规律。我区分两个话题：第一是对作为抽象语义系统的可能语言或语法的描述，其中符号与世界的某个方面相关联；第二是对心理现实和社会现实的描述，其中的一个抽象语义系统就是一个人或一群人所使用的那个抽象语义系统。把这两个主题放在一起只会引起混淆。（刘易斯，1972年，第170页）

在这里刘易斯遵循蒙塔古的做法，试图对语言如何与世界相吻合，即符号如何与世界的一些方面相关联做出解释，这一解释要足够通用、足够任意，以至于能够与任何可以想象得到的关于人们如何使用、如何理解语言的心理事实和社会事实相吻合。

意义理论基于真理理论

由于可能在不依赖人类理解的前提下对客观真理做出阐释，因此我们便可以提出一个客观意义理论。在客观主义的真理阐释中，句子本身可能与世界相吻合或不相吻合。若相吻合，这个句子为真，若不吻合，这个句子则为假。这就直接引发了基于真理对意义的客观阐释。刘易斯

也再次清楚地表明："一个句子的意义就是决定句子真伪条件的那个东西。"（1972 年，第 173 页）

通过莱考夫（1972 年）和刘易斯（1972 年）提出的方法，这已经被概括成给命令和承诺这样的施为句（performative sentence）赋予意义。该方法使用的真理定义基于"与世界吻合"（fitting the world），从技术上来说，这是以模型中的满足条件来定义的。同样地，言语行为的适切条件（felicity condition）也是依据满足条件或"与世界吻合"来定义的。我们下面谈到"真"与"假"时，应该理解为我们是从满足条件来说的，也包括言语行为和陈述。

意义独立于使用

真理的客观阐释要求意义也是客观的。要想意义客观，它就必须排除所有主观成分，即特定语境、文化或理解方式所特有的一切事物。就像唐纳德·戴维森所说："词语和句子可以脱离特定使用语境被赋予字面意思和真值条件。"（1978 年，第 33 页）

意义是合成的——组块理论

根据客观主义神话，世界由物质组成，这些物质具有明确界定的内在特性，不依赖其体验者，这些物质在特定的时间点有固定的关系。客观主义神话的这些方面造就了意义的组块理论。如果世界由确定的物质组成，我们就可以用语言给它们命名；如果这些物质有确定的内在属性，我们就可以用一元谓词来对应每一个特性；如果一个物体与其他物体有固定的关系（至少在任何一个特定的瞬间），我们就可以用多元谓词对应每一种关系。

假设世界就是这样，我们也有这样的一种语言，我们可以使用这种语言的句法来建构与世界上任何情境直接对应的句子。整个句子的意义将是其真值条件，即句子与某种情境相吻合的条件。整个句子的意义完全取决于各个部分的意义以及各个部分之间如何吻合到一起。各个部分的意义将规定什么名称会挑选出什么物体，什么谓词会挑选什么样的属性和关系。

从本质上来说，客观主义的各种意义理论都是组合性的，即它们都是而且也必定是组块理论。因为，对于客观主义来说，世界是由组块构成的，即可以界定的物体和清晰描绘的属性和关系。而且，每个句子一定包括所有必需的建构模块，包括句法。除此之外无须任何其他更多的东西来提供句子的真值条件。他们排除的所谓"任何其他更多的东西"就是任何形式的人类理解。

客观主义允许没有人类理解的本体相对性

逻辑实证主义者（例如卡尔纳普［Carnap］）试图通过建构一个普遍适用的形式（逻辑）语言，来执行一个客观主义方案。这种形式语言包括上述所有组块属性以及我们已经探讨过的所有其他特征。理查德·蒙塔古（1974 年）声称已经提出了一个"普遍语法"，能把自然语言映射到这样一个普遍适用的形式语言。

奎因（Quine）反对这样的普遍主义观点，他指出每种语言都有其固有的本体论，什么是物体、属性或关系因语言不同而不同。这一观点就是"本体相对论"（ontological relativity）主旨。

在客观主义方案内坚持本体相对论而不求助于人类的理解和文化差异是可能的。持这种相对主义立场者不相信能够建构一个放之四海而皆准的逻辑语言，该逻辑语言能够充分翻译所有自然语言。相反，本体相对论声称每一种自然语言都以不同的方式划分世界，总是挑选出确实存在的物体，确实存在的各种属性和关系。但是，不同的语言可能会有不同的内在本体，一般来说，不能保证任何两种语言都可用共同标准来通约。

因此，客观主义意义理论的相对性版本认为，意义和真值条件是客观规定的，但不是普遍性的，而只能是相对于特定的语言而言。这种相对论的客观主义仍然坚持客观主义神话，声称真理是客观的，世界上存在有内在属性的物体。但是，根据相对客观主义，在一种语言中可表达的真理不一定可以翻译到另一种语言中，因为每种语言都可能用不同的方式划分世界。但是，无论语言选择什么样的实体，它都是世界中客观存在的实体。在这种解释中，真理和意义仍然是客观的（尽管是相对于特定语言而言），人类理解仍然被认为与意义和真理无关而被排除在外。

语言表达是客体：客观语言学的前提

按照客观主义神话，物体具有自身内在的属性，物体之间具有不依赖任何体验者的理解而存在的关系。写下来的单词和句子很容易被看作物体。从古至今，这一直是客观语言学的前提：语言表达有其自身内在的属性，相互之间存在固定关系，不依赖谁是说话人或谁来理解。作为物体，它们包含组成部分，即建构模块：单词由词根、前缀、后缀、中缀组成；句子由单词和短语组成；语篇由句子组成。在一种语言中，各个部分依赖组块结构（building-block structure）和它们内在的属性，彼此处于不同的关系中。传统上，对组块结构、各个部分内在属性以及彼此之间关系的研究就是语法。

客观语言学认为自己是唯一科学的语言学研究。客体本身必须能不依赖语境和人们的理解方式而被分析。就像在客观主义哲学中一样，语言学中既有经验主义传统，又有理性主义传统。经验主义传统是布龙菲尔德（Bloomfield）、哈利斯（Harris）以及以他们的追随者为代表的现代美国结构主义，他们把文本作为科学研究的唯一对象；理性主义传统是以雅各布森（Jakobson）这样的欧洲结构主义者和萨丕尔、沃尔夫、乔姆斯基（Chomsky）这样的美国学者为代表，认为语言具有心理现实，语言表达就是心理真实的物体。

语法独立于意义和理解

我们刚刚已经看到客观主义神话是如何引发这样一种语言观的，即语言表达是具有内在属性、组块结构和相互之间固定关系的物体。根据客观主义神话，存在的语言物体以及它们的组块结构、属性和相互关系都是独立于人的理解方式的。顺着语言表达是物体这一观点，可以得出语法是可以独立于意义和人的理解来研究的。

这种传统在乔姆斯基的语言学中得到了集中体现，他坚定认为语法是纯粹的形式问题，与意义和人类的理解无关。从这个意义上来说，依据乔姆斯基的定义，语言中涉及人类理解的任何方面，都是语法研究之外的事。乔姆斯基使用术语"能力"（competence）来与"行为"（performance）形成对照，试图把语言的某些方面界定为他所认为的科学语言学的唯一合法的研究对象，即我们所称的理性主义模式的客观语言学，它只包括纯粹的形式问题，排除所有人类理解和语言使用问题。尽管乔姆斯基把语言学看作心理学的分支，但对于他来说，这是一个独立的分支，一个绝不依赖于人们真正理解语言的方式的分支。

客观主义交流理论：一个"管道"隐喻的版本

在客观主义语言学和心理学中，意义和语言表达都是独立存在的物体。这样的观点引发了一种非常贴合"管道"隐喻的交流理论。

意义是物体。

语言表达是物体。

语言表达有自身的意义。

在交流中，说话人通过与意义关联的语言表达把固定的意义传达给听话人。

在这种解释中，人们是可能客观表达自己的意思的，交流失败都是主观错误的问题：既然意义客观存在于词语里，交流失败要么是因为你没有使用正确的词语来表达你的意思，要么是因为你被误解了。

理解的客观阐释会是什么样子。

关于客观主义者所说的理解一个句子的字面客观意义——理解一个句子客观真伪的条件——是什么意思，我们已经进行了解释。然而，客观主义者承认，在特定语境中，一个人可能把一个句子理解为字面意思之外的其他意思。这种其他意思通常被称作"说话人的意思"或"表达者的意思"。通常，客观主义认为，必须解释上述情况，才能充分解释何为理解。（参见格莱斯［Grice］，1957年）

例如，在一个明显带讽刺的语境中说"他是个真正的天才"（He's a real genius）。根据客观主义的解释，"他是个真正的天才"有客观的意义，即他很有智慧，但这句话以讽刺的口吻说出来，说话人意图传达的是相反的意思，即他完全是个白痴。在这里，说话人的意思与句子的客观意义相反。

在适当的讽刺语境中，说话人意思的这种解释可以表示如下：

（A）In uttering a sentence S（S = "He's a real genius"），which has the objective meaning M（M = he has great intellectual powers），the speaker intends to convey to the hearer objective meaning M'（M' = he's a real idiot）.

（A）说一个句子 S（S = "他是个真正的天才"），这个句子有客观的意义 M（M = 他很有智慧），说话人想给听话人表达客观的意义 M'（M' = 他是个真正的白痴）。

在客观主义框架中，对于某个人的意义就是这样解释的。在特定语境中，句子（A）客观上可以为真或为假。如果（A）为真，而且听话人听出了说话人的意图，那么无论对于说话人还是听话人来说，句子 S（"他是个真正的天才"）的意思都是"他是个真正的白痴"。

言语行为理论家首创的这种技巧已经被改编到客观主义传统里，作为从句子的客观意义，或者说，从客观真伪条件中提取对某个人的意义的一个方法。这一技巧涉及用两种客观意义——M 和 M'，连同也有客观意义的句子（A），来对说话人的意义和听话人的意义做出解释，也即对某人而言的意义。当然，这涉及要认出说话人的意图是客观真实的，这一点有些客观主义者可能会否认。

上面我们给出的是一个讽刺的例子，M 和 M' 意思相反，也就是说，真值条件相反。说字面意思的话就是 M=M'。客观主义方案将此视为通用技巧，来解释对某人而言的意义的所有情况，特别是一个人说一件事却意味着别的什么的这类情况，如夸张、轻描淡写、暗示、反讽，以及所有的比喻语言，尤其是隐喻。执行这一方案将涉及制定一个能够回答下列问题的总原则：

假定有句子 S，其字面的客观意义为 M，假定有相关的语境知识，那么是什么特殊原则使我们预测这一语境中说话人的意思为 M'？

这尤其适用于隐喻的情况。例如，句子"这个理论是由廉价的灰泥构成的"（This theory is made of cheap stucco），在客观主义者的阐释中，有一个字面的客观意义 M，即"这个理论是由廉价的砂浆构成的"（This theory is made of inexpensive mortar），但这个字面客观意义为假。之所以为假，是因为理论不是可以由灰泥构成的事物。然而，句子"这个理论是由廉价的灰泥构成的"可以显示说话人的意思 M'，即"这个理论很弱"（This theory is weak），这层意思可能为真。在这种情况下，人们面临的问题是提出一个普遍的阐释原则，通过这个原则，听话人可以从句子 S（"这个理论是由廉价的灰泥构成的"）出发，经由客观意义 M（"这个理论是由廉价的灰泥构成的"）来理解说话人意图表达的意义 M'（"这个理论很弱"）。

客观主义者将所有的隐喻都视为间接意义的例子。在这些例子中，M ≠ M'。所有包含隐喻的句子都有客观含义，在典型的情况下，这些客观含义或明显为假（例如，"这个理论是由廉价的灰泥构成的"），或明显为真（例如，"墨索里尼是一个动物"［Mussolini was an animal］）。认为一个句子（"这个理论是由廉价的灰泥构成的"）是隐喻，通常涉及间接理解为这个句子传达着一个客观的含义 M'（"这个理论很弱"），它不同于字面的客观意义 M（"这个理论是由廉价的砂浆构成的"）。

因此，客观主义者对理解的阐释总是以其对客观真理的阐释为基础。它包含两种理解，即直接理解和间接理解。直接理解是依据句子客观为真的条件，对句子客观字面意义的理解。间接理解涉及理解说话人什么时候用一个句子来表达一个间接的意义，这个时候说话人表达的意义可以依据客观真值条件来直接理解。

客观主义的隐喻解释导致四个必然结果：

1. 根据定义，不可能有隐喻概念和隐喻意义。意义是客观的，意义规定客观真理的条件。根据其定义，意义就是刻画世界是什么或可能是什么的方式。客观真值条件压根儿就不提供一种从一事物看待另一事物的方法。因此，客观意义不可能是隐喻性的。

2. 既然隐喻不是意义的问题，那么只能是语言的问题了。从客观主义观来看，隐喻最多给我们提供了一种谈论某一客观意义 M' 的间接方法，该方法通过使用字面上用来探讨某个其他客观意义 M 的语言，而通常这一客观意义 M 明显为假。

3. 还是根据定义，不会有字面（常规）隐喻这回事。当 M=M' 时，即说话人的意义就是客观意义时，一个句子就是其字面意思。只有在 M' ≠ M 时，才会出现隐喻。因此，根据客观主义定义，字面隐喻在用词上自相矛盾，字面语言不可能是隐喻性的。

4. 只有通过使我们看到客观相似性，即客观意义 M 和 M' 之间的相似性，隐喻才对理解有所帮助。这些相似性一定是建立在物体的共有内在属性，即物体本身真正具有的属性的基础之上。

因此，客观主义对意义的阐释与我们在这本书中所提出的观点完全不同。这种客观主义的意义观和隐喻观在古希腊时代就有了。它符合"管道"隐喻（"意义就在字里行间"），符合客观主义神话。

第二十七章　隐喻如何揭示客观主义神话的局限性

　　哲学中客观主义传统的核心直接来自客观主义神话：世界由具有内在特性和相互间任何时候都有固定关系的不同物体组成。以语言学证据（尤其是隐喻）为基础，我们认为，客观主义哲学没能解释清楚我们是如何理解我们的经验、思想和语言的。我们认为，这一问题的充分解释需要：

1. 把物体看作我们与世界互动和我们对世界的投射相关的实体。

2. 把特性看作互动属性，而非内在属性。

3. 把范畴看作是通过原型定义的经验完形，而不是把它们看作通过集合理论（set theory）严格固定和定义的类别。

　　我们认为，与自然语言中的意义和人们理解自己语言和经历的方式有关的问题是经验问题，而不是先验哲学假设和论证。我们从可能对这些问题产生影响的证据领域中选择了隐喻和我们对隐喻的理解方式。我们关注隐喻是因为以下四种原因：

1. 客观主义传统中，人们对隐喻鲜有兴趣，语义学（客观意义）研究完全将隐喻排除在外，认为它与真理解释最不沾边。

2. 我们发现隐喻到处都是，不仅遍布我们的语言，也遍布我们的概念系统。对于概念系统来说，如此根本的现象对真理和意义的解释却都不重要，这是我们难以想象的。

3. 我们观察到，隐喻是我们理解经验的最基本机制之一。这与客观主义者的观点不一致。客观主义者认为，在意义和真理的解释中，隐喻只是外围的，在理解中最不起作用。

4. 我们发现，隐喻可以创造新的意义和新的相似性，并因此定义一个新的现实。这样的观点在标准客观主义中没有立足之地。

常规隐喻的客观主义解释

我们讨论的许多事实在客观主义传统中早已为人所知，但是，我们对其给出了一种完全不同的解释。

我们认为常规隐喻概念建构我们的日常概念系统，而客观主义者认为，常规隐喻概念根本就不存在。对于他们来说，隐喻仅仅是语言问题，根本没有什么隐喻概念。

客观主义者认为，我们看作隐喻概念的例子（例如，"我无法消化所有那些事实"[I can't digest all those facts]中的"消化"[digest]）中的单词和词组根本不是活隐喻。对于我们来说，"消化"一词有两种明显不同的字面（客观）意义：消化食物的消化1；消化思想的消化2。据此解释，"消化"会有两个同音同形异义词，像单词"bank"一样：河的堤岸（bank of a river）；存钱的银行（bank where you put your money）。

一个客观主义者可能会承认消化思想曾经是一个隐喻，但是，他会声称它不再是隐喻了。对他来说，这是一个"死隐喻"（dead metaphor），已经约定俗成了，有了自己的字面意义。这就是说有两个同音同形异义的"消化"。

客观主义者可能会认为消化 1 和消化 2 有相似的意义，这种相似性是原始隐喻的基础。他会说，这解释了为什么同样的字被用来表达两种不同的意思；它曾经是一个隐喻，成了语言惯例的一部分；把古老的隐喻意义看作新的字面意义，隐喻就消失了，固化了。

客观主义者注意到，人们今天仍然能够觉察到作为死隐喻基础的相似性。

根据隐喻的客观解释，最初的隐喻是一种用法和说话人意思，而不是字面的客观意义。它必然会通过将通用说话人意义公式运用到此例子来产生（此处"消化"只指"消化食物"）：

> In uttering a sentence S（S = "I couldn't digest his ideas"）with literal objective meaning M（M = I couldn't transform his ideas, by chemical and muscular action in the alimentary canal, into a form my body could absorb）, the speaker intends to convey to the hearer the speaker's meaning M'（M' = I couldn't transform his ideas, by mental action, into a form my mind could absorb）.
>
> 在说一句有字面客观意义 M（M = 我不能通过消化道中化学和肌肉运动把他的思想转换成我身体能吸收的形式）的句子 S（S = "我不能消化他的思想"）时，说话者想要给听话人传递说话人的意思 M'（M' = 我不能通过心理活动把他的思想转换成我头脑可以吸收的形式）。

要使这种客观解释站得住脚，有两件事必须为真。第一，指思想的、说话人预期的意义 M' 必须是客观赋予的意义，满足客观真值条件。换句话说，由于内在特性，下面的说法对于头脑和思想必须是客观真实的：

> 由于内在特性，思想必须是有形式、可转化、可被吸收进头脑的一种东西。

由于内在特性，头脑必须是能完成心理活动、转化思想、把它们吸收进来的一种东西。

第二，隐喻最初必须建立在 M 和 M' 之间既存的相似性基础之上。也就是说，头脑和消化道必须有共同的内在特性，就像思想和食物必须具有共同的内在特性一样。

总结如下：死隐喻对"消化"的解释如下：

"消化"一词最初指的是食物概念。

通过"活"隐喻，"消化"被转移到基于食物和思想之间既存的客观相似性的思想领域中一个既存客观意义上。

最终，这一隐喻"死了"，隐喻的用法"消化思想"成了常规用法。因此，"消化"有了另一种字面客观意义，一种出现在 M' 中的意义。根据客观论解释，这被看作是给缺乏字词表达的既存意义提供词语的典型方式。所有这样的情况都被视为同音同形异义词。

一般来说，客观主义者必须根据同音同形异义观点（通常是弱同音同形异义观点）或抽象论观点探讨我们所有的常规隐喻数据。这两种观点都依靠以内在特性为基础的既存相似性。

客观主义解释的问题

正如我们所看到的，常规隐喻的客观解释需要以抽象论观点或同音同形异义的观点为基础。而且，常规和非常规隐喻的客观解释是以既存的内在相似性为基础的。我们已经提出了详细的理由来反驳所有这些观点。这些观点现在呈现出一种特殊的重要性。它们不仅表明隐喻的客观论观点是不恰当的，而且表明整个客观论方案是以错误的假设为基础的。为了看清客观论隐喻解释究竟在哪些方面不恰当，我们来回顾一下我们用来反驳抽象论同音同形异义和相似性观点的论据的相关部分，它们都跟客观论对常规隐喻的解释相关。

相似性观点

在讨论"思想是食物"的隐喻中，我们看到，尽管隐喻是以相似性为基础的，但是相似性本身不是内在的，而是基于其他隐喻的，尤其是基于"头脑是容器""思想是物体"的隐喻和"管道"隐喻。"思想是物体"这一观点是实体通过本体隐喻在心理现象中的投射。"头脑是容器"的观点是由"里—外"方向的实体状态在认知能力中的投射。这不是想法和头脑的内在客观属性。它们是互动属性，反映我们凭借隐喻来设想心理现象的方式。

这同样适用于我们关于"时间"和"爱情"的概念。我们是分别从"时间是移动物体"和"时间是金钱"的隐喻来理解像"采取行动的时间已经来到"（The time for action has arrived）和"我们需要预算一下我们的时间"（We need to budget our time）这样的句子的。但是，在客观主义理论里没有这样的隐喻。这两个句子中的"来到"（arrive）和"预算"（budget）是死隐喻，即同音同形异义词，是从历史上曾经的活隐喻派生而来的。这些曾经的活隐喻，一方面，必须基于时间和移动的物体之间的内在相似性，另一方面，必须基于时间和金钱之间的内在相似性。但是，正如我们所看到的，这种相似性不是内在的，是通过本体隐喻创造的。

对牵涉"爱情"概念的表达进行内在相似性分析更加困难，例如，"这段感情走不了多远"（This relationship isn't going anywhere），"我们之间互相吸引"（There was a magnetism between us），"这段感情将死"（This relationship is dying）。"爱情"概念本身并不是明确界定的；我们的文化给我们提供了以常规隐喻来看待爱情经验的常规方法，例如，"爱是一次旅行"，"爱是一种物理力量"，等等，我们的语言反映了这些。但是，根据死隐喻，或弱同音同形异义观，或抽象观的客观主义解释，"爱情"概念必须依据内在属性，充分明确地界定，必须与旅行、电磁和重力现象、病人等具有内在相似性。这里，客观主义者不但必须承担声明爱情与旅行、电磁和重力现象、病人具有相似性内在属性的责任，而且，还必须声明，爱情是通过这些内在属性充分明确界定的，这样，它们之间才会有相似性。

总之，死隐喻、具有相似性的同音同形异义词或抽象论的一般客观论解释都依赖于基于内在属性的相似性。一般来说，相似性确实存在，但它们不可能基于内在属性，这些相似性是概念隐喻的结果，因此必须被视为互动属性，而非内在属性。但是，承认互动属性就与客观主义哲学的基本前提不一致，这就等于放弃了客观主义的神话。

客观主义的弃权："这不是我们的事"

客观主义者剩下的唯一选择是，放弃从相似性方面解释"消化"的"食物"和"思想"两个意义之间的关系（包括完全否认隐喻的存在），转向强调同音同形异义观点。根据这种观点，"消化"会有两种截然不同、互不相干的意义，就像单词"punt"有两个不同的意义一样（踢悬空球和方头平底船）。正如我们在第十八章所看到的，同音同形异义观点不能解释以下问题：

内部系统性

外部系统性

隐喻已用部分的扩展

用具体经验建构抽象经验

"消化"的两种意义之间的相似性，是基于以食物隐喻来概念化思想的结果。

当然，一个客观主义哲学家或语言学家会承认他不能充分解释这种系统性、相似性、以具体的东西来理解不那么具体的事物的方式。这可能一点也不影响他。毕竟，他可以声明，解释这些事物不是他的事，这是心理学家、神经生理学家、文献学家或其他什么人的事。这跟弗雷格对"意义"与"表象"的区分以及刘易斯对"抽象语义系统"与"心理与社会现实"的区分一脉相承。他们可以声称，同音同形异义观适合他们作为客观主义者的恰当目的，即对语言表达提供客观真值条件，并以此来对其字面客观意义做出阐释。他们认为，可以这样独立解释"消化"的两种意思，而不必解释系统性、相似性、理解等。从他们的工作观念来看，"消化"这一常规隐喻的使用仅涉及同音同形异义词，根本没有涉及隐喻，不管是死隐喻还是活隐喻。在隐喻中，他们只认可非常规隐喻（例如，"你的思想是由廉价的灰泥组成的"［Your ideas are made of cheap stucco］和"爱情是一件共同创作的艺术作品"）。他们宣称，由于这些是说话人意义的问题，而不是句子字面客观意义问题，由它们引出的真理和意义问题，应该由上述说话人意义的解释来处理。

总之，在常规隐喻方面，唯一具有内部一致性的客观主义观点就是：常规隐喻的特征及理解它们的方法都超出了他们关注的范围。他们坚决认为自己无须对此类事情负责，并且与常规隐喻相关的事实与客观主义者所信奉的解释方案或观点无关。

这样的客观主义者甚至可能承认，我们对隐喻的调查研究恰当地表明，对解释人类如何通过隐喻来理解经验来说，互动属性和经验完形事实上十分必要。即使承认这个，他们基于下列原因也仍然会继续忽视我们所做的任何事情：鉴于他们的局限性，他们会简单地说，经验主义者只关心人类如何碰巧了解事实，然而，客观主义者关心的不是人们如何将某事理解为真，而是一个事物确实为真究竟意味着什么。

客观主义者的回应完美突显了客观主义与经验主义之间的根本不同，归根到底是在重申他们对"绝对真理"和"客观意义"的根本关切，这两个概念完全独立于任何与人类机能和理解相关的事物。与此相反，我们一直坚持，没有理由相信会有绝对真理和客观意义。相反，我们坚持认为，只有结合人类在世界上的运作方式以及理解方式，才有可能对真理与意义做出阐释。我们与这样的客观主义者完全不在同一个哲学世界里。

客观主义哲学与人类关切不相关

客观主义者认为可以对人类理解、人类概念系统及自然语言做出充分的客观主义阐释。我们跟这些客观主义者处在同一哲学世界，却有着真正的分歧。我们已经详细证明，常规隐喻遍布于人类语言和概念系统中，是人类理解的主要手段。我们已经提出，要充分解释人类理解，必须借助互动属性和经验完形。由于所有客观主义解释都需要借助内在属性，其中大多数都需要借助集合理论来解释范畴化，因此，对于人类如何概念化世界，他们都不能给出更适当的解释。

客观主义哲学之外的客观主义模型

经典数学由一个客观主义世界组成。其中有区别明显的实体，比如数字。数学实体有内在属性，比如，3是奇数；它们之间有固定的关系，比如，9是3的平方。数理逻辑被发展起来，就是在为经典数学提供基础，这也促成了形式语义学的发展。形式语义学中用到的模型，就是我们称作"客观主义模型"的例子，这些模型切合其话语世界。在该话语世界中，存在区别明显的实体，这些实体有内在属性，实体之间存在固定关系。

但是，真实世界不是客观主义世界，尤其是这些与人类有关的方面——人类经验、人类制度、人类语言、概念系统。何谓死硬派客观主义者？那就是坚称存在一个符合真实世界的客观主义模型的人。我们刚刚论证了，从经验上来说，客观主义哲学是错误的，因为它对语言、真理、理解和人类概念系统做了错误的预言。在此基础上，我们认为，客观主义哲学为人类科学提供了不恰当的基础。尽管如此，许多非常有见解的数学家、逻辑学家、语言学家、心理学家和计算机科学家已经设计了客观主义模型，并将其运用于人类科学。我们能说所有的这些都毫无意义吗？能说那些客观主义模型在人类科学中没有立足之地吗？

我们不做这样的论断。我们认为像数学实体这样的客观主义模型无须束缚于客观主义哲学。人们可以相信，客观主义模型能够在人类科学中发挥作用，甚至是重要作用，而无须采纳这样一种客观主义前提，即存在一个完全且精确适合真实世界的客观主义模型。但是如果我们排斥这一前提，客观主义模型还有什么用呢？

在回答这个问题之前，我们需要看一看本体隐喻和结构隐喻的一些特性：

  本体隐喻是我们理解经验的最基本策略之一。每一个结构隐喻都有一套一致的本体隐喻作为其组成部分。用一系列的本体隐喻理解一个特定情境，就是把实体结构强加于这种情境。例如，"爱情是一段旅行"把包括起点、终点、路径、你在路径上行进的距离等在内的实体结构强加于"爱情"。

  每一个结构隐喻具有内部一致性，并把一致的结构强加于它所建构的概念之上。例如，"争论是战争"隐喻把内部一致的"战争"结构强加于"争论"概念之上。在我们只从"爱情是一次旅行"这个隐喻方面理解爱情时，我们把内部一致的"旅行"结构强加于"爱情"概念之上。

  尽管用于同一概念的不同隐喻一般彼此之间并不一致，但还是有可能找到一组一致的隐喻。我们称之为一致隐喻集合。

  因为每个独特隐喻内部一致，所以每种隐喻系列可以使我们依据明确界定的、相互间具有一致关系的实体结构理解情境。

  一致的隐喻系列强加于相互间具有一致关系的实体结构，这一方式可以由一个客观主义模型表现。在该模型中，本体隐喻强加于实体，结构隐喻的内部结构给出实体间的关系。

  总之，试图依据这样的一致隐喻集合建构情境，部分像是试图依据客观主义模型建构情境，忽略了隐喻的经验基础和隐喻隐藏的东西。

  接下来，自然要问：人们是否真得从一系列一致隐喻方面思考行动？这样做的一个特殊例子就是生物学、心理学、语言学中科学理论的制定。正规的科学理论尝试不断扩展一系列的本体隐喻和结构隐喻。但是，除了科学推理外，我们觉得人们在各种情境中，确实尝试着从一套一致的隐喻来思考和行动。这些可以被视为人们尝试着把客观主义模型运用于经验中的例子。

　　人们有极佳的理由依据客观主义模型，也就是说从一套一致的隐喻来看待生活情境。简单说，这一理由就是：如果能够做到这一点，我们就可以推论出彼此不冲突的情境。就是说，我们能够为行为推断出不矛盾的期望和建议。如果人们具有一致的世界观，对自己该做的事情有一套清晰的期望、没有矛盾，这是非常令人欣慰的。客观主义模型有真正的诉求，是一个最有人情味的理由。

　　我们不希望轻视这种诉求。这种诉求与人们生活中，或者一系列的生活经验中，寻找连贯性的诉求并无二致。拥有一个期望和行动的基础对生存很重要。但是将一个单一的客观主义模型强加于一些受限的情境，并依据此客观主义模型顺利运作是一回事，而据此得出结论，说这个模型是对现实的精确反映却是另一回事。我们的概念系统没有对单一概念进行连贯的隐喻，这是有充足理由的，因为没有一个隐喻可以做到这一点。每个隐喻只理解概念的一个方面，而掩盖了其他方面。只依据一套一致隐喻来操作就是要隐藏现实的许多方面。日常生活中我们的成功运作似乎需要不断转换隐喻。对于我们来说，想要理解日常生活中存在的诸多细节，似乎就必然要使用许多相互不一致的隐喻。

　　人类科学中，形式客观主义模型研究的明显作用是，可以使我们部分理解人们是如何依据一套一致的隐喻来进行推论和运作的。这是一种常见的活动，是需要理解的一个重要活动。它还可以使我们明白强加一个一致性要求会存在什么问题，会让我们明白任何一套一致的隐喻都极有可能掩盖了现实无限多的方面，这些方面只能由与此不一致的其他隐喻来突显。

　　到目前为止，我们可以想象，形式模型的一个明显局限是没有办法包含隐喻的经验基础，因此没有办法解释隐喻概念是如何让我们来理解经验的。这种局限的一个必然结果与计算机是否能够像人一样理解事物这一问题有关。我们的回答是不能，因为理解需要经验，而计算机没有人的身体，也没有人的经验。

然而，计算机模型研究还是可以帮助我们更了解人类的聪明才智，尤其是在那些人们部分依据客观主义模型来进行推论和运作的领域。而且，目前计算机科学中的形式技术有望提供方法来表征那些不一致的隐喻集合。这可能会促使人们深刻领悟人类是如何依据连贯但不一致的隐喻概念来进行推理和运作的。形式研究面临的限制似乎是在概念系统的经验基础方面。

小结

我们总的结论是：客观主义方案不能对人类理解做出令人满意的阐释，也不能对以此阐释为基础的其他问题做出令人满意的阐释。这些问题包括：

1. 人类的概念系统和理性的本质

2. 人类语言与交际

3. 人类科学，特别是心理学、人类学、社会学、语言学

4. 道德与审美价值

5. 借助人类概念系统的科学理解

6. 以人类理解为基础的数学基础的任何方式

如果想恰当处理这些人类问题，互动属性、经验完形、隐喻概念这些经验主义用来阐释理解的基本要素似乎是必不可少的。

第二十八章　主观主义神话的不足

　　从传统上来说，在西方文化中能替代客观主义的主要是主观主义。我们已经探讨了客观主义在解释人类理解、语言、价值观、社会和文化制度，以及人类科学所应对的事情中的不足。因此，根据文化强加于我们的二分法，我们所剩的就只有激进的主观主义了，它认为不可能对人类现实进行任何科学"定律"似的解释。

　　但是，我们已经声明，主观主义不是客观主义的唯一替代物，我们还有第三种选择：经验主义神话，它让人类科学具有恰当的哲学和方法论基础。我们已经将它与客观主义方案区别开来，而将其与主观主义方案区分开来同样十分重要。

　　让我们来简要看看，关于人们如何理解经验和语言，主观主义有着怎样的观点。这些观点主要来自浪漫主义传统，见于当前大陆哲学，尤其是现象学和存在主义的当代诠释中（可能是错误的诠释）。这种主观诠释在很大程度上通俗化了，它挑选反客观大陆哲学的要素，通常忽略大陆哲学思想中某些认真为人类科学提供基础的尝试。下面列出的这些主观主义观点一同被称作"咖啡馆现象学"：

　　　　意义是私有的：意义总是关于何事对何人有意义。个体觉得什么有意义，对于他来说意味着什么，这是其直觉、想象、情感和个人经验的问题。某事对个体意味着什么，从来不会完全为他人所知，也不能完全传达给他人。

经验是一个纯粹的整体：经验没有自然结构。任何经验中的结构都是人为的。意义没有自然结构：对于个人来说，意义就是个人感情、经验、直觉和价值观问题，它们是纯粹的整体，没有自然结构。因此，意义没有自然结构。

语境是非结构化的：理解表达需要的物质的、文化的、个人的、人际的语境没有自然结构。

意义不能被自然或充分表征：这是意义没有自然结构的后果，意义永远不会被别人完全了解或向别人完全传达，而且理解所需要的语境也是非结构化的。

所有这些主观主义观点都取决于一个基本假设，即经验没有自然结构，因此，对意义和真理就没有自然的外部限制。我们的回答直接遵循我们对概念系统是如何根植的解释。我们认为我们的经验是依据经验完形整体建构的。这些完形具有结构，不是任意的。相反，刻画完形结构的维度来自我们的经验。

这并不是否认这种可能性：对我有意义的事物基于我曾经的各种经验，你没有体验过，因此，我不能充分恰当地把这种意义传达给你。然而，隐喻提供了部分传达非共有经验的方法。我们经验的自然结构，使得我们之间可以进行这种意义传达。

第二十九章　经验主义替代阐释方案：赋予古老神话以新意义

在西方文化中，主观主义和客观主义神话已经存在了如此之久，这表明，它们都起到了某些重要作用，都由真实和合理的关切激发，在我们文化经验中都有根基。

经验主义保留了哪些激发客观主义神话的关切

客观主义神话的根本关切是个人外部的世界。这一神话正确地强调了一个事实，即存在真实的东西，它们独立于我们而存在，制约着我们如何与之互动，以及我们如何理解它们。客观主义神话之所以关注真理和事实性知识，是因为这样的知识对于我们在自然和文化环境中的成功运作十分重要。客观主义神话也由对公平和公正的关切而激发，特别是在公平和公正重要而且能够以某种合理方式实现的场合。

正如我们前面已经简述的那样，经验主义神话也同样关心所有这些问题，但经验主义在两个基本问题上跟客观主义神话相悖：

是否存在一个绝对真理？

要满足上述关切（即对使我们能够成功运作的知识的关切和对

公平公正的关切），绝对真理是否必不可少？

对这两个问题，经验主义方案的回答都是否定的。真理永远是相对于理解而言的，而理解是基于一个非普适性的概念系统。但是，这并不排除对知识和公正的合理关切，数百年来这些关切激发了客观主义神话。客观仍然是可能的，但它呈现出一个新的意义。客观仍然涉及超越个人偏见，无论是知识方面还是价值问题方面。但是，在客观为合理的地方，它不要求绝对的、普遍有效的观点。客观永远是相对于一个概念系统和一套文化价值而言的。当概念系统或文化价值相冲突时，就不可能有合理的客观。承认这一点，并在其发生的时候认识到这一点十分重要。

根据经验主义神话，还是会有科学知识。但放弃绝对真理的论断会使科学实践更负责任，因为这将会形成一个普遍的认识，即科学理论能够突显多少就有可能掩盖多少。如果大家普遍认识到科学并不产生绝对真理，无疑将改变科学界的权力和声望，以及联邦政府对科研的资助。其结果将是对何为科学知识以及其局限何在等做出一个比较合理的评估。

经验主义保留了哪些激发主观主义神话的关切

主观主义的合理动因是意识到这一点，即意义总是相对于某个人的意义。什么东西对于我来说有意义，其实就是说什么东西对于我来说重要。而什么东西对于我重要，却不是取决于我的理性知识，而是取决于我过去的经验、价值观、感情和直觉洞察力。意义并非早成定局，而是一个依据想象力来建构连贯性的问题。客观主义者强调达成一个普遍有效的观点，但他们错过了对于个人而言重要、富有洞察力且连贯的东西。

　　经验主义神话认同理解所涉及的所有这些元素。它强调互动和互动属性，这表明了意义究竟为何始终是相对于某一个人的意义。它也强调通过经验完形来建构连贯，这也解释了某个东西对某个人很重要究竟是什么意思。此外，它也解释了理解是如何通过隐喻来利用想象的主要资源，以及何以能够赋予经验以新的意义并且创造新的现实。

　　经验主义跟主观主义的分歧在于经验主义摒弃了主观主义的浪漫主义想法，即富于想象力的理解是完全不受约束的。

　　综上所述，我们看到了经验主义神话既能够满足激发主观主义和客观主义神话的那些真实合理关切，同时又不像客观主义那样痴迷于绝对真理，也不像主观主义那样坚持想象力是完全不受限制的。

第三十章　理解

在客观主义和主观主义神话背后，我们看到一个单一的人类动机，即对理解的关注。客观主义神话反映出人类需要理解外部世界，以便能在其中成功运作。主观主义神话则聚焦于理解的内在方面——个人认为什么是有意义的，是什么让他值得活下去。经验主义神话表明，这两种关切并非彼此对立，并提供了一个视角，使这两种关切可以同时满足。

这些古老神话拥有一个共同视角：人独立于其生存的环境。在客观主义神话里，对真理的关注发端于对在环境中成功运作的关注。基于人独立于其生存的环境的观点，成功运作被设想为对环境的掌控，因此就产生了客观主义隐喻，如**"知识就是力量"**（KNOWLEDGE IS POWER）、**"科学提供对自然的控制"**（SCIENCE PROVIDES CONTROL OVER NATURE）。

主观主义神话的主要议题是试图克服由人独立于环境及他人的观点产生的异化。这就涉及拥抱自我，即拥抱个性，依赖个人的感受、直觉和价值观。浪漫主义版本则涉及陶醉在感官和感情之中，并试图通过被动的欣赏来获得与自然的和谐一致。

经验主义神话采取不同的视角，认为人是环境的一部分，而非独立于环境，关注人与自然环境以及他人的不断互动。经验主义神话认为与环境的互动牵涉到相互改变。如果不改变环境或者被环境改变，你就不能在环境中发挥作用。

在经验主义神话里，理解源自互动，源自与环境和他人的不断协商。它以下列方式出现：我们身体和自然和文化环境的本质，通过我们前面讨论过的那些自然维度来赋予经验以结构。复现的经验导致范畴的形成，范畴就是拥有自然维度的经验完形。这些完形界定经验中的连贯。当我们依据直接源自我们与环境和在环境中互动而获得的经验完形而认为经验具有连贯的结构时，我们就是在直接理解经验。而当我们用一个经验域的完形来结构化另一个域的经验时，我们就是在隐喻式地理解经验。

从经验主义角度来看，真理依赖于理解，而理解源自我们在世界中的运作。正是通过这样的理解，我们的经验主义解释方案满足了客观主义对真理阐释的需求。而通过把经验连贯结构化，我们的经验主义解释方案也满足了主观主义对于个人意义及其重要性的需求。

但是经验主义绝不仅是提供一个合成的理论，来满足客观主义和主观主义神话所关切的问题。经验主义对于理解的阐释为我们日常生活中最为重要的一些经验领域提供了一个更丰富的视角：

> 人际沟通和相互理解
> 自我理解
> 仪式
> 审美经验
> 政治

我们觉得客观主义者和主观主义者对所有这些领域的观点都很贫乏，因为二者都错过了对方关注的东西。在所有这些领域他们都错过的是一个基于互动的创造性的理解。现在让我们转向关于上述各领域中理解本质的经验主义阐释。

人际沟通和相互了解

如果文化、知识、价值观和假设都不同，那么交谈的人要相互理解会特别困难，唯有通过意义的协商，才有可能相互理解。与人协商意义，你必须意识到并且尊重你们背景的差异，以及这些差异何时是很重要的。你需要足够多样化的文化和个人经验才能意识到存在不同的世界观，以及这些世界观是什么样的。你还需要耐心，在世界观上需要有一定的灵活性，对错误大度宽容，还需要有寻找合适隐喻的才能，以便将非共享经验的相关部分传达出去，或者突显共享经验，同时淡化其他经验。在创造默契以及交流非共享经验时，隐喻想象力是一个至关重要的技能。在很大程度上，这个技能是由改变你的世界观和调整你的经验范畴化方式的能力组成的。相互理解的问题并不罕见，而是出现在所有理解非常重要的扩展对话中的。

当意义真正重要时，也就是说，当一个人以普通语言发送一个固定、明确命题的时候，当双方拥有相关的共同知识、假设、价值等的时候，意义几乎从来不是根据"管道"隐喻来传达。在紧急关头，意义是协商来的：你们慢慢找出你们之间的共通之处，谈论什么比较安全，你们怎样才能传达非共享经验或创建一个共有视野。凭借你们改变世界观的足够的灵活性，以及足够的运气、技巧和仁爱，你们可能会达到一定程度的相互了解。

如果基于"管道"隐喻的交际理论被不加区分地大规模应用，那就不是可怜而是邪恶了，比如，应用在政府监控或计算机化的文件中。在这些地方，对于真正理解至关重要的东西从未被包含进去，人们认为文件中的词语本身有意义——脱离实体的、客观的、可理解的意义。当一个社会大规模依靠"管道"隐喻生存时，就极有可能导致误解、迫害，甚至更糟糕的事情。

自我理解

自我理解的能力预设着相互理解的能力。常识告诉我们，了解自己比了解别人更容易。我们倾向于认为，毕竟我们能够直接接触到自己的感受和想法，而不是别人的。自我理解似乎先于相互了解，在某些方面确实如此。为什么我们做我们所做的事情，感受到我们所感受的，改变我们所改变的，甚至相信我们所相信的？对这些问题的任何真正深刻理解都让我们超越自己。自我理解与其他形式的理解并没有什么不同，同样源自我们与自然环境、文化环境和人际环境的互动。至少，相互理解所需的技能对于哪怕接近自我理解都是必需的。正如在相互理解中，我们与人交谈时，不断寻找共性的经验，同样，在自我理解时，我们也总是在寻找能够将自己的各种不同经验统一起来的东西，以便赋予我们的生活以连贯性。正如我们寻求隐喻，来将我们与别人的共同点突显出来并使其连贯，我们也同样寻求个人隐喻来把我们过去、现在的活动以及我们的梦想、希望和目标等突显和连贯起来。自我理解的很大一部分工作是寻找适当的个人隐喻来理解生活的意义。自我理解需要你跟自己就你所经历的事情的意义进行不断的协商和再协商。例如，在心理疗法中，自我理解更多的是自觉认识到以前没有意识到的隐喻，然后依赖这些隐喻来生活。在此过程中，你不断建构生活新的连贯，这种连贯赋予旧的经历以新的意义。自我理解的过程就是不断为自己建构新生活故事的过程。

经验主义从以下方面探讨自我理解过程：

让人们意识到我们赖以生存的隐喻，意识到这些隐喻在哪些地方会进入我们的生活，以及在另外哪些地方不会进入我们的生活。

拥有可以形成替代隐喻基础的经历。

形成"经验灵活性"。

进入通过新的替代隐喻来看待你的生活的无尽过程。

仪式

我们不断举行各种仪式，从最随意的仪式，例如，每天早晨按照相同顺序的步骤煮咖啡，看十点钟的新闻直至结束（我们六点钟的时候已经看过一次了），去看足球比赛，出席感恩节晚宴，去大学聆听知名学者的学术讲座等，到最隆重的有定规的宗教活动。所有这些都是不断重复的结构化活动，有些经过刻意的仔细设计，有些比别的执行得更加自觉，有些则是自发的。每个仪式都是我们经验的一个重复的、结构连贯的、统一的方面。在举行这些仪式时，我们赋予我们的活动以结构和意义，最大限度地减少我们行动中的混乱和差异。在我们看来，一个仪式就是一个经验完形，是一个连贯序列的行动，被我们经验的自然维度结构化了。宗教仪式是典型的隐喻性活动，通常涉及转喻，即用现实世界的物体代表宗教的概念系统所定义的世界中的实体。仪式的连贯结构通常与通过宗教看到的现实的某些方面类似。

日常个人仪式也是经验完形，由被我们经验的自然维度结构化了的连贯序列的行动所构成，如部分与整体结构、阶段、因果关系以及实现目标的手段等维度。因此个人仪式是个人或亚文化群体成员的自然活动，它们可能是也可能不是隐喻性活动。例如，在洛杉矶驾车驶过好莱坞明星的家是一种很常见的活动仪式。这是一个隐喻性活动，基于**"家代表人"**（THE HOME STANDS FOR THE PERSON）这一转喻以及**"物理上亲近就是人的亲近"**（PHYSICAL CLOSENESS IS PERSONAL CLOSENESS）这个隐喻。其他日常仪式，不论是不是隐喻性的，都提供经验完形，可作为隐喻的基础，例如，"你不知道你是在向谁敞开大门"（You don't know what you're opening the door to），"让我们撸起袖子加油干"（Let's roll up our sleeves and get down to work），等等。

我们认为：

> 我们赖以生存的隐喻，无论是文化隐喻还是个人隐喻，都在仪式中被部分保留。
>
> 文化隐喻及其所蕴含的价值观通过仪式得到传播。
>
> 仪式是我们文化隐喻系统的经验基础之不可或缺的部分。
>
> 没有仪式就没有文化。

同样，没有个人仪式（通常是随意和自发的仪式）就不可能有对自我的连贯一致的看法。正如我们的个人隐喻不是随机的，而是构成与我们个性相一致的系统，所以我们的个人仪式也不是随机的，而是与我们对世界的看法、对自己的看法以及与我们的个人隐喻和转喻系统连贯一致的。我们关于自身的隐喻及通常无意识的那些观念，以及我们赖以生存的那些价值观，可能最为强烈地体现在我们一遍又一遍重复的小事上，也就是说，体现在我们日常生活中自发的那些随意的仪式中。

审美经验

从经验主义角度来看，隐喻是一种富有想象力的理性，它使人们能够通过一种经验来理解另一种经验，通过赋予由经验的自然维度结构化了的经验完形来创造连贯性。新的隐喻可以创造新的理解，从而创造新的现实。这在诗化隐喻中应当十分明显，此时，语言是媒介，通过它，新的概念隐喻得以创造出来。

但隐喻不仅是语言的问题，也是概念结构的问题。而概念结构不只是理解力的问题，它还涉及我们经验的所有自然维度，包括我们感官体验的各个方面，如颜色、形状、质地、声音等。这些维度不仅将世俗经验结构化，也将审美经验结构化。每种艺术媒介都挑选我们经验的某些方面，并排除其他方面。艺术作品为我们提供了依据这些自然维度来将我们的经验结构化的新方法。艺术作品提供了新的经验完形，从而也提供了新的连贯性。从经验主义角度来看，艺术通常是富有想象力的理性，也是创造新现实的一种手段。

因此，审美经验不仅限于官方艺术世界。它可以发生在我们注意到的日常生活的任何方面，也可以发生在我们为自己创造新连贯性的时候，这些新的连贯性原本不是我们约定俗成的知觉和思维模式。

政治

政治辩论通常关注的是自由和经济问题。但是，人们在享受着自由和经济安全的同时，却过着毫无意义的空虚生活。"自由""平等""安全""经济独立""权力"等隐喻性概念，被我们视为间接弄清楚何为有意义的人生这个问题的不同方式。要充分讨论这一问题，这些都是必要的方面。但据我们所知，没有任何一个政治意识形态正面应对这一主要问题。事实上，许多意识形态认为个人或文化的意义问题是次要的，可以留待以后来解决。任何这样的意识形态都是剥夺人性的。

政治和经济意识形态也被用隐喻方式来框定。就像所有其他隐喻，政治和经济隐喻会掩盖政治和经济方面的现实。但是，在政治和经济领域，隐喻更为重要，因为它们限制我们的生活。在政治或经济体制中的一个隐喻，通过掩盖某些东西，会导致人类堕落。

看看这样一个例子："劳动是资源"。大部分现代经济理论，无论是资本主义的还是社会主义的经济理论，都把劳动作为一种自然资源或者商品，与原材料相提并论，同样讲成本和供应。这一隐喻掩盖了劳动的本质，没有区分有意义的劳动和剥夺人性的劳动。对于所有的劳动统计来说，都没有"有意义的劳动"这一说。当我们接受"劳动是资源"这一隐喻，并且认为如此界定的资源的开支必须降下来时，廉价劳动就成为一桩好事，就如同廉价石油一样。依据这一隐喻来对人进行剥削，最明显的就是那些吹嘘拥有"几乎取之不尽用之不竭的廉价劳动力供应"（a virtually inexhaustible supply of cheap labor）的国家。这样一个貌似中立的经济话语掩盖了人类堕落的现实。但是，几乎所有主要的工业化国家，无论它们是资本主义还是社会主义，它们的经济理论和政策都在使用这一隐喻。盲目接受这一隐喻会掩盖有辱人格的现实，不管是"先进"社会中无意义的蓝领和白领工作，还是世界各地实质上的奴役行为。

后　记

　　合作撰写这本书给了我俩一个很好的机会，来探究我们的想法，不仅是相互探究，而且是与真正数以百计的人共同探究，有学生、同事、朋友、亲戚、熟人，甚至还有咖啡馆里邻桌的陌生人。思考出我们所能想到的哲学和语言学问题的所有结果之后，在我们脑海中，最突显的就是隐喻本身以及隐喻给我们提供的洞察日常经验的能力。当我们发现自己和周围的人依赖隐喻生活，例如，"时间是金钱""爱是一次旅行""问题是难题"，我们便充满了敬畏。我们发现，从小到大，人们教给我们感知世界的方式并不是唯一的方式，我们有可能看到超越我们文化"真理"之外的东西。认识到这一点非常重要。

　　但隐喻不仅是超越我们文化"真理"之外的东西。事实上，人们只有通过其他隐喻才能看到这些隐喻之外的东西。这就好像通过隐喻来理解经验的能力是一种如同视觉、听觉或触觉一样的感官，隐喻是我们感知和体验这个世界的绝大部分事物的唯一途径。跟触觉一样，隐喻是我们机能的一部分，同样弥足珍贵。

参考文献

Bolinger, Dwight. 1977. *Meaning and Form*. London: Longman's.

Borkin, Ann. In press. *Problems in Form and Function*. Norwood, N.J.: Ablex.

Cooper, William E., and Ross, John Robert. 1975. "World Order." In Robin E. Grossman., L. James San, and Timothy J. Vance, eds., *Functionalism*. Chicago: Chicago Linguistic Society (University of Chicago, Goodspeed Hall, 1050 East 59th Street).

Davidson, Donald. 1978. "What Metaphors Mean." *Critical Inquiry* 5:31-47.

Frege, Gottlob. 1966. "On Sense and Reference." In P. Geach and M. Black, eds., *Translation from the Philosophical Writings of Gottlob Frege*. Oxford: Blackwell.

Grice, H. P. 1957. "Meaning." *Philosophical Review* 66:377-388.

Lakoff, George. 1972. "Linguistics and Natural Logic." pp. 545-665 in Donald Davidson and Gilbert Harman, eds., *Semantics of Natural Language*. Dordrecht: D. Reidel.

——. 1975. "Hedges: A Study in Meaning Criteria and the Logic of Fuzzy Concepts." pp. 221-271. In Donald Hockney et al., eds., *Contemporary Research in Philosophical Logic and Linguistic Semantics*. Dordrecht: D. Reidel.

——. 1977. "Linguistic Gestalts." In *Proceedings of the Thirteenth Annual*

Meeting of the Chicago Linguistic Society. Chicago: Chicago Linguistic Society.

Lewis, David. 1972. "General Semantics." pp. 169-218. In Donald Davidson and Gilbert Harman, eds., *Semantics of Natural Language*.

Lovins, Amory B. 1977. *Soft Energy Paths*. Cambridge: Ballinger.

Montague, Richard. 1974. *Formal Philosophy*. Edited by Richmond Thomason. New Haven: Yale University Press.

Nagy, William. 1974. *"Figurative Patterns and Redundancy in the Lexicon."* Ph.D. dissertation, University of California at San Diego.

Reddy, Michael. 1979. "The Conduit Metaphor." In A. Ortony, ed., *Metaphor and Thought*. Cambridge, Eng.: At the University Press.

Rosch, Eleanor. 1977. "Human Categorization." In N. Warren, ed., *Advances in Cross-Cultural Psychology*, vol. 1. New York: Academic Press.

2003 版后记

二十年前我们写这本小书时，做梦也不会想到，这本书会对人类心智的研究做出这么大的贡献。我们最初的动机是为了唤起世界各地的读者对迷人且时常令人不安，但总是深刻的日常隐喻思维现实的关注。

这本书使人们关注隐喻思想，并且表明，人们必须重新思考心智研究的一些最根本问题，如意义、真理、思维的本质以及身体在塑造心灵中发挥的作用。因此，这本书在一个又一个领域产生了深远的影响，不仅有语言学、认知科学、哲学，还有文学研究、政治学、法学、临床心理学、宗教，甚至还有数学和科学哲学。

我们是怎样进行隐喻思维的？这一问题十分重要。它可以决定是战争还是和平的问题，决定经济政策和法律裁定，决定日常生活中的世俗选择。军事攻击是"强奸"，是"对我们安全的威胁"，还是"使人民免受恐怖主义袭击的防御"？同样的攻击可以用上述任一方式来概念化，从而带来完全不同的军事后果。你的婚姻是伙伴关系，是人生的共同旅行，还是躲避外面世界的一个避风港，或是成长的手段，或是合二为一的第三实体？选择上面的哪一种隐喻来概念化你的婚姻，你的婚姻便会变成什么样子。极大的隐喻差异可能会导致婚姻冲突。举个例子，夫妻双方中一个配偶的婚姻观是伙伴关系，而另一个配偶的婚姻观是避风港。

伙伴关系所承担的责任与避风港婚姻中所带来的轻松是完全不同的。

隐喻思维是正常的思维，有意识或无意识地普遍存在于我们的精神生活中。诗歌中随处可见的相同的隐喻思维机制是以一些我们最常见的概念呈现的，仅举几例，如时间、事件、因果关系、情感、伦理道德和商业等。概念隐喻甚至存在于计算机界面建构（例如，桌面隐喻）和把互联网结构化为"信息高速公路""百货商店""聊天室""拍卖行""游乐园"等行为中。隐喻思维的系统性使这样的应用成为可能。

隐喻的核心是推论。概念隐喻允许使用感觉运动领域（如空间域和对象域）的推论得出关于其他领域（例如，主观判断域，其中有亲密、情感、正义等概念）的推断。因为我们依据隐喻进行推理，所以我们所使用的隐喻在很大程度上决定了我们如何生活。

严重谬误

有四个主要历史障碍妨碍人们理解隐喻思想及其深刻本质，这四个障碍最终发展成四个错误的隐喻观。在西方传统中，它们至少都能追溯到亚里士多德那里。第一个谬误是隐喻是词语的问题，而非概念的问题。第二个谬误是隐喻是基于相似性。第三个谬误是所有的概念都是字面的，无一是隐喻的。第四个谬误是理性思维绝不是由我们的大脑和身体的性质塑造的。

这本书后续的进一步研究得出结论，上述四个观点都是谬误。第一，隐喻存在于概念而非词语当中。第二，隐喻通常不是基于相似性，在整本书中我们都在证明这一点。相反，它通常是基于我们经验中的跨域关联，这导致隐喻中两个域之间的感知相似性。例如，持续使用一个隐喻可能会产生感知相似性，当爱情关系被隐喻化为伙伴关系，如果责任和利益不均担和共享，这个爱情关系就会走样。第三，即使我们最深切和最持久的概念，如时间、事件、因果关系、道德和心灵本身，也是通过多重隐喻得以理解，并通过多重隐喻来推理的。在每一种情况下，一个概念域（比如时间）是通过另一个域（比如空间）的概念结构来推理和谈论的。第四，概念隐喻系统不是任意的，也不是历史偶然，而是在极大程度上由我们身体的共同性质和我们在日常世界中运作的共同方式所塑造的。

尽管有这么多的证据证明概念隐喻无所不在，但是不单对于隐喻还有对于一般的意义，人们长期以来一直抱着错误的看法。这些古老的先验哲学观点是如此根深蒂固，蒙蔽了许多读者的眼睛，让他们看不到任何相反的证据。

阻碍人们了解我们研究结果的唯一最大障碍，就是拒绝承认隐喻的概念性质。有观点认为，隐喻不过是语言表达，只是词语的事。这一观点是一个普遍谬误，使许多读者甚至不愿意考虑我们提出的思维是隐喻性的这一观点。这一谬误实际就是认为隐喻只是关乎我们说话的方式，而不是关乎概念化和推理。

对这种观点，我们有大量实证证据来予以反驳，这些证据是从不同研究方法中获取的，揭示了隐喻在抽象思维中发挥着核心作用。对于这些证据，传统观点熏陶下成长起来的人会继续否认或忽略，这并不奇怪，因为接受这些证据需要他们大规模修正其原有的理解隐喻的方式和理解概念、意义、语言、知识以及真理的方式。

因为有这么多事情生死攸关，所以有关隐喻的谬误都难以消除。这些谬误已经存在了两千多年。然而，这些谬误就是错了，也就是说，它们与实证研究的证据存在分歧。这一事实非同小可。这一事实对我们生活的各个方面都有影响，包括战争与和平、环境、卫生以及其他政治与社会问题。这一事实对我们如何理解我们自己的个人生活产生直接影响，也对哲学、数学和文学研究等知识学科产生直接影响，而所有这些最终都具有重要的文化影响。

概念隐喻的证据

关键是要认识到，意义、概念、推理和语言的本质是什么这一问题，这是需要进行实证研究才能回答的问题，仅仅通过先验哲学的探讨是无法充分回答的。认识到这一点非常重要。隐喻的本质也不是定义的问题，而是认知的本质问题。

我们是否系统使用从一个概念域来思考另一个概念域的推理模式？

实证研究的答案是"是"。我们将这种现象称为概念隐喻（conceptual metaphor），将这些跨域的系统对应称之为隐喻映射（metaphorical mapping）。这引发了一个更进一步的实证问题：

这些隐喻映射是纯粹抽象和任意的吗？

实证研究的答案是"否"。这种隐喻映射是由我们在世界中的身体经验所塑造和制约的，两个概念域通过这些经验被关联起来，从而建立从一个域到另一个域的映射。最后是关于语言本质的相应问题：

所有普通的约定俗成的日常语言都是字面意思吗？普通日常语言表达也可以是隐喻性的吗？

其答案是经验性的：大量日常传统语言都是隐喻性的，这些隐喻意义是由我们的经验中相关性的概念隐喻映射而来的。

简而言之，隐喻是一种自然现象。概念隐喻是人类思维的自然组成部分，语言隐喻是人类语言的一个自然组成部分。此外，存在哪些隐喻以及它们的意思是什么，这些问题取决于我们身体的本质，我们在物理环境中的相互作用，以及我们的社会和文化实践活动。任何关于概念隐喻的本质及其在思想和语言中的角色的问题都是一个经验问题。

我们需要的是一个旨在融合证据、采用不同实证方法进行的更为实证的研究。到目前为止，基于不同方法论假设的多种探究方法已经被有效采用。这使得研究人员能够避免被任何一个特定方法的假设先验主宰的那些证据（Lakoff & Johnson, 1999 年, 第 6 章）。

在 1980 年出版的书中，我们的概念隐喻理论证据仅来自两个研究领域：

系统多义性：在这方面的研究中，词语的整个词汇场不仅在一个具体的域里有字面意义，而且在一个抽象的域里也有系统相关的意义。例如，上（up）、下（down）、上升（rise）、下降（fall）、高（high）、低（low）、触底（hit bottom）等，不仅指垂直度，而且也指数量。因此，概念隐喻"更多为上"解释了为什么我们使用多义词"上升"来表达高度的增加和数量的增加。概念隐喻解释了多义现象的系统性，相应地，系统多义性为隐喻的存在提供了证据。

推论模式的泛化：这里的一个基本结论是，抽象域中的推理使用我们感觉运动经验的逻辑。例如，如果有什么东西物理上升，它就高于以前。如果某物的价格"上升"（隐喻义），那么它也是"高"（隐喻义）于以前的。"更多为上"这个隐喻将有关物理高度的推理模式映射到有关数量的推理模式。通过假设这一隐喻，我们可以看到，这两个表面上截然不同的推理模式其实是一样的。此外，通过假设"更多为上"这一单个隐喻将垂直高度映射到数量，我们既可以解释词的多义现象，也可以解释推论的泛化。换句话说，概念隐喻有两个证据来源——一词多义和推论。

数百名调查者经过二十多年的研究，已经从认知科学的广泛研究领域收集到了大量概念隐喻的实证证据。最初，我们有两个主要证据来源———一词多义的泛化和推论泛化。现在我们至少有从各种实证方法中得出的其他七种证据：

1. 向诗歌和小说案例的扩展（Lakoff & Turner, 1989 年）
2. 心理学研究，例如，触发研究（Gibbs, 1994 年；Boroditzky, 2000 年）
3. 手势研究（McNeill, 1992 年）
4. 历史语义变化研究（Sweetser, 1990 年）
5. 话语分析（Narayanan, 1997 年）
6. 手语分析（Taub, 1997 年）
7. 语言习得（C. Johnson, 1999 年）

这些证据的重要性在于，它们来自许多不同的方法，而不再单纯依赖来自语言形式和推论的数据。这些新的证据来源产生了聚合性结果，揭示了隐喻在抽象思维和象征性表达中处于中心地位的事实。

隐喻理论的发展

多年来，隐喻理论得到了极大的发展和深化。证明概念隐喻确实存在且无所不在的证据越来越多，这给我们提供了一幅隐喻是如何建构思维的更清晰的图景。最初，我们只是猜测概念隐喻是基于我们的身体经验。20 世纪 80 年代初，莱考夫和考威塞斯（Kövecses）表明，愤怒的隐喻系统源自愤怒本身的生理机能，这在所有语言和文化中都一样

（Lakoff, 1987 年；Kövecses, 1986 年，1990 年）。

到了 20 世纪 90 年代初，一个隐喻分析的全新层面被发现，我们称之为深度分析（deep analysis）。我们和其他研究人员发现，我们最根本的想法——不仅有时间，而且有事件、因果关系、道德、自我等——几乎完全是由概念隐喻的复杂系统建构的。甚至物理学和社会科学中用到的因果基本概念都主要是由近两打不同的隐喻组成的，每个都有其自身的因果逻辑（Lakoff & Johnson, 1999 年，第十一章）。因此，因果关系的概念化可以依据强制运动到达新的位置（例如，"科学的发展促使我们进入数码时代" [Scientific developments have *propelled* us into the Digital Age]）、对象的给予和接受（例如，"这些维生素会给你能量" [These vitamins will *give* you energy]）、关联（例如，"癌症与农药的使用有关" [Cancer has been *linked* to pesticide use]）、沿路径的运动（例如，"中国正在民主的道路上前进" [China is *on the road to* democracy]）等诸如此类。这一发现特别令人吃惊，甚至我们也很吃惊，因为它挑战了广泛接受的观点，即认为只是具有单一因果逻辑的一种单一因果关系在建构世界。

深入分析进一步表明，我们对道德的基本理解通过概念隐喻产生。世界各地的文化中有从普通的日常经验自发产生的大约二十多个隐喻构成的系统（Lakoff & Johnson, 1999 年，第十五章）。由于道德关乎幸福，不管是你自己的幸福还是别人的幸福，因此关于幸福的基本经验就会引发道德的概念隐喻。如果人们强壮而非孱弱，能直立行走而非爬行，能吃到干净而非腐烂的食物等，那么他们通常比较幸福。这些相关性促成了道德是强壮，不道德是孱弱，道德是正直，不道德是低下，道德是纯洁，不道德是腐败等隐喻的产生。因为如果你拥有而非缺乏你需要的东西，你就更幸福，所以幸福与财富之间存在关联性。因此，就产生了一个广为传播的隐喻，在这一隐喻中，道德行为被概念化为增加别人的幸福感，这又被隐喻化地理解为增加他们的财富。不道德的行为也因而被概念化为减少别人的财富。因此，如果有人帮你的忙，你就亏欠他的，会寻求回报他。这就是隐喻**道德会计**（Moral Accounting）的基础，其中道德规范规定了道德账本的平衡。

道德的深入分析具有重要的政治意义，莱考夫对自由派和保守派的道德和政治世界观的分析就表明了这一点。这种分析是基于两种对立的家庭模式，即抚育型家长家庭和严父家庭 (Lakoff, 1996 年)。在 **"国家是家庭"**（The Nation as a Family）的隐喻下，这些对立的家庭模式转化为根本不同的道德和政治世界观。这种世界观隐喻往往是如此深入、无所不在，以至于它们将其他隐喻组织为道德和政治概念系统。

隐喻合成

在《不仅仅是冷静的理性：政治隐喻导论》（*More Than Cool Reason: A Field Guide to Poetic Metaphor*, 1989 年 ）一书中，莱考夫和马克·特纳（Mark Turner）深入分析了应用于复杂的诗歌和文学文本中的隐喻。这一分析对想象力进行了深入解剖：新的隐喻思想，即组织和理解经验的新方式，源自将简单的概念隐喻进行组合来形成复杂的新概念隐喻。因此，创新和新颖并不神奇，它们并非无章可循。它们是通过运用日常生活隐喻思维的工具以及其他普通概念机制建构的。

例如，莎士比亚的第 73 首十四行诗使用三个隐喻来比喻一辈子：一天（a day）、一年（a year）、一团火（a fire）。莱考夫和特纳指出，这些都是由下面这些更基本的隐喻构成的复合隐喻：**"生命是光明"**（Life Is

Light),"**死亡是黑暗**"(Death Is Darkness),"**生命是热**"(Life Is Heat),"**死亡是冷**"(Death Is Cold),"**一辈子是一个消长变化的周期**"(A Lifetime Is a Cycle of Waxing and Waning)。天、年和火都涉及一个消长周期，长的过程中是光明和热，消的过程中是黑暗和寒冷。

此外，莱考夫和特纳还发现同时牵涉隐喻和转喻的合成的例子。镰刀死神（Grim Reaper）这一经典人物中就有这样的合成。"收割者"（reaper）这一术语是基于"**人作为植物**"（People as Plants）的隐喻：就像小麦在其生命周期结束之前被收割，带镰刀的死神也表示过早死亡。"**死亡即离开**"（Death as Departure）的隐喻也是镰刀死神神话的一部分。在神话中，死神来到门口，逝者与他一同离去。

镰刀死神这个人物也是基于两个概念转喻。镰刀死神以骷髅的形式出现，即衰朽腐烂后的形式，这转喻象征死亡。镰刀死神还戴着斗篷，这是镰刀死神开始流行的时候主持葬礼时穿的修士的服装。此外，在神话中，镰刀死神掌控着人的生死。因此，镰刀死神的神话是两个隐喻和两个转喻被精确组合在一起的结果。

莱考夫和特纳详细地说明了概念隐喻和转喻怎样才能吻合到一起形成复杂新颖的组合。

隐喻的隐喻

每一个科学理论都是科学家即必定要使用人类心智工具的人建构的。其中一个工具便是概念隐喻。当科学主题就是隐喻自身的时候，科学工作就必须使用隐喻（就像它在大脑中所体现的那样）来建构对何为隐喻这一问题的科学理解，这一点应该没有什么奇怪的。

我们的第一个概念隐喻的隐喻来自数学。我们首先将概念隐喻视为数学意义上的映射，即跨概念域的映射。从几个方面来看，这个隐喻被证明是有用的。它精确，它指定精确系统化的对应，它允许使用源域的推论模式来推理目标域。最后，它允许部分映射。简言之，这是一个很好的第一近似值。

然而，在一个重要方面，隐喻**"数学映射"**（Mathematical Mapping）被证明不充分。数学映射不创建目标域实体，而概念隐喻经常这样做。例如，时间不一定有用，也不一定是一个资源。世界很多文化中的人只不过是在过日子，根本不考虑他们是否有效地利用了时间。然而，其他文化则将时间隐喻概念化，好像时间是一种有限的资源。"时间是金钱"这一隐喻将资源的各个方面强加于时间域。他们这样做时，就将一些元素添加到时间域，形成对时间的新理解。

为了解释这种创造性，有必要找到一种更恰当的概念隐喻的隐喻。我们需要一种方式去思考隐喻，使它们不只能映射，也能将元素添加到一个域。因此，我们采用了**"投射"**（Projection）隐喻，这是基于我们头顶上投影仪的意象。我们将目标域视为投影机上的第一张幻灯片，将隐喻投射视为将另一张幻灯片叠加在第一张之上的这个过程，将源域的结构加诸目标域结构之上。这个隐喻的隐喻让我们能够将隐喻给目标域添加额外实体和关系的这一想法概念化。

"投射"隐喻也让我们能解释另一个事实。在写这本书之前，人们已经发现图像有结构。例如，想象有一个人走进房间。房间被概念化为一个容器，行走被概念化为一个运动路径，起点在房外，终点在房内。"容器"（container）和"路径"（path）是建构丰富图像的原始成分，从这个意义上说，它们是意象图式。我们发现，源域的意象图式结构被用于对目标域的推论。此外，通过观察数以百计的案例，我们发现，意象图式结构和意象图式推论似乎是由隐喻"保留"的。也就是说，源域容器（如物理陷阱）被映射到容器（如隐喻陷阱），其内部映射为内部，外部映射为外部。当一个概念隐喻应用于路径图式时，目标就映射到目标，起点就映射到起点，等等。在"投射"隐喻之下，这是一个直接结果。

不幸的是，"投射"隐喻也带来了一个主要问题。根据该"投射"隐喻，所有的源域应该被投射到目标域；然而，源域的某些部分并未映射。在"理论是建筑物"这一隐喻里，有许多东西未被映射，如油漆、电线等。根据"管道"隐喻，我可以给你一个想法，但我仍然拥有该想法，这在物理对象的源域上是不正确的。如果我给你钻石，那么我就不再拥有它。简言之，映射往往是部分的，但"投射"隐喻不允许这样。更糟的是，部分映射的某些方面存在系统性。如果源域元素会产生一个与目标域内部结构相矛盾的推论，那么这一源域元素就不会被映射。在这种情况下，该映射必须被弃之不理。因此，我们需要将目标域优先的丑陋想法添加到"投射"隐喻中。这个条件背后的不幸原则是"如果一个元素会导致目标域中出现矛盾，就不要映射该元素"（Lakoff，1993 年）。

到了 1997 年，"投射"隐喻被摒弃，取而代之以神经理论。这个理论出自加州大学伯克利分校国际计算机科学研究所杰罗姆·菲尔德曼（Jerome Feldman）和乔治·莱考夫主持的"语言的神经理论"项目。

基本隐喻与神经理论

隐喻理论取得重大进展是在 1997 年，约瑟夫·格雷迪（Joseph Grady）、克里斯托弗·约翰逊（Christopher Johnson）和斯里尼瓦斯·纳拉亚南（Srinivas Narayanan）都提出了重要见解。我们已经发现的一些案例，例如，"更多为上"，其中对于世界的经验似乎为隐喻提供了基础。

在"更多为上"中，我们经常体验到高度的增加与数量的增加是有关联的，就像我们往玻璃杯里注水一样。阻止我们充分注意到身体基础的是我们主要关注本书中所讨论的复杂隐喻。格雷迪指出，复杂隐喻来自基本隐喻，这些基本隐喻直接根植于我们的日常经验，这些日常经验将我们的感觉运动经验与我们主观判断的域联系起来。例如，我们有**"喜欢是温暖"**（Affection Is Warmth）的基本概念隐喻，因为我们最早的情感经验与被紧紧拥抱的温暖身体经验相对应。

克里斯托弗·约翰逊认为，儿童是在归并日常生活不同概念域的基础上学会基本隐喻的。他研究了**"知道即看见"**（Knowing Is Seeing）这一隐喻的发展，表明儿童首先使用的是"看"的字面意思，也就是说，"看"只是表示视觉。然后儿童进入看见与知道被归并的一个阶段，当儿童说"看见爸爸进来"（See Daddy come in）或"看见我泼了什么"（See what I spilled）这样的话时，看见跟知道同时发生。像"明白我的意思"（See what I mean）中"明白"（see）的明显隐喻用法只是后来才产生的。这些用法讲的是知识，而不是字面的看见。

约瑟夫·格雷迪的和克里斯托弗·约翰逊的研究结果可以通过斯里尼瓦斯·纳拉亚南（1997 年）提出的隐喻神经理论来解释。纳拉亚南利用计算技术进行神经建模，并提出了一个理论。在该理论中，概念隐喻是通过神经地图计算的，即连接感觉运动系统的具有更高皮层区域的神经电路计算的。

地图和映射这两个术语来自神经科学。在大脑的视觉系统中，神经元从视网膜投射，即延伸到初级视觉皮层，视网膜中相邻或相近的神经元投射到视觉皮层中相邻或相近的神经元。视觉皮层中活跃的神经元被称为在视觉皮层中构成视网膜图像的地图。这是个地形学隐喻，视网膜是领土，而视觉皮层是地图。

同样，运动皮层据说包含身体的地图。遍布整个身体的神经元簇"投射"（即连接）到运动皮层的神经元簇，身体里相邻或相近的神经元簇投射到运动皮层中相应的相邻或相近神经元簇。这类地图在大脑中很常见。

因此，在隐喻的神经理论中，地图和投射这两个术语呈现出全新的意义。地图或映射为物理链路，即连接称之为节点的神经簇的神经电路。这些域是大脑不同区域中高度结构化的神经元集群。

神经图谱是通过神经募集习得的，即连接到源神经元和目标神经元集群的神经元的长期增强，它们在约翰逊的归并理论时期是强制性的（Lakoff & Johnson, 1999 年，第四章）。神经学习机制产生基本隐喻的一个稳定常规系统，这些基本隐喻倾向于一直保持在概念系统中，并不依赖语言。

例如，"喜欢是温暖"这一隐喻（例如，"他是一个温暖的人"［He's a *warm* person］或者"她是一块冰"［She's a *block of ice*］）就来自一个孩子被父母深情拥抱的共同经验；在这里，喜爱与温暖一同发生。用约翰逊的话来说，它们被归并了。在两个不同的大脑部位同时发生神经元激活，即掌管情感的部位和掌管温度的部位。正如神经科学中的俗话所说的那样："一起被激发的神经元之间的连接增强。"脑区间适当的神经连接被募集。这些连接在物理上构成了"喜欢是温暖"的隐喻。

隐喻是一种神经现象。我们所称为隐喻映射的东西在物理上表现为神经地图。这些神经地图构成了神经机制，自然且不可避免地募集抽象思维中所用到的感觉——运动推断。基本隐喻自然地产生，我们都意识不到它们。这样的基本隐喻数以百计，其中绝大部分都是我们孩提时代通过大脑和身体在日常世界中运作而无意识地自动学会的。我们有关于时间、因果关系、事件、道德、情感及人类思想中心的其他领域的基本隐喻。这样的隐喻也为我们复杂的隐喻思维和语言系统提供了上层建筑。

我们无法选择是否要隐喻式地思考。因为隐喻地图是我们大脑的一部分，不管我们愿意与否，我们都会隐喻式地思考和说话。由于隐喻的机制在很大程度上是无意识的，无论我们知道与否，我们都会隐喻式地思考和说话。此外，由于我们的大脑实体化了，我们的隐喻将反映我们在这世上司空见惯的经验。不可避免地，许多基本隐喻是普遍存在的，因为每个人基本上都拥有相同类型的身体和大脑，并且生活在与隐喻相关的特征方面基本相同的环境中。

由基本隐喻构成并利用基于文化的概念框架的复杂隐喻是另一回事。因为这些隐喻利用了文化信息，所以它们在不同文化中可能差异显著。

隐喻思维的神经基础

当我们想象看到一个场景时，我们的视觉皮层处于活跃状态。当我们想象移动我们的身体时，前运动皮层和运动皮层处于活跃状态。简言之，如同感知和行动时一样，想象的时候，我们大脑的相同部位也处于活跃状态。对这种感知和行动以及想象中所共有的动态大脑功能，我们使用术语激活（enactment）来描述。一次激活，无论是真实的还是想象的，都是动态的，也就是说，是实时发生的。

我们的感觉运动概念源于我们的感觉运动经历（在空间中运动的经验、感知、操控物体的经验等）。固定概念就是称之为神经参数化的神经信息结构，它们活动时可以引导富有想象力的激活。概念隐喻在神经层面将源域参数化与目标域参数化连接起来。通过这种方法，我们可以实施隐喻激活，即想象的各种形式，其中的抽象推理受到真实语境中实时展开的感觉运动激活的制约。

多重激活总是由大脑实施，单一激活可以由多重参数化指引。因此，目标域的激活可以由多个隐喻管辖。这就解释了为什么存在"我已坠入爱河，但我们似乎在走向不同的方向"（I've fallen in love, but we seem to be going in different directions）这样的复杂隐喻的句子。在这里，有许多隐喻在建构目标域的激活："**缺乏控制是向下**"（Lack of Control Is Down），就像"坠落"；"**状态是位置**"（States Are Locations），就像"入爱河"；"**变化是运动**"（Changes Are Motions），就像坠入爱河被刻画为切换到一种新状态；"爱是一次旅行"，就像恋人可能是"朝着不同的方向"。在这样一个特定的目标域激活中，爱可以被理解为一种状态（入爱河）、控制权方面的问题（坠入）以及恋人人生目标的相容性（走向不同的方向）。

这跟旧的"投射"隐喻根本不同。隐喻推论主要是通过源域激活来进行的。源域推论的结果是通过神经链接结转到目标域的。因此，新隐喻的学习只涉及建立新的神经连接，而不是创造复杂的推理机副本。（目标域）优先没有必要。原因是这样的：当两个经验同时发生，隐喻就学会了。如果一个隐喻链接会导致目标域中的矛盾，该隐喻就不会被习得。从神经方面来说，矛盾就是相互抑制。任何将导致与目标域的内在结构相矛盾的潜在链接将会受到抑制，并因此永远不会被学到。

将隐喻理论定位于语言的神经理论中有许多好处：

1. 我们获得了关于基本隐喻是如何学到的解释：普遍基本隐喻来自普遍基础经验。

2. 我们获得了有关隐喻思维为什么存在以及隐喻思维为什么是正常

且不可避免的这些问题的解释：通常的两个域的共激活导致募集连接这两个域的神经电路。

3. 无须（目标域）优先理论。

4. 隐喻自然而然与语言的神经理论的其余部分相吻合。

5. 神经激活提供了一种机制来刻画语境和语篇中的隐喻动态使用。

6. 由于语言的神经理论带有明确的计算模型，因此对隐喻是如何动态地进行操作的问题有一个明确的计算阐释。

隐喻与动态激活

自从开始撰写《我们赖以生存的隐喻》，我们一直在关注隐喻的推论。然而，直到最近我们才指出两种类型的推理之间存在一个重要区别。在纳拉亚南的模型（1997 年）中，参数化产生了我们所称的结构性推论，这表征静态推理结构。而另一方面，激活推论只有在展开一个动态过程中才会产生。

经济学领域中结构推论的一个例子是"增加货币供应量而不增加生产往往会增加通胀"（Increasing the money supply without increasing production tends to increase inflation）。这样的概率推断表征了建构国民经济体制的倾向。我们来把这种推理与用于理解一个物理作用的激活推理机制比较一下，例如"约翰掉进了沟里，哈利把他拉了出来"（John fell into a ditch and Harry pulled him out）。这里详细的推论产生于想象发生了什么事情。摔倒过程中约翰失去控制；他很可能受伤了；他无法自行脱困；哈利抓住他的胳膊（或身体其他部位）；哈利拥有约翰所没有的力量或杠杆作用；哈利施加力量，用力拖拽，也许在一定程度上也伤害到自己；哈利拖拽时约翰慢慢从沟里上来。纳拉亚南在他的经济话语模型（1997 年）中举了这样一个例子："法国陷入了经济衰退，德国将其拉出来"（France fell into a recession and Germany pulled it out）。在这个例子中，有几个概念隐喻和一个转喻在发挥作用。隐喻："**国家是人民**"（Nations Are People）；"**经济是随着时间向前推进的实体，或向上或向下**"（Economies Are Entities That Move Forward Over Time, up or down）；"**经济衰退是一个洞**"（A Recession Is A Hole）；"**经济力量就是金钱的使用**"（Economic Force Is The Use Of Money）。转喻："**一个国家代表其经济**"（A Nation Stands For Its Economy）。例如，"法国"代表了法国经济。

　　纳拉亚南表明，总体推论派生于这两种类型推论的结合，即有关国际经济（目标域）的结构推论以及有关衰退和拖拽（源域）的激活推论。激活推论得到体现；正因为如此，它们在源域中进行。它们的效果被映射到目标域，从而映射到国际经济的话语空间。源域（衰退和拖拽）被激活，推论被映射到国际经济的目标域。通过该方法，它们影响参与有关国际经济话语中的推理——字面结构推断和激活隐喻推论相互混合，并与上下文信息结合产生了新的结构。这种新的结构既不单纯遵循源域，也不单纯遵循主题（目标）域，也不单纯遵循上下文。纳拉亚南碰巧也讨论了只有源域使用了激活推论的例子。还有其他一些例子，其目标域也必须靠丰富的想象力来激活。

　　这些技术成果给我们提供了激活话语中动态隐喻运用的一种神经理论，这一理论已经在诸多显著的方面得到了计算实现。

激活与合成

　　语言神经理论（Neural Theory of Language）项目始于 1988 年，并一

直延续至今。几乎在同一时期，吉尔斯·福科尼耶（Gilles Fauconnier）和马克·特纳（2002 年）提出了合成空间理论，虽然范围和目的不同，但与语言神经理论的某些方面十分重要地重叠。

合成理论将激活中所用的所有静态的长期概念结构视为当然。换句话说，它假定所有我们称之为参数化的结构，包括从源域到目标域的隐喻映射，以及图像图式、力动态图式、框架、原型、转喻映射等。合成理论主要涉及在具体实例中使用所有这个一般概念结构。也就是与概念整合有关：概念结构是如何结合在一起用于特定例子的，尤其是富有想象力的例子。合成理论中被称为合成或者概念整合的东西似乎对应于神经理论的绑定。

合成理论利用福科尼耶的心理空间（Mental Spaces）理论，即已经由我们的概念系统结构化的那些特定情境的相对较小的心理模型。一个合成空间就是一个心理空间，这一心理空间是将由我们普通的长期概念体系结构化了的至少两个其他心理空间的要素结合在一起构成的。

下面我们列举一个最近在电视上出现的关于合成的简单例子：一个犹太比萨饼。有一个犹太烹饪节目，节目的一大特色是来自洛杉矶的著名奥地利厨师沃尔夫冈·帕克（Wolfgang Puck），他以能制作雅致的比萨饼和娶了一个犹太女人而知名。他制作的犹太比萨饼先将加入切碎的红洋葱的比萨面团进行烘烤，然后覆以鲜奶油（酸乳酪的法式优雅变体）、切碎的葱头、熏鲑鱼、鲑鱼鱼子酱和切碎的莳萝等。比萨面团是从传统的比萨饼提取的元素，犹太元素是熏鲑鱼、鲜奶油（沃尔夫冈·帕克式酸奶油）、洋葱等。

作为世界上的一个物体，犹太比萨饼只是犹太比萨饼，并配有熏鲑鱼、面团、洋葱、发酵奶油等。但在概念上（和口感上），它是一个比萨和犹太烹饪元素的混合体。当犹太比萨饼已成为帕克菜单上的主打菜品时，它就成了一种独特的食物概念。虽然它保留了大部分比萨饼和犹太烹饪的概念，却也对这两个概念做了略微的扩展，从而扩展了对犹太烹饪和比萨饼的看法。

根据合成理论（Blending Theory），这将是具有两个输入空间的混合物：一个是普通比萨饼的概念域的组成部分所结构化的空间，另一个是由犹太烹饪的概念域的组成部分所结构化的空间。犹太比萨饼的想法是两个输入空间想法的概念合成。包含犹太比萨饼想法的空间是一个合成的空间——对合成元素操作而得到的新概念产物。

语言神经理论为概念合成理论提供了神经基础。合成既是由神经映射，也是由神经绑定而形成的。在一个神经绑定中，两个概念实体被视为同一实体。在犹太比萨饼中，比萨饼馅料与鲜奶油熏鲑鱼是同一实体。神经映射将比萨图式与铺有熏鲑鱼的硬面包圈图式联系到一起。兼具映射与绑定的这样一个神经结构就在概念层面合成了。

在这里我们看到了一个认知层面和另一个神经层面的两种理论能做成什么。

犹太比萨饼的合成显然是一个字面的合成，实际上你完全可以做一个来吃。福科尼耶和特纳（2002 年）观察到，这里面也存在隐喻合成。当一个输入空间是由概念系统中现有的概念隐喻的源域建构的，而且另一个输入空间是由该隐喻的目标域建构的时候，隐喻合成就出现了。当然，也不是每一个概念隐喻使用时都必须有一个合成空间。以"钢材价格上涨了"（Steel prices rose）这句话为例。这句话是"更多为上"的一个实例。当钢材卖家对他们的钢材要价更高的时候，这一情景就被概念化并按照空间上升来探讨，但这里并不需要任何实体在空间中上升。

　　然而，此隐喻中可能存在合成。想象一下，在"更多为上"这一隐喻的建构之下，在价格变化图上，钢材价格变化的体现就是更"高"的价格在图形上位置更高，凭借**"变化即运动和虚拟运动"**（Change is Motion and Fictive Motion）之类的隐喻，线条就代表运动实体从左到右的运动路径。在该图中，线条向右倾斜到更高位置，这种字面的图形就隐喻化地表明价格已经变得更高了。让其成为一个合成的是（语言神经理论中的）绑定：更高的要价与图形中线条的更高位置点相一致。

　　过了十多年，福科尼耶和特纳已经收集了数百个富有想象力的合成例子，其中包括隐喻合成的例子，它们无疑表明了合成是我们日常精神生活的一个特点。福科尼耶和特纳也仔细研究过合成的特性，发现了构成良好合成的一些原则。在语言神经理论里，相应的工作是依据神经计算、神经元学习和神经优化来解释福科尼耶和特纳所发现的特定性质和原则为何存在。

　　语言神经理论与合成理论是两个完全不同的事情，二者只是碰巧在某些场合下题材重叠罢了。合成理论侧重空间层次上的概念整合，即从已有的概念结构中构成特定场合的层面。它也关注这些合成的常规化，即合成成为概念结构的一部分的过程。

　　语言神经理论也关注概念整合。此外，它寻求对语言整体以及语言所表达的思想做出一个精确全面的计算神经阐释。它既与参数化的形式化刻画有关，也与精确建构具身激活的计算模型有关。语言的神经理论也特别关注模型学习，即学习概念以及学习表达这些概念的语言。就隐喻而言，语言的神经理论试图在神经基础上解释为什么我们会有基本隐喻。

一些更正和澄清

这本书是我们探究隐喻思维的本质及其与语言关系的第一次尝试。不可避免，我们在其中犯了一些错误。下面是对这些错误的修正：

> 将隐喻划分为方位隐喻、本体隐喻和结构隐喻三种类型是人为的。所有隐喻都是结构隐喻（它们将结构映射到另外的结构），也都是本体隐喻（它们创建目标域实体），许多隐喻也都是方位隐喻（它们映射空间图式）。

我们还没有看到基本隐喻的深刻性，结果使得我们的一些分析并不完整。例如，我们对"争论是战争"的隐喻分析就是很明显的例证。很多读者都观察到，大多数人了解争论先于了解战争。这一隐喻其实起源于童年时期的基本隐喻**"争论是斗争"**（Argument Is Struggle）。所有孩子都会反抗父母的身体操控，而掌握语言后，身体斗争就会让位于语言斗争。在所有儿童发展中，将身体斗争与相关话语混为一谈构成了"争论是斗争"这一基本隐喻的基础。随着年龄的增长，我们了解到像战斗和战争等更扩展、更暴力的斗争，于是隐喻通过这些知识得以扩展。

隐喻和转喻的区别真实存在，但往往混淆不清。下面是它们之间的基本区别：

> 一个隐喻有两个域：目标域，这是由直接主题构成的；源域，重要的隐喻推理发生在这里，并提供该推理中使用的源概念。隐喻语言在其源域中具有字面意义。另外，隐喻映射是多重的，也就是说，两个或多个元素被映射到两个或多个其他元素。映射时意象图式结构得以保留，容器的内部映射到内部，外部映射到外部；来源映射到来源，目标映射到目标，等等。
>
> 一个转喻只有一个域，即直接主题。转喻只有一个映射；通常

是转喻源映射到转喻目标（指涉），以便域中的一个项目可以代表其他。

虽然以上这些都是相当大的差异，但也可以理解为什么隐喻和转喻之间偶尔会混淆。首先，在这两种情况中都有概念映射，该映射在语言中都有反映：一个意为 A 的语言表达表述意义 B。如果你主要是看语言的表层形式，而不是概念系统和推论结构，那么你没有看对地方，自然也就看不到差异。其次，在隐喻和转喻中都有神经同激活（neural coactivation）。隐喻有两个域的同激活，转喻有两个框架元素的同激活。然而，一个单一的复杂框架可以由来自两个不同概念域的简单框架构成。例如，**"旅行代表时间"**（Time-For-A-Trip）以一种非隐喻的方式将时间和空间这两个域结合到一起。在该框架中，存在时间和距离之间的相关性，从时间映射到空间，于是能在那些时间里旅行。因此，就有可能产生**"时间代表距离"**（Time-For-Distance）的转喻，例如：

> San Francisco is *a half hour from* Berkeley.
> （转喻）旧金山距离伯克利半小时。

这里的时间（半小时）转喻距离。请注意，时间来自时间域，而距离来自空间域。这就是一个域的元素到另一个域的元素的映射。它是转喻，而非隐喻，因为这两个域是一个单一的字面框架的一部分，而且只有单一的映射，而不是多个映射。

我们来把这个例子与表示时间的空间隐喻做个比较，这种时间的空间隐喻是源自经验中时间和位置的相关性，例如：

> Chanukah is *close to* Christmas.
> （隐喻）光明节临近圣诞节。

在这个隐喻中，时间是目标域，空间是源域。在所给的例子里，这两个假期时间上的关系被以空间关系（临近）来隐喻化表达。这里时间是句子的主题，而空间不是，空间仅仅是概念源。在转喻中，时间和空间（旅行的时间）之间的关系是句子的主题。

其寓意是这样的：区分隐喻和转喻时，不能只看一个单一的语言表达的意义，以及是否涉及两个领域，而是必须确定表达是如何使用的。这两个域是不是形成一个单一映射的单一复杂的主题？如果是，那就是转喻。或者，这两个域是否可以分开使用，拥有数个映射关系，且其中一个构成主体（目标域），而另一个域（源域）则是重要推论和若干语言表达的基础？如果是这种情况，那就是隐喻。

隐喻理论的应用

自我们首次发现概念隐喻以来的二十五年中，文学理论、法律研究、语言学、科学哲学等不同领域的研究人员对隐喻进行了令人兴奋的应用研究。他们已经确定了概念隐喻在诗歌、法律、政治学、心理学、物理学、计算机科学、数学和哲学中的中心地位。他们的研究揭示了在以下学科里隐喻是如何建构我们的思维方式的，甚至决定了什么样的想法是允许的。

文学分析

在《不仅仅是冷静的理性：政治隐喻导论》）一书中，莱考夫和特纳表明，在大多数情况下，诗歌中的隐喻是日常思想和语言中所使用的稳定常规概念隐喻的扩展和特殊情况。诗人的隐喻创新被证明并非是创造全新的隐喻思维，而是对业已存在的隐喻思想进行新的安排，以形成旧隐喻映射的新扩展和组合。

莱考夫和特纳也表明，传统的概念隐喻处于谚语的核心。在《死亡是美丽之母》(*Death is the Mother of Beauty*, 1987 年) 一书中，特纳展示了日常概念隐喻应用到情节结构时会怎样构成寓言的基础。在《文学心灵》(*The Literary Mind*, 1996 年) 一书中，特纳则表明了隐喻合成是如何建构寓言以及其他常见的文学想象的产品的。

从约翰逊的《道德想象力》(*Moral Imagination*, 1993 年)、莱考夫的《道德政治》(*Moral Politics*, 1996 年)、莱考夫和约翰逊的《肉身哲学》(*Philosophy in the Flesh*, 1999 年) 等对隐喻和道德的讨论中，文学的道德维度的隐喻基础已经很明晰。

政治、法律和社会问题

概念隐喻理论最重要的应用是在政治、法律和社会问题领域。法律理论家史蒂芬·温特 (Steven Winter) 在大量的法律评论文章和一本名为《林中空地》(*A Clearing in the Forest*, 2001 年) 的书中，探讨了隐喻在法律推理中的核心作用。法律隐喻比比皆是，从 **"公司是法人"** (Corporation As Person, 拥有第一修正案 [First Amendment] 权利) 的隐喻，到不动产是集合权利，再到对知识产权的不断发展的隐喻理解。正如温特所说，最高法院用隐喻来扩展以前判决中发展起来的法律范畴是很常见的现象。因而隐喻是对我们整个社会生活产生影响的有力法律工具。

海湾战争前夕，莱考夫的《隐喻与战争》("Metaphor and War") 一文通过互联网被分享给数百万人，该文不仅一直是对美国政府使用隐喻说服民众的手段的最重要分析，而且也是对概念隐喻在制定外交政策中所发挥作用的最重要分析。该文详细论述了美国政府用来概念化伊拉克的政治和经济形势的隐喻是如何系统掩盖了战争的最可怕后果的。在莱考夫和约翰逊的《肉身哲学》一书的"理性"一章中，对经济和政治领域广泛使用的理性行为者模式的隐喻结构进行了全面分析，同时也分析了这一模式掩盖了什么。

莱考夫的《道德政治》分析了美国保守派和进步派的政治世界观。莱考夫在该书中问道，为什么在堕胎、枪支管制、死刑、税收、社会事业、环境、艺术等问题上各自的观点结合在一起形成了两个相互对立但又各自明智和连贯的框架？答案是，这些观点被无所不在的道德隐喻连在一起，而这些道德隐喻反过来又是由相反的家庭理想模式组织的。保守派知识分子都明确阐明了其家庭—道德—政治关系纲要，但是，在大多数情况下，进步派都没有表明。这本书为改革论者提供了了解自己道德体系的指南，表明了制度是如何团结各种改革论者的，以及改良主义和保守主义政治后面的总体道德基础是什么。这一分析适用于美国的每一个主要社会问题。

心理学

业已证明心理学隐喻分析对认知心理学和临床心理学很重要。认知心理学由认为概念都是字面的和无形的这一旧观念所主宰。隐喻理论的文献为反驳这一观点提供了压倒性的证据，并开启了获得更有趣的认知心理学的可能，其实在一定程度上这种认知心理学已经存在（Gibbs，1994 年）。例如，情感的隐喻概念化已经得到了大量的研究（Lakoff，1987 年，案例分析 1，Kövecses，1990 年），对自我（Lakoff & Johnson，

1999 年，第十三章）、心智、记忆和注意力（Fernandez-Duque & Johnson, 1999 年）的隐喻的研究也有很多。

对于临床心理学来说，隐喻理论前景巨大。我们现在已经足够了解我们无意识的隐喻系统，能够揭示它们如何影响我们作为个体的生活，以及在我们一生中我们开发了哪些个人隐喻以便使我们的生活有意义。我们还知道有哪些婚姻和爱情的基本隐喻，以及配偶之间的隐喻会有何差异。这种差异可能会导致巨大的麻烦。莱考夫的《道德政治》描述了家庭模式之间极为重要的差异，以及这些差异可能会怎样影响我们以后的生活。虽然熟练的治疗师在这个领域可能有很好的直觉，但隐喻理论给自我意识的认知和情感维度提供了一个系统化的指导。（关于将隐喻理论应用于释梦的相关讨论，参见 Lakoff, 1997 年。）

数学

如果有那么一个领域被认为是字面的、无形的和客观的，那一定是数学。然而，莱考夫和拉斐尔·努涅斯（Rafael Núñez）（2000 年）表明，数学也完全是隐喻性的。以数轴为例来看。数字不必是线上的点。**"数是线上的点"**（Numbers Are Points on a Line）是一个隐喻，就像 **"数是集合"**（Numbers Are Sets）是隐喻一样，"数是集合"的隐喻被用作 19 世纪后期发展起来的数学集合论的基础。莱考夫和努涅斯所著《数学从何而来》（*Where Mathematics Comes From*，2000 年），是一个对数学的隐喻结构的大规模研究，从算术到集合论和逻辑，到无穷的形式，再到经典高等数学。数学原来不是宇宙无形的、字面的、客观的一个特性，而是一个有形的，主要是隐喻性的、稳定的知识大厦，是由生活在这个物理世界中的人类的大脑建构的。

认知语言学

隐喻理论是认知语言学的一个核心分支学科，旨在为大脑和心智一般性研究中的概念系统和语言奠定一个阐释基础。因此，它借鉴并寻求整合最近的认知心理学、认知神经科学、发展心理学的研究成果，以形成一个统一的理论，可以解释语言从句法到语义再到话语尽可能多的方面。认知语言学其他重要发展包括：

1. 封闭类元素的语义学，如空间关系（Talmy，2000 年）
2. 范畴结构的研究，包括基本层次范畴、原型和辐射范畴（Lakoff，1987 年）
3. 心理空间（Fauconnier，1985 年；Fauconnier & Sweetser，1996 年）
4. 框架语义学（Fillmore，1982 年，1985 年；Sweetser，1990 年）
5. 合成空间（Fauconnier & Turner，1998 年，2002 年）
6. 认知语法（Langacker，1986 年，1990 年，1991 年）
7. 认知构式语法（Goldberg，1995 年；Lakoff，1987 年，案例分析 3）

语言的神经理论正在开发中。它试图提供基于神经计算的思维和语言的统一理论（Regier；1996 年；Narayanan；1997 年；Feldman & Lakoff，前言）。

哲学

我们开始写作《我们赖以生存的隐喻》，部分原因是试图回答两位当代美国哲学家关于隐喻的很有影响力的论断，一位是唐纳德·戴维森，他声称隐喻是毫无意义的，另一位是约翰·塞尔，他声称语义和语用原则允许人们给隐喻性句子指派字面意义。我们意识到了他们建构在分析哲学和整个西方传统所持的共同假设基础之上的论据，即认为概念都是有意识的、字面的和无形的，也就是说，概念并非由身体和大脑所塑造。

正如我们在本书最后一章所讨论的，概念隐喻理论的事实与西方哲学的许多主要假设不相容：所有思维都是有意识的、字面的和无形的这一观点不正确。写完这本书后的二十年里，我们一直在努力搞清楚这样一个问题，即如果我们从有关语言和心智研究的认知科学实证结果出发重新建构哲学，那哲学将会是什么样子？这些研究工作的结果呈现在《肉身哲学》一书中，该书是对下列问题的广泛而深刻的反思：

1. 真理和科学的本质是什么？

2. 基本哲学概念的本质是什么？例如时间、事件、因果关系、心灵、自我、道德、存在与实质。

3. 界定了从前苏格拉底时代的哲学家、柏拉图、亚里士多德到笛卡儿和康德，再到奎因等当代分析哲学家所用的推理形式的隐喻结构的本质是什么？

4. 一个关于人是什么、宗教和精神体验是什么、哲学本身的工作是什么等问题的新观点会带来什么性质的后果？

小结

从一开始呈现在这本薄薄的小书里的简陋思想，发展到今天的隐喻理论，这期间经历了漫长的道路。然而，这本书中的大多数主要思想在最近的认知语言学和更广义的认知科学实证研究中或是得以保留，或是得到进一步发展。这些主要观点如下：

1. 隐喻的根本性质是概念性的，隐喻语言是派生的。

2. 概念根植于日常经验。

3. 抽象思维虽然不完全是隐喻性的，但在很大程度上是隐喻性的。

4. 隐喻思维不可避免，无处不在，而且大多是无意识的。

5. 抽象概念有一个字面核心，但通过隐喻得到扩展，而且经常是不一致的隐喻。

6. 没有隐喻的话，抽象概念是不完整的。例如，爱是魔法、爱是吸引、爱是疯狂、爱是结合、爱是养分等隐喻。

7. 由于用以对概念进行推理的隐喻可能不一致，我们的概念系统整体上也并不一致。

8. 我们以我们通过隐喻派生而来的推论为基础来生活。

现状

尽管有越来越多的大量证据支持我们的论断，但由于一个显而易见的原因，我们的基本主张仍然遭到了抵制，这是因为它们与许多学术界和其他领域的人第一次学到的假设以及那些塑造了他们仍在追求的研究计划的假设不一致。许多主流哲学家、语言学家和心理学家要么坚决否认我们的这些说法，要么宁愿无视它们，而继续从事他们的日常工作，好像这些论断是假的。其原因很清楚，我们的论断击中了数百年来关于意义本质、思想和语言的假设的心脏。如果认真对待这些新的实证结果，那么生活在我们文化中的人们将不得不重新考虑他们关于什么是科学和哲学的某些最为珍爱的信仰，并从一个新的角度重新思考它们的价值。

总之，关键症结是概念隐喻的存在。如果概念隐喻是真实的，那么有关意义和知识的所有字面观和客观主义观点就都是错误的。我们再也不能假装能在客观主义的字面基础上对概念和知识做出阐释。这对许多关于以下问题的传统思考构成了重大挑战：作为人究竟意味着什么？心智是如何工作的？我们作为社会和文化动物的本质究竟是什么？

与此同时，我们的研究结论与后现代主义思想的某些重要原则存在根本分歧，尤其是那些声称意义没有什么基础，而只是一个任意的文化建构的观点。比如，对基本隐喻所做的研究结果根本就证实不了这一点。似乎既存在普遍隐喻也存在不同文化的隐喻。

由于这些原因，这本书跟其第一版一样，今天仍然颇具争议，颇为激进。一如往常，这本书质疑这些问题，并呼唤新的跨学科合作研究方法。

如果你有兴趣进行这样的研究，可以从本书后面的参考文献入手。

乔治·莱考夫（加州大学伯克利分校）

马克·约翰逊（俄勒冈大学）

参考文献

Boroditsky, L. 2000. Metaphoric structuring: Understanding time through spatial metaphors. *Cognition*, 75, 1-28.

Fauconnier, G. 1985. *Mental spaces: Aspects of meaning Construction in natural language*. Cambridge, MA: MIT Press.

Fauconnier, G. 1997. *Mappings in thought and language*. Cambridge, England: Cambridge University Press.

Fauconnier, G. and Sweetser, E. 1996. *Spaces, worlds, and grammar*. Chicago: University of Chicago Press.

Fauconnier, G. and Turner, M. 1998. Conceptual integration networks. *Cognitive Science*, 22, No. 2, 133-187.

Fauconnier, G. and Turner, M. 2002. *The way we think: Conceptual blending and the mind's hidden complexities.* New York: Basic Books.

Feldman, J. and Lakoff, G. Forthcoming. *From molecules to metaphors: The neural theory of language.*

Fernandez-Duque, D. & Johnson, M. 1999. Attention metaphors: How metaphors guide the cognitive psychology of attention. *Cognitive Science,* 23, No. 1, 83-116.

Fillmore, C. 1982. Frame semantics. In Linguistic Society of Korea, (Ed.), *Linguistics in the morning calm,* (pp. 111-138). Seoul: Hanshin.

Fillmore, C. 1985. Frames and the semantics of understanding. *Quaderni di Semantica,* 6, 222-253.

Gibbs, R. 1994. *The poetics of mind: Figurative thought, language, and understanding.* Cambridge, England: Cambridge University Press.

Goldberg, A. 1995. *Constructions.* Chicago: University of Chicago Press.

Grady. J. 1997. *Foundations of meaning: Primary metaphors and primary scenes.* Unpublished doctoral dissertation, University of California, Berkeley.

Johnson, C. 1999. Metaphor vs. conflation in the acquisition of polysemy: The case of SEE. In M. K. Hiraga, C. Sinha, and S. Wilcox, (Eds.), *Cultural, typological and psychological issues in cognitive linguistics. Current Issues in Linguistic Theory,* vol. 152. pp. 155-169. Amsterdam: John Benjamins.

Johnson, M. 1987. *The body in the mind: The bodily basis of meaning, imagination, and reason.* Chicago: University of Chicago Press.

Johnson, M. 1993. *Moral imagination: Implications of cognitive science for ethics.* Chicago: University of Chicago Press.

Johnson, M., (Ed.) 1981. *Philosophical perspectives on metaphor.* Minneapolis: University of Minnesota Press.

Kövecses, Z. 1986. *Metaphors of anger, pride, and love: A lexical approach to the structure of concepts.* Philadelphia: John Benjamins.

Kövecses, Z. 1990. *Emotion concepts.* New York: Springer-Verlag.

Kövecses, Z. 2000. *Metaphor and emotion: Language, culture, and body in human feeling.* Cambridge, England: Cambridge University Press.

Kövecses, Z. 2002. *Metaphor: A practical introduction.* New York: Oxford University Press.

Lakoff, G. 1987. *Women, fire, and dangerous things: What categories reveal about the mind.* Chicago: University of Chicago Press.

Lakoff, G. 1990. *Metaphor and War: The metaphor system used to justify war in the gulf.* Originally distributed by electronic mail, December 1990. On the Web at: http://philosophy.uoregon.edu/metaphor/lakoff-l. htm. Also in Brien Hallet (Ed.). Engulfed in war: Just war and the Persian gulf. Honolulu: Matsunaga Institute for Peace, 1991.

Lakoff, G. 1993. The contemporary theory of metaphor. In A. Ortony (Ed.), *Metaphor and thought* (pp. 202-251). 2nd. ed. Cambridge, England: Cambridge University Press.

Lakoff, G. 1996. *Moral politics.* Chicago: University of Chicago Press.

Lakoff, G. 1997. How unconscious metaphorical thought shapes dreams. In D. J. Stein (Ed.) *Cognitive science and psychoanalysis.* New York: American Psychoanalytic Association.

Lakoff, G. & Johnson, M. 1999. *Philosophy in the flesh.* New York: Basic Books.

Lakoff, G. & Nunez. R. 2000. *Where mathematics comes from: How the embodied mind brings mathematics into being.* New York: Basic Books.

Lakoff, G., & Turner, M. 1989. *More than cool reason: A field guide to poetic metaphor.* Chicago: University of Chicago Press.

Langacker, R. W. 1986, 1991. *Foundations of cognitive grammar*. (Vols. 1-2). Stanford, CA: Stanford University Press.

Langacker, R. W. 1990. *Concept, image. and symbol: The cognitive basis of grammar*. Berlin: Mouton de Gruyter.

McNeill, D. 1992. *Hand and mind: What gestures reveal about thought*. Chicago: University of Chicago Press.

Narayanan, S. 1997. *Embodiment in language understanding: Sensory-motor representations for metaphoric reasoning about event descriptions*. Unpublished doctoral dissertation, University of California, Berkeley.

Regier, T. 1996. *The human semantic potential*. Cambridge, MA: MIT Press.

Sweetser, E. 1990. *From etymology to pragmatics: Metaphorical and cultural aspects of semantic structure*. Cambridge, England: Cambridge University Press.

Talmy, L. 2000. *Toward a cognitive linguistics*. Cambridge, MA: MIT Press.

Taub, S. 2001. *Language from the body: Iconicity and metaphor in American sign language*. Cambridge: Cambridge University Press.

Turner, M. 1987. *Death is the mother of beauty: Mind, metaphor; criticism*. Chicago: University of Chicago Press.

Turner, M. 1991. *Reading minds: The study of English in the age of cognitive science*. Princeton, NJ: Princeton University Press.

Turner, M. 1996. *The literary mind*. New York: Oxford University Press.

Winter, S. 2001. *A clearing in the forest: Law, life, and mind*. Chicago: University of Chicago Press.

修订版译后记

　　《我们赖以生存的隐喻》简体中文译本第一版出版于 2015 年，一晃十年过去了。今天重新修订的第二版终于呈现在读者面前。

　　回顾整个翻译和修订过程，我既感艰辛又觉欣慰。艰辛是因为这本书的原著实在太有影响力，让我倍觉压力巨大。同时这本书也不是看起来那么容易翻译。特别是其中的许多隐喻很难找到恰当的汉语对应表达。如同莱考夫所说，隐喻会因文化不同而不同。跟其他作品中的隐喻翻译不一样，这本书中，我不能用一个近似隐喻来替代，而是既要翻译出这些隐喻准确的意思，又要使其在汉语中也同样是隐喻，还得吻合前面的基本隐喻，让它们构成连贯，这实在不是一件容易的事情。原著还涉及很多学科，尤其是哲学、神经科学等，这超出了我的知识范围，查证了解背景知识和专业术语耗费了不少时间和精力。欣慰则是因为完成了一项富有挑战性的任务，尤其是此次修订，能够帮助读者更深入准确地理解和欣赏原著的精彩内容，对此我感到十分自豪，也如释重负。

　　第一版出版之后，我和我的学生在阅读的过程中发现了不少问题，或是术语不准确，或是理解不到位，或是表达不流畅，或是编校存在疏漏。有一位叫 solitist 的微博用户非常详尽地列出了他发现的问题。此次修订，所有以前被读者发现的和没被读者发现的不足之处，我都一一做了修改，相对于第一版，这一版尽管不能声称是完美，因为本来就没有完美的译文，但至少应该没有硬伤了，跟第一版比，也是上了更高的台阶，配得上原著这部伟大的作品了。在此我向所有提出宝贵意见的读者，特别是这位微博用户表达诚挚的谢意，此次修订有你们的功劳。

作为一名翻译工作者，能够翻译这样一本学术名著，实在是莫大的荣幸。我非常感激我的同事著名翻译家郭国良教授世纪之交时从美国带回来这本书的原著并赠送给我。也感激马博森教授让我推荐"当代外国人文学术译丛"的语言学著作，感谢译丛编委会特别是庞学铨教授和范捷平教授对我的信任，将如此重要的翻译任务交给我。我希望这本修订本能让他们以及广大读者觉得我不辱使命。也恳请所有读者，如果要引用中文版，请以这一版为准。

最后，我要对浙江大学出版社启真馆以及第一版的责任编辑王志毅老师、文字编辑王雪老师和修订版的责任编辑伏健强老师、文字编辑赵文秀老师表示衷心的感谢，没有你们，就没有今天呈现在大家面前的这本书。谢谢你们！

最后恳请各位读者一如既往，不吝指正！非常感谢！

何文忠
2025 年 3 月 3 日
浙江大学紫金港校区